Money Talks and Bullshit Walks

Tricks und Gaunereien der Immobilienmakler, Verkäufer und Käufer

Doris Ostermeier-Schwaneberg

Herstellung & Verlag: BoD – Books on Demand, Norderstedt
ISBN: 978-3-8423-7174-3
Lektorat & Layout: Sandra Schmidt; www.text-theke.com
Korrektorat des Anhangs (z. T. alte Rechtschreibung lt. Originaltext): Sandra Schmidt
Coverbild: H. S. Damaschke
Umschlaggestaltung: H. S. Damaschke; www.sheep-black.com

Alle Namen der genannten Personen wurden geändert.
Um die Lesbarkeit zu verbessern, wurden alle Berufsbezeichnungen u. Ä. in der Grundform genannt (Maskulinum).

Die Deutsche Nationalbibliothek verzeichnet diese Publikation in der Deutschen Nationalbibliografie; detaillierte bibliografische Daten sind im Internet über www.dnb.de abrufbar.

Danksagung

Ich danke allen Personen, welche mich in meiner
geschäftlichen Aktivität als Maklerin übervorteilt haben
und ich so meine Erfahrungen sammeln konnte.
Ohne diese Gauner wäre dieses Buch nie zustande gekommen,
denn diese Erlebnisse waren meine Inspiration.

Ich danke allen Kollegen, mit denen ich
eine gute und erfolgreiche Zusammenarbeit hatte
und noch zukünftig haben werde.

Ich danke allen Freunden, die mein unfertiges
Manuskript gelesen haben, um mir ihr Feedback zu geben:
Katina Saroglu, Constanze Harnisch,
Jacob Manthey, Angelo Boutalikakis,
Niels Stalberg, Horst Ostermeier,
Kim Weber, Sandra Bähren,
Silvia Scherzer und Jürgen Zeidler

Ich danke allen Personen dafür, dass sie mir ihre Texte
für den interessierten Leser zur Verfügung gestellt haben:
Prof. Dr. Holger Heinbuch
Claudia Engfeld, Pressesprecherin der Senatsverwaltung für Justiz
Thomas Heilmann, Senator für Justiz und Verbraucherschutz in Berlin
Rechtsanwalt Wolfgang Lehner
Rechtsanwalt Niels Stalberg

Ich danke meiner lieben Lektorin,
die geduldig meine immerfort neuen Streichungen
und Hinzufügungen im Manuskript ertragen musste.

INHALTSVERZEICHNIS

IT IS NOT WHAT YOU KNOW
IT IS WHO YOU KNOW

Vorwort

Ich schreibe dieses Buch für Sie, den Berufsanfänger, aber auch für den Immobilienkäufer und -verkäufer. Es ist kein Fachbuch der Immobilienwirtschaft, von diesen gibt es bereits einige ausgezeichnete, sondern ein Buch, welches Ihnen anfänglich sehr hilfreich sein kann, da ich Ihnen schonungslos die geläufigsten Tricks und Gaunereien der Makler sowie der Investoren und Verkäufer offenlege.
Ich zeige dem Jungmakler auf, was er nicht in seiner Ausbildung lernt, auf was er als Berufseinsteiger achten und was er befolgen sollte, wenn er von Anfang an und dauerhaft in diesem Haifischgeschäft erfolgreich sein möchte und Ärger um seine Provision vermeiden will.

Die Schlagzeilen überbieten sich mit den verschiedensten Schicksalsgeschichten von Immobilienbetrügereien. Die Klagen bei Gericht zur Provisionseinforderung der Makler waren noch nie so zahlreich wie im Moment. Auch Käufer und Verkäufer sind klagefreudig geworden, bringt ihnen das zunächst lukrative Geschäft nur Ärger und Verlust. Juristen lassen sich noch im Immobilienrecht zusätzlich ausbilden, da die Nachfrage nach guten Fachanwälten für den Bereich Immobilien- und Maklerrecht groß ist. Es wird gestochen und gehauen – und alle Parteien nehmen sich hier nichts.

Haben Sie sich für den Beruf des Immobilienmaklers entschieden und wissen schon beim Berufseintritt, worauf man besser achten und was man definitiv nicht ignorieren sollte, dann werden Sie vielleicht schneller erfolgreich werden und vermeiden so manchen Verlust.

Natürlich werde ich auch dem Verbraucher, dem Privateigentümer, dem Käufer und Verkäufer mit für ihn interessanten Hinweisen rund um den Immobilienankauf und -verkauf dienen können.

Auch sie sind nicht davor gefeit, mit ihrem Makler, dem sie einen Verkaufsauftrag für ihre Immobilie gegeben haben, Bruchlandung zu erleiden. Der Ablauf bei Kauftransaktionen kann mit dem „falschen" Makler ein unerfreuliches Erlebnis werden. Hinterher ist man immer schlauer – nach der Bezahlung des „Lehrgeldes".

Der Maklerberuf ist eine wunderbare Gelegenheit, sich selbst kennenzulernen und sich zu entwickeln und zu verwirklichen, denn dieser Beruf erfordert neben Fachwissen ebenso Fleiß, Kreativität, Diplomatie, Extrovertiertheit, Dynamik und Lebenslust. Nun tummeln sich aber in diesem Haifischbecken auch leider allerhand Gauner und mit viel Fantasie und Raffinesse wird Ihnen Ihr Teil vom Kuchen stibitzt – oder vielleicht Ihr ganzer Kuchen – und Sie gehen leer aus.
Sind Sie am Beginn Ihrer Karriere noch ein unschuldiger, lieber Goldfisch, so wird sich das schnell ändern.
Ich schreibe dieses Buch, weil ich Sie auf das Geschäftsleben unter Haien vorbereiten will. Ich kann mir vorstellen, dass Sie sich bei dem einen oder anderen Erlebnis an mich erinnern und dann bei Ihrer aktuellen Situation an meinen Ratschlag denken werden. Dann hoffe ich, dass Sie dafür gesorgt haben, sich im Vorfeld entsprechend zu schützen.

Leider habe ich mich aufgrund meiner mangelnden Erfahrung am Anfang meiner Mäkelei von Kollegen, Investoren und Verkäufern oftmals übertölpeln lassen – auch habe ich selbst viele Fehler aus Unwissenheit gemacht. Oft können Bagatellsachen über Erfolg oder Misserfolg entscheiden. Manchmal ist es nur die Kleinigkeit eines Telefonates oder einer E-Mail.
Den Beruf Immobilienkaufmann kann man erlernen, beim Makeln in der Praxis, was mit Freud und Leid, Erfolg und Verlust verbunden ist, hilft einem dieses theoretische Wissen nur bedingt.

Ob Sie erfolgreich werden, hängt von vielen Faktoren ab. Es gibt Menschen, denen ist es vom Schicksal her nicht bestimmt, Erfolg zu haben – aus welchem Grund auch immer. Arbeiten Sie mit solch ei-

nem Menschen in einem Gemeinschaftsgeschäft, dann kann es Ihnen passieren, dass Sie *nicht* erfolgreich sind, einfach nur, weil Sie den *falschen Partner* haben.
Wenn Sie Gemeinschaftsgeschäfte mit Kollegen tätigen, dann suchen Sie sich immer nur erfolgreiche, faire und integre Geschäftspartner aus, welche auch auf Ihrer Wellenlänge sind. Das klingt wahrscheinlich sehr berechnend, aber Sie müssen so selektieren. In diesem Geschäft gibt es keine Freundschaften, und jeder ist sich selbst der Nächste.

Nun – was können SIE tun, um bei Ihrem aktuellen Immobiliengeschäft als vermittelnder Makler, Käufer oder Verkäufer auf der sicheren Seite zu sein?

Einleitung

Ich war gerade in unserer kleinen Disco in Nürnberg und wir schrieben das Jahr 1978.
Meinen Schulabschluss in Wirtschaft und Verwaltung hatte ich vor Kurzem hinter mich gebracht und ich bekam eine Anstellung bei der örtlichen Staatsanwaltschaft Nürnberg/Fürth.
Meine Freundin brachte an diesem Abend ein kleines arabisches Buch mit, in welchem erzählt wird, dass die Stellen am Körper, auf denen Muttermale zu finden sind, eine Bedeutung haben.
Sie hat ein Muttermal auf dem oberen linken Rückenteil und dies bedeutet: Geiz. Stimmt, das trifft zu, sie ist verdammt geizig, dachte ich.
Ich habe ein großes Muttermal am rechten Oberarm und es bedeutet: Reichtum durch Immobilien!
Was soll das denn sein? Wie soll ich denn durch Immobilien reich werden? Vielleicht erbe ich ja was? Ach ja, mein Onkel ist Immobilienmakler, vielleicht vererbt er mir etwas? Nein, das ist doch absurd – was soll ich denn bitteschön mit Immobilien zu tun bekommen und dann auch noch reich werden? So ein Quatsch – wie kommen die Araber auf solche Ideen?
„Dancing Queen“ von ABBA wurde vom Discjockey aufgelegt, ich wurde zum Tanzen aufgefordert und vergaß das arabische Buch.

Kapitel I
Ihre Selbstständigkeit als Makler

1. Vermietung

Sind Sie eines Morgens aufgewacht und dachten: *Jawohl, ich werde Immobilienmakler!*
Vielleicht haben Sie eine entsprechende Ausbildung als Immobilien- und/oder Grundstückskaufmann/frau absolviert und sagen sich: „Nein, ich will nicht in der Hausverwaltung arbeiten, ich mach mich lieber als Makler/in selbstständig!“
Ich gehe also davon aus, dass Sie am Beginn Ihrer Karriere stehen – powerful, dynamisch und voller Tatendrang.
Ich gehe ebenso davon aus, dass Sie als Berufsanfänger Kenntnisse und Fachwissen über Grundstücke und Immobilien und deren Abwicklung besitzen. Während Ihres Praktikums haben erste Berührungen mit dem alltäglichen Ablauf im Immobiliengeschäft stattgefunden. Nach Ihrer Ausbildung entwickelt sich dann, nach Ihrer Entscheidung, als Makler tätig zu werden, eine Eigendynamik – und es öffnen sich für Sie Türen. Gehen Sie durch diese Türen, haben Sie Ihre Wahl getroffen und dies wird Ihr Leben komplett verändern.
Sind Sie ein Quereinsteiger, so hoffe ich, dass Sie eine gute Immobilienfirma gefunden haben, in welcher Sie die Grundlagen und die Praxis der Mäkelei erlernen. Autoditaktisch sich dieses Wissen anzueignen und dann noch mit Unwissenheit Geld zu verdienen, ist ein langer und steiniger Weg, wobei Sie einen langen Atem brauchen.
Fangen Sie als Berufseinsteiger mit der Vermietung von Wohnungen und/oder Gewerberäume an, dann sind Sie noch relativ sicher und können davon ausgehen, dass Sie ihr Geld verdienen. In der Regel bekommen Sie die Wohnungen von einer Hausverwaltung, manchmal direkt vom Eigentümer, und erhalten entweder Ihre Courtage von

„innen“, d. h. vom Auftraggeber, oder Sie nehmen eine Außencourtage (zahlbar vom Mieter/Käufer).
Sollten Sie die Courtage von der Hausverwaltung/Eigentümer bezahlt bekommen, dann fixieren Sie diese Vereinbarung unbedingt schriftlich. Sie müssen kein Jurist für eine Ausarbeitung einer Vereinbarung zur Provisionszahlung sein. Es sollte nur immer klar erkenntlich sein, was gewollt ist.
Sie müssen sich unbedingt den wichtigsten Punkt merken: Sie bereiten jedes Geschäft schriftlich so vor, dass Sie dem Gericht alles Geschriebene als Beweis vorlegen können, wenn Sie Ihre Forderungen einklagen müssten,
Gehen Sie immer davon aus, dass Sie klagen müssen. Schreiben Sie. *Wer schreibt, der bleibt* – altes bewährtes Sprichwort. Gewöhnen Sie sich sogleich einen ordentlichen Schriftverkehr an und richten sich auf Ihrem Rechner die entsprechenden Objekte zughörig zu einem Ordner ein. Speichern Sie strukturiert alles ab, sodass Sie immer alles ordentlich zusammenhaben und jederzeit den gesamten Vorgang verfolgen können.
Bekommen Sie also eine Innenfee (Innenprovision) von der Hausverwaltung oder dem Eigentümer, dann legen Sie ihm einen von Ihnen vorbereiteten Zweizeiler zur Unterschrift vor, aus dem hervorgeht, dass er Ihnen nach Abschluss eines Mietvertrages mit Ihrem beigebrachten Kunden eine Courtage von zwei Monatskaltmieten inkl. MwSt. (Nettokaltmiete 2,38 inkl. MwSt.) bei einer Mietwohnung bezahlt und bei einem Gewerbemietvertrag drei Nettokaltmieten inkl. MwSt. (3,57 inkl. MwSt.).
Natürlich bleibt es letztendlich immer Verhandlungssache, wie viel Courtage Sie aushandeln – ob mit dem Vermieter oder dem Mietinteressenten. Verhandeln Sie jedoch immer die Courtage aus, *bevor* Sie Ihre Dienstleistung erbringen. Fixieren Sie es immer schriftlich. Im Nachhinein bekommen die Auftraggeber manchmal so sonderbare Gedächtnislücken, was die Höhe der Provisionszahlung betrifft. Lassen Sie sich nicht darauf ein, wenn Ihnen gesagt wird: „Wir werden uns schon einig.“

Die Unterschrift zu Ihrer Vereinbarung muss vom Geschäftsführer unterschrieben sein, gibt es mehrere GF, dann müssen ggf. *alle* unterschreiben, hier kommt es auf die Vertretungsvollmacht an. Gibt es einen Prokuristen, dann reicht auch dieser. Achten Sie aber darauf, ob dieser wirklich Prokura hat. Der Prokurist ist im Handelsregister eingetragen.
Machen Sie keine Verträge mit der Sekretärin oder einem Mitarbeiter, da dieser Vertrag null und nichtig ist, da Angestellte keine Rechtsgeschäfte für die Firma tätigen dürfen.
Nehmen Sie eine Außenprovision, dann muss der Mietinteressent anhand Ihres Angebotes auf die Zahlung der Courtage ausdrücklich hingewiesen werden.

Bitte achten Sie darauf, dass Sie gute und angenehme Mieter dem Eigentümer vermitteln. Bringen Sie Mieter an, welche viel Ärger bereiten, dann haben Sie Ihren Auftraggeber bald los und versauen sich Ihren guten Namen. Liefern Sie immer Qualität ab. Langfristig verdient der Makler nur durch ordentliche Leistung, Zuverlässigkeit, Fachkompetenz, Diskretion und Fleiß. Es ist kein Fehler, wenn Etikette und gutes Benehmen gezeigt werden.
Kleiden Sie sich auch unbedingt gut, d. h. leger im Anzug, Krawatte muss nicht unbedingt sein. Wenn Sie beispielsweise in Kreuzberg 36 eine Wohnung besichtigen mit Anzug und Krawatte, dann kann dies auch etwas overdressed sein.
Ich bin bei einer Besichtigungstour an einem schönen sonnigen Tag mit einem Chrysler, ohne Verdeck fahrend, schon beschimpft und bedroht worden von den Punks in Berlin-Friedrichshain. Also immer der jeweiligen Situation anpassen.
Die Branche ist beängstigend klein und Fehler, Streit, Ärgernisse sprechen sich schneller herum als Ihnen lieb ist. Sehen Sie also nicht in erster Linie Ihre Courtage, welche Sie verdienen können, sondern suchen Sie den besten Mieter für Ihren Eigentümer. Handeln Sie so sorgfältig, als ob die Wohnung **Ihnen** gehört.
Lassen Sie sich vom Mietinteressenten in jedem Fall eine aktuelle Schufa-Auskunft geben. Hat der Mietinteressent Schulden, dann

kommt es darauf an, welche. Kann beispielsweise jemand noch nicht einmal sein Handy bezahlen und hat daraufhin einen Schufa-Eintrag, dann ist er als Mieter völlig unbrauchbar. Wer noch nicht einmal sein Handy bezahlen kann, wie will er dann die Miete pünktlich begleichen? Also Finger weg von solchen Interessenten. Offenbarungseide bzw. eidesstattliche Versicherungen sind natürlich auch ein absolutes No-Go.

Lassen Sie sich auch eine Mietschuldenfreiheit vom Vormieter geben. Heutzutage werden solche gerne gefälscht. Prüfen Sie also kritisch nach.

Last but not least: Immer nur Mieter vermitteln, welche in Lohn und Arbeit stehen. Auch hier gilt eine Überprüfung, sollte Ihnen etwas komisch vorkommen und Sie ein ungutes Gefühl haben, dann hören Sie bitte unbedingt auf Ihr Bauchgefühl!

Ich erinnere mich an einen Mieter, welcher einen sehr guten Eindruck machte mit einer Arbeitsbescheinigung von einem Restaurant in der Tasche (welche gefälscht war). Er war sehr eloquent mit Seidenanzug, zahlte die Provision sofort bar sowie die erste Miete und die Kaution. Das war dann auch das Einzige, was er zahlte, bis wir die Räumungsklage nach 1 ½ Jahren durch hatten – der klassische Mietnomade. Meine Alarmglocken klingelten damals, in meinem Bauch kribbelte es – ich erinnere mich gut, habe mich dann aber über den Verstand blenden lassen aufgrund der Äußerlichkeiten.

Dass er mich übertölpelt hat, ärgert mich – weil ich einen Fehler machte, der zulasten des Eigentümers führte. Der Eigentümer war ein Rentner und die Wohnung war als Anlage gedacht. Dass der Eigentümer durch meine Unvorsichtigkeit nun so einen Schaden erleiden musste, wurmt mich noch heute. Er lebt in Frankfurt und hatte mich immer zum Essen eingeladen, wenn er Berlin besuchte. Er hatte damals anscheinend nach diesem Vorfall meine Nummer weggeschmissen. Ich habe nichts mehr von ihm gehört.

Bieten Sie Ihrem Auftraggeber auch die Leistung mit an, dass Sie eine ordnungsgemäße Wohnungsübergabe machen, d. h. schauen Sie und notieren Sie eventuelle Mängel in der Wohnung. Beim Auszug des Mieters und der Wohnungsabnahme notieren Sie sich bitte auch für den Vermieter ordentlich eventuell vorhandene Mängel und lassen sich den notierten Vorgang mit Unterschrift vom Mieter quittieren. Mängelbeseitigung etc. erfolgt dann über den Vermieter oder ggf. den Mieter.

<u>Zusammenfassung der benötigten Unterlagen zur Mieterauswahl:</u>

- Kopie des Personalausweises, sollte nur ein Reisepass vorhanden sein, dann lassen Sie sich eine aktuelle Meldebestätigung geben.
- Schufa-Selbstauskunft des Mietinteressenten
- Inkasso-Auskunft
- Bescheinigung vom derzeitigen Vermieter über Mietschuldenfreiheit
- Recherche bzw. persönliche Nachfrage beim gegenwärtigen Vermieter
- Wenn Sie Zeit haben, dann besuchen Sie den Mietinteressenten in dessen Wohnung
- Arbeitgeberbescheinigung/Gehaltsbescheinigung
- Persönliches Gespräch

Ich erinnere mich selbst wehmütig an die Zeit meiner ersten Erfahrungen als Maklerin. Natürlich habe ich klassisch zuerst in der Vermietung als Anfänger angefangen. Es war 1988, ich war jung, die Mauer stand noch und (West-)Berlin war ein Paradies. Man bzw. jeder verdiente gutes Geld und die Nächte waren lang. Ich musste höllisch aufpassen, hätte ich ja eine Party versäumen können. Ich hatte unheimlich viel Spaß, das Leben war unbeschwert und schön. Ich machte, was ich wollte und wann ich wollte.
Die Möglichkeit zu dieser Freiheit gab mir die Makelei.
Meine damaligen Kollegen und ich haben wirklich viel Geld verdient, fast im Schlaf. Es gab ja keine bzw. sehr wenig freie Wohnungen und die Mietinteressenten bezahlten viel an den Makler, um überhaupt an eine Wohnung zu kommen. Die Courtagen lagen bei 2.000 DM bis

12.000 DM. Das allerletzte Loch konnten Sie gut vermieten. Wenn Sie eine Anzeige in der BZ (Berliner Zeitung) schalteten, dann standen ca. 50 Bewerber zur Besichtigung an. Sie haben nicht mit einzelnen Bewerbern einen Besichtigungstermin vereinbart. Nein, in der Zeitung haben Sie inseriert, wann, wo und um wie viel Uhr die Besichtigung stattfindet und dann hatten Sie die freie Auswahl. Ich habe immer den Bewerber genommen, der am dringlichsten eine Wohnung brauchte.
Die Sekretärin von der Hausverwaltung, welche den Mietvertrag dann geschrieben hat, verdiente auch gut mit und das geringe Wohnungsangebot wurde von Verwaltung und Makler schamlos ausgenutzt. Oft wurden auch die Einbauküchen des Eigentümers mit verkauft und als „Abstand" deklariert.
Ich hatte einmal in einer Berliner Kneipe einen weitläufigen Bekannten getroffen, welcher dringend eine Dreizimmerwohnung brauchte. Ich erzählte ihm, dass neben mir in meinem Haus eine Wohnung gerade frei geworden ist und ich ihm den Kontakt zur Verwaltung machen kann. Er freute sich wie ein Schneekönig und meinte euphorisch, wenn das klappen würde und er würde die Wohnung bekommen, dann schenke er mir eine Magnum. Wow, dachte ich, der ist ja großzügig. Ich meinte zu ihm, dass mir die Magnum zu groß sei und ich mit einer „Stupsnase" zufrieden wäre. Er machte ein Gesicht, als ob er in eine Zitrone gebissen hätte, und meinte, er würde die große Magnum-Champagner-Flasche meinen. Ach so, die Wohnung habe ich ihm nicht vermittelt.

Zusammenfassung:
Sind Sie unbedingt Ihrem Auftraggeber und Ihrem Kunden ein zuverlässiger und seriöser Geschäftspartner. Geben Sie immer ein klein wenig mehr Leistung ab als Ihr Konkurrent. Nein – falsch, geben Sie immer viel bessere Leistung ab als Ihre Konkurrenz. Sie sind ein Dienstleister, arbeiten Sie ordentlich und zuverlässig, so werden Sie immer gerne empfohlen. Halten Sie Provisionsabreden immer schriftlich fest, bei der Außencourtage die Angabe im Exposé nie vergessen.

Schreiben Sie noch folgenden Hinweis zur Courtage dazu:
Der Maklervertrag mit uns kommt entweder durch schriftliche Vereinbarung oder auch durch die Inanspruchnahme unserer Maklertätigkeit auf der Basis des Objekt-Exposees und seiner Bedingungen zustande (siehe unsere beiliegenden AGBs).

2. Nach der Gewerbeanmeldung kommt die Steuerkanzlei

Ich gehe davon aus, dass Sie ihr Gewerbe ordentlich angemeldet haben und die Erlaubnis nach §34c GewO haben, welche Sie bei Ihrem örtlichen Gewerbeamt, Abteilung Wirtschaft, beantragen können. Außer der hohen zu zahlenden Gebühr hierfür benötigen Sie noch eine weiße Weste, d. h. gegen Sie darf kein Insolvenzverfahren laufen und Sie dürfen auch keine Vorstrafen wegen Betrugs haben. Steuerschulden sind natürlich auch nicht gefragt, somit brauchen Sie noch zusätzlich eine Unbedenklichkeitsbescheinigung von Ihrem Finanzamt.
Für den Beginn empfehle ich Ihnen, keine juristische Gesellschaft, wie beispielsweise eine GmbH, zu gründen. Es reicht zunächst eine Gewerbeanmeldung als Einzelunternehmen. Eine GmbH ist sehr kostenaufwendig und lohnt erst bei hohen Umsätzen.
Sie haben sich hoffentlich eine gute und zuverlässige Steuerkanzlei ausgesucht, denn diese benötigen Sie nun unbedingt, fangen Sie ja gerade an, viel Geld zu verdienen. Wo viel gehobelt wird, da fallen auch Späne, also werden Sie angelehnt an Ihrem Jahreseinkommen entsprechend versteuert.
Fragen Sie bei Ihnen bekannten Firmen herum, sollten Sie noch keinen Steuerberater haben. Bekommen Sie Empfehlungen, dann nehmen Sie auf keinen Fall den Erstbesten. Vereinbaren Sie zunächst Termine für ein Erstgespräch. Ein Wirtschaftsprüfer/Steuerberater ist von der Fachkompetenz her gleich gut ausgebildet. Dennoch gibt es wie in allen Berufen Unterschiede, was die Qualität betrifft. Achten Sie beim Erstgespräch auf die Chemie, denn die muss zwischen Ih-

nen und dem Steuerberater unbedingt stimmen. Bedenken Sie, dass der Steuerberater und Ihr Finanzamt einen detaillierten Einblick in Ihr Leben bekommen. Das ist Vertrauenssache. Oftmals müssen Sie auch Grauzonen ansprechen können. Suchen Sie in Ruhe den für Sie geeigneten Steuerberater aus – auch dieser ist letztendlich „nur" ein Dienstleister und ein „schlechter" Steuerberater kostet Sie dasselbe wie ein „guter" Steuerberater.
Vorteilhaft ist für Sie, wenn Ihre Steuerkanzlei für Sie auch die Buchhaltung macht, da diese dann ebenso für alles haftbar zu machen ist, im Gegensatz zu Ihrer Buchhalterin.
Zahlen Sie brav Ihre Steuern und lassen Sie sich nicht von windigen Kollegen erzählen, wie man so etwas umgeht. Die Methoden sind hanebüchen, und ich kenne hier auf langer Strecke nur Verlierer. Diese allzu schlauen Kollegen sind schon lange pleite und warten auf das Ende Ihrer Privatinsolvenz.
Ihre gute Bonität wird Ihnen in Zukunft dienlich sein, wenn Sie selbst Immobilien kaufen möchten und eine Finanzierung bei der Bank hierfür brauchen. Auch weiß Ihr Sachbearbeiter beim Finanzamt um Ihre Mentalität und Sie bekommen bestimmt keine unerwartete Steuerprüfung.
Noch müssen Sie nicht auf die Suche nach einem geeigneten Anwalt gehen. Zunächst einmal bleibt es bei dem kompetenten und zuverlässigen Steuerbüro.
Sollten Sie einmal einen Engpass haben und die Einnahmen bleiben aus, dann setzen Sie sich umgehend mit Ihrem Finanzamt über Ihr Steuerbüro in Verbindung und teilen mit, dass Sie derzeitig keine Einnahmen haben, und bitten so um Aussetzung der Einkommens- und Gewerbesteuervorauszahlung. Besser ist es in jedem Falle, wenn dies ihr Steuerberater für Sie erledigt. Das kostet Sie ca. 50 € Gebühr, jedoch bekommen Sie dafür keinen Ärger mit dem Finanzamt.

Ich hatte mich seinerzeit in jungen Jahren nicht um solche Angelegenheiten gekümmert, wusste ich es auch nicht besser – und überhaupt war ich mit so vielen anderen Sachen bzgl. Freizeitbespaßung beschäftigt, dass ich das Thema absolut vernachlässigt habe. Das Finanzamt geißelte mich nun extrem und ich bereitete gerade eine Reise nach Mexico zu einem Workshop der Huichol Indianer vor. Eigentlich hätte ich dafür gar keine Zeit gehabt, hatte ich Deals in der Vorbereitung mit meinem damaligen Kollegen und Bekannten, ich war eigentlich total abgebrannt. Das Glück war jedoch auf meiner Seite und ich konnte eine Seiden-Ghom-Brücke an die Mutter meiner damaligen Freundin verkaufen und mir somit das nötige „Kleingeld" für meine Reise sichern – zwei Tage vor Abflug/Reiseantritt. Das Finanzamt jagte mich dennoch.

Da der Workshop in Mexico sich nicht nach meinem Terminkalender richtete und ich daher zu diesem Zeitpunkt fliegen musste – in der Hochsaison für Immobiliengeschäfte November/Dezember –, flüchtete ich zunächst für drei Wochen vor meinen Sorgen.

Als ich wieder zurückkam, war meine erste Frage an meine Bürokraft, ob sich das Finanzamt gemeldet hat. Schon klingelte es an der Tür. Mein Herz rutschte in die Hose, denn vor der Tür stand das typische und leibhaftige Klischee eines Beamten: mittelalt, pausbäckig, kaum Haare auf dem Kopf, unsportlich mit wabbeliger Figur, Regenmantel und einem altmodischen Aktenkoffer in der Hand. Er zeigte eine matt schimmernde Marke an einer Kette und meinte: „Guten Tag. Kriminalpolizei." Mir fiel ein riesengroßer Stein vom Herzen und ich prustete erleichtert: „Gott sei Dank – ich dachte schon, Sie sind vom Finanzamt."

Liebe Leser, es sollte nicht passieren, dass Sie sich so sehr über die Kriminalpolizei freuen.

Nebenbei bemerkt hatte ich selten so ein dummes Gesicht gesehen und bat ihn natürlich – dann gutgelaunt – in meine Räumlichkeiten. Wieder einmal hatte ich Glück und es war nur eine Befragung in einer Angelegenheit aus der Nachbarschaft.

Fazit: Nie, niemals das Finanzamt und deren Begehr vernachlässigen – auch wenn Sie in Ihrer Freizeit noch so viel zu tun haben!

3. Verkauf von Eigentum

Es wird nicht lange dauern und Ihre Kunden fragen Sie nach einem Kauf einer Eigentumswohnung zum Eigennutz oder einer Kapitalanlage. Sie werden dann bestimmt in Ihrem Kreis herumfragen und versuchen, entsprechende Angebote zu akquirieren. Konzentrieren Sie sich 100%ig auf die benötigten Objekte. Sie müssen sich selbst dafür entscheiden, nun nicht mehr nur Mietobjekte anzubieten, sondern auch Kaufobjekte.
Es wird nicht lange dauern und Sie bekommen Angebote für Kaufobjekte – entweder von Kollegen zur Mitarbeit oder vom Eigentümer selbst. Das ist das Gesetz der Anziehung. Sie bekommen genau das, womit Sie sich gerade tief beschäftigen und was Sie wirklich wollen.
Direkt vom Eigentümer zu verkaufen, ist ja das Beste, können Sie auch hier entweder eine Innenfee vereinbaren oder eine Außenfee nehmen. Für den Käufer ist es immer besser, wenn Ihre Provision nicht im Außenverhältnis gezahlt wird, da er sonst mehr Eigenkapital aufbringen muss bei der Finanzierung. Jeder will natürlich sein Eigenkapital schonen, um Liquidität zu behalten. Damit der Eigentümer nicht in Vorleistung mit der Courtagezahlung gehen muss, vereinbaren Sie am besten mit ihm, dass das Zahlungsziel die Kaufpreisbelegung ist! Sobald der Notar alles Notwendige abgewickelt hat und der Kaufpreis für den Verkäufer zur Auszahlung bereitsteht, ist sofort Ihre Courtage – gegen eine Rechnungsstellung Ihrerseits – fällig. Vom Tage der Beurkundung bis zur Kaufpreisfälligkeit und Auszahlungsreife vergehen so in der Regel drei Monate.

Bekommen Sie Kaufobjekte von einem Kollegen zur Mitarbeit, so regeln Sie kurz in einem Zweizeiler, dass die Innen- oder Außenprovision hälftig geteilt wird. Da Sie in diesem Falle Rechnungssteller sind – weil Sie ja den Käufer bringen –, schreiben Sie noch in dem Vertrag hinzu, dass Sie erst an den Kollegen auszahlen müssen, wenn bei Ihnen die Courtage eingegangen ist. Eigentlich ist das in der Branche klar, aber vorsichtshalber machen Sie es bitte trotzdem.

Ich hatte einmal ein einzigartiges Erlebnis mit einer fränkischen Maklerfirma. Den Deal habe ich mit der Ehefrau im Gemeinschaftsgeschäft bearbeitet. Ich war Rechnungssteller, da ich die Käuferin brachte. Nach der Beurkundung bekam ich vom Ehemann am nächsten Tag (!) eine Rechnung mit der Aufforderung, *sofort* zu bezahlen. Nach meiner Bekanntgabe, dass ich noch keinen Geldeingang verzeichnen konnte, drohte er mir mit Klage. Der Brief war so rotzfrech geschrieben, wie ich es hier in Berlin noch nie erlebt habe. Hinzu kam, dass die Rechnung des feinen Herrn über eine Limited in England ausgestellt wurde – ohne Steuernummer! Als Konto wurde eine österreichische Bankverbindung angegeben mit einem Inhaber einer wieder anderen Limited in England. Hätte ich diese Rechnung bezahlt, dann wäre Sie beim Finanzamt nicht anerkannt worden, da sie als Scheinrechnung angesehen worden wäre. Ich hätte dann folglich die Umsatzsteuer übernehmen müssen und den gezahlten Rechnungsbetrag steuerlich nicht geltend machen können. Weil der Betrag knapp über 70.000 € betrug und somit nicht unerheblich war, war Vorsicht geboten. Ich hatte eigentlich mit der *Ehefrau* eine Provisionsvereinbarung über deren Firma (die aber gar nicht existierte, was ich bis dato nicht wusste) und erkannte die Rechnung des Ehemanns nicht an. Er versuchte dann, über eine Abtretung die Angelegenheit zu seinen Gunsten zu wenden. Der Ehemann trat also die Forderung an eine GmbH ab. Geschäftsführerin war die Ehefrau und Gesellschafter die Limited in England, welche ich schon von der österreichischen Bankverbindung her kannte.

Nun nervte mich das alles, wollte ich doch nur eine ordentliche Rechnung mit Steuernummer von der Ehefrau – welche ich aber nicht bekam. Ich muss nochmals erwähnen, dass ich die Provisionsregelung mit der Ehefrau hatte. Ich habe mir dann die Mühe gemacht und die Angelegenheit geprüft. Das Ergebnis war wie folgt: Der Ehemann hatte drei Offenbarungseide und daher gründete er eine Briefkastenfirma in England. Eine Limited in England zu gründen, kostet nicht viel und dauert in der Regel auch nicht lange. Prüfen können Sie Limiteds immer im Companies House in London (englisches Handelsregister). Dies habe ich auch getan. Diese Limited gab es schon lange

nicht mehr. Die Ehefrau hatte keine Immobilienfirma und keine Erlaubnis zum Makeln nach §34c GewO. Das Gewerbeamt teilte mir mit, dass die GmbH, welche die Abtretung vom Ehemann nun beansprucht, eine Bauvermittlungsfirma ist und auch keinen 34c GewO besitzt.
Lange Rede, kurzer Sinn: Da der Ehemann immer mehr freche und drohende Briefe schrieb, behielt ich zunächst die 70.000 € und forderte eine korrekte Rechnung. Nach einem Jahr meldete die Ehefrau ein Gewerbe an, schrieb eine ordentliche Rechnung mit Steuernummer und ich überwies den Betrag innerhalb von 5 Tagen. Glauben Sie nicht, dass sich nun die Franken gefreut hätten, nein, Sie verklagten mich auf Zahlung von 1.700 € (die hatte ich vom Betrag abgezogen wegen Mehraufwand vom Steuerberater und Anwalt), zusätzlich zu den entgangenen Zinsen auf die 70.000 € gerechnet auf ein Jahr.
Ich habe natürlich den Prozess gewonnen. Aus Gemeinheit oder Blödheit legte der Ehemann Einspruch ein und wollte somit in die nächste Instanz klagen, was wieder Kosten verursachte. Sodann legte die Ehefrau einen Offenbarungseid ab und ich blieb auf den Gerichts- und Anwaltskosten hängen. Im Übrigen war die klagende GmbH der Ehefrau auch wieder eine Scheingesellschaft – weil sie gar keine Gesellschafter mehr hatte!
Sie können in Deutschland wirklich gut tricksen, wenn Sie Fantasie haben. Beim Handelsregister wurde dies nicht bemerkt. Dass die Eheleute keine Erlaubnis zum Makeln hatten, interessierte die Behörden nicht.
Nun war die Steuerfahndung hinter dem Ehepaar her und die Frau soll nun krank und arbeitsunfähig sein, mit Abgabe einer eidesstattlichen Versicherung. DAS tut mir wirklich leid, so etwas habe ich nicht gewollt – aber hier gilt Ursache und Wirkung. Wäre der Ehemann nicht so penetrant frech gewesen, dann hätte ich die Abtretung anerkannt und die Zukunft dieser Ehefrau wäre ganz anders verlaufen. Zuguterletzt wird nun das Privathaus der Eheleute versteigert und schlimmer kann es dann eigentlich nicht kommen, oder? Nach aktuellem Beschluss des Amtsgerichts teilte mir der Richter mit, dass meine Schuldnerin – also die Ehefrau – suizidgefährdet ist und somit die

Zwangsversteigerung verschoben wurde. (Um an meine Auslagen für den gewonnenen Prozess zu kommen, habe ich eine Zwangshypothek in das Grundbuch des Privathauses eintragen lassen, aus diesem Grunde wurde ich vom AG in meiner Eigenschaft als Gläubigerin auch informiert. Zahlreiche andere Gläubiger sind jedoch vorrangig, sodass ich nichts bekommen werde bei der nächsten Versteigerung.)
Sie sehen, ein Brief, den der andere in den falschen Hals bekommt, kann ein Schicksal beeinflussen. Hätte dieser Ehemann sich nicht eingemischt, hätte ich mit der Frau bestimmt noch lange und gute Geschäfte gemacht. Auch eine ordentliche Rechnung hätte ich mit der Ehefrau präjudizieren können. Wenn man sich menschlich gut versteht, dann findet man immer eine Lösung.
Die gegenwärtige Homepage dieses Ehemannes gleicht im Übrigen dem eines Großunternehmens: mehrere Limiteds mit vielen Adressen mit einem vorgeschobenen Geschäftsführer. Prokurist ist natürlich dieser Ehemann. Wenn man versucht, über die angegebenen Telefonnummern jemanden zu erreichen, dann ist dies ziemlich erfolglos, da keiner den Telefonhörer abnimmt. Das Finanzamt hier zu umgehen mit den vielen Scheinfirmen, ging nach hinten los. Am Ende sind sie immer die Verlierer, die denken, ach so schlau zu sein. Aus diesem Grund lieber einen Satz mehr in der Maklervereinbarung schreiben. Sie sehen, es kann dümmer kommen, als sie überhaupt denken können.

Wenn Sie nun also Verkaufsaufträge von Eigentumswohnungen oder Einfamilienhäusern bekommen, dann prüfen Sie zuerst einmal das Objekt, ob der gewünschte Kaufpreis vom Verkäufer gerechtfertigt sein könnte. Vielleicht ist der Kaufpreis zu hoch, vielleicht zu niedrig. Prüfen und ermitteln Sie also zunächst anhand der Mikrolage, Baujahr, Bauzustand, Instandhaltungsrückstau am Gebäude, Zustand der Wohnung, Mieteinnahme, Grundstückspreis etc. den Kaufpreis.
Es kommt oft vor, dass der Verkäufer eine unrealistische Vorstellung vom Kaufpreis hat und diesen viel zu hoch ansetzt.
Rechnen Sie ihm bitte vor, warum Sie auf eine andere Summe kommen. Erklären Sie ihm, dass, wenn Sie nun in die Vermarktung gehen

mit diesem hohen Kaufpreis, welcher sich nicht realisieren lässt und Sie nach und nach mit dem Preis runtergehen müssen, sich das auf das Objekt sehr schlecht auswirkt und es dann am Ende keiner haben will – auch wenn der Preis sich mehr und mehr reduziert. Es gibt nur ein überschaubares Käuferklientel, welches genau in dieser Mikrolage sein neues Eigenheim oder seine Eigentumswohnung sucht. Aus diesem Grunde muss Ihr Marketing perfekt sein und Sie müssen Ihr Objekt einwandfrei präsentieren, selbstverständlich mit einem realistischen Kaufpreis. Natürlich kann der Kaufpreis einen Verhandlungsspielraum haben, welchen Sie mit einberechnen. Natürlich ist es auch schwer oder unmöglich, für ein viel zu überteuertes Objekt eine finanzierende Bank zu finden, außer der Käufer trennt sich von 50 % Eigenkapital.

Vermeiden Sie auf jeden Fall, dass der Verkäufer mehrere Makler für sein Objekt beauftragt. Ein Objekt, welches von mehreren Maklern offeriert wird, ist innerhalb kürzester Zeit am Markt breitgetreten und dies macht einen sehr schlechten Eindruck auf Kaufinteressenten. Sie müssen bedenken, dass die Käufer allesamt Privatleute sind, welche die Maklergesetze nicht kennen. Aus Unwissenheit ziehen sich Käufer zurück, weil sie nicht wissen, an wen denn nun die Provision zu zahlen ist. Falls doppelt angeboten wird, kann der Makler Courtage fordern, welcher den Erstnachweis erbrachte. Dies muss aber nicht sein, wenn der Zweitmakler am erfolgten Verkauf mitursächlich geworden ist; dann können schnell zwei Provisionen fällig werden.

Fazit: Lassen Sie sich einen Alleinauftrag geben – am besten mit Innenfee. Versuchen sich schon viele andere Makler an diesem Objekt, dann nehmen Sie am besten den Auftrag nicht an, da es meist Zeit- und Geldverschwendung ist.

Werten Sie also die Immobilie völlig objektiv ein und entscheiden dann, ob es ein Objekt ist, welches sich verkaufen lässt. Alles andere ist Zeitverschwendung und das Jahr ist schnell um. Konzentrieren Sie sich nur auf das Wesentliche, d. h. auf Objekte, welche sich auch realistisch verkaufen lassen.

Es ist wichtig, dass Ihre Firma keine – wenn möglich – absolut uninteressanten Immobilien anbietet, sondern von Ihnen ausgesuchte,

einzelne gute Objekte, welche für einen Investor als Geschäft interessant sein könnten. Wird bekannt, dass Sie nur uninteressante Objekte in Ihrem Bestand haben, dann wird sich kein Investor, mit welchem Sie öfter Kontakt haben, mehr die Mühe machen, Ihr Exposé aufmerksam zu lesen – auch wenn Sie ein gutes Angebot haben. Dies wird dann oft wegen Flüchtigkeit vom Käufer nicht erkannt. Haben Sie lieber weniger Objekte im Angebot, aber dafür interessante!
Nehmen Sie nicht zu viele Aufträge an, welche Sie nicht abarbeiten können. Sie haben dann zwar ganztägig eine gute Beschäftigung, aber Sie verkaufen nichts, weil Sie sich verzetteln. Konzentrieren Sie sich auf ausgewählte Objekte. Nehmen Sie diejenigen, welche für einen Deal am interessantesten sind.

Ich komme nun wieder zurück auf Ihre Verkäufe zu Ihren Eigentumswohnungen. Egal ob Sie an Eigennutzer verkaufen möchten oder an einen Kapitalanleger, bevor Sie mit dem Marketing anfangen, lassen Sie sich vom Verkäufer alle Objektunterlagen in Kopie geben. Es macht einen ganz schlechten Eindruck, wenn der Kaufinteressent beispielsweise Fragen zur Teilungserklärung hat und Sie diese nicht beantworten können, weil Sie sie noch gar nicht gelesen haben. Oder der Kaufinteressent fragt nach den Bewirtschaftungskosten, der Anzahl der Miteigentümer oder dem Verwaltervertrag und Sie können nichts beantworten, weil Sie nicht im Thema stehen. Wenn Sie dann auch keine prüfungsfähigen Unterlagen reichen können, dann sind Sie als Makler unbrauchbar. Mir persönlich platzt da immer der Kragen, wenn ich diese Sorte von Maklern am Telefon habe, welche zwar dick geschrieben 6 % zzgl. MwSt. Provision, zahlbar vom Käufer als Verkaufsangebot, in Immobilieninternetplattformen stehen haben, aber keine einzige Frage beantworten können und keine Unterlagen zur Verfügung haben. Das sind die typischen Makler, welche den schlechten Ruf zu diesem Berufsstand herbeiführten. Diese Makler meinen, es reicht, wenn man im Internet einmal inseriert und dafür muss der Käufer 6 % vom Kaufpreis latzen.

Da ich selbst auch privat kaufe und daher die Dienste von Kollegen in Anspruch nehmen muss, habe ich schon die gruseligsten Geschichten an Inkompetenz, Faulheit und Dummheit erlebt.

Der Maklerberuf ist in Deutschland leider nicht ausbildungspflichtig. Das heißt, dass jeder Bürger zum Gewerbeamt gehen und ein Immobiliengewerbe anmelden kann. Ohne Fachwissen und die nötige Fachkompetenz passieren viele dumme Sachen und schon kommt der Beruf Makler im Ansehen gleich nach dem Abzocker.

Ich kann mich gut an meine Anfänge 1988 erinnern. Ich schrieb die Exposees (für Miethäuser) auf einer elektrischen Schreibmaschine voller Leidenschaft. Meine rechte Hand lag auf dem Taschenrechner. Meine Lieblingsbeschäftigung war das Ausrechnen der Provisionen. Die hohen Summen beflügelten mich und schwirrten ständig mit Vögelchengesang um mein Gesicht herum. Ich fühlte mich unglaublich gut mit der Vorstellung, wie viel ich verdienen kann und werde. Sogleich zog ich meinen Kollegen zum Mittagessen in die gemütliche Kneipe gegenüber unserem Büro in der Schlüterstraße/Ecke Kurfürstendamm. Wir kamen dann nicht umhin, unseren baldigen Erfolg zu feiern und so tranken wir reichlich Sambuca, bis es sowieso zu spät war, wieder ins Büro zurückzukehren. Am besten wir bleiben sitzen und feiern unseren Sieg und das viele Geld – welches wir bald haben werden. Verkauft habe ich damals nie ein Miethaus. Egal, wir hatten trotzdem viel Spaß und verdient haben wir ja mit Leichtigkeit in der Vermietung.

Zurück zur Gegenwart: Sie sind nicht so wie andere Makler. Sie bereiten sich auf Ihr Objekt vor. Sie kennen Ihr Objekt. Sie wissen, was Sie verkaufen, und können jede Frage beantworten. Sie haben prüfungsfähige Unterlagen vorzulegen und können diese selbstverständlich bei Interesse sofort per E-Mail weiterreichen. Sie sind Profi und daher vertrauenswürdig.
Käufer erwarten Fachkompetenz und Sie müssen alles dafür geben, dies zu leisten. Fehlen Ihnen sachliche Kenntnisse und genossen Sie

nicht die Ausbildung zum Immobilienkaufmann/frau oder Kaufmann der Grundstücks- und Wohnungswirtschaft, dann gibt es genug Fortbildungskurse oder Fachlektüre, womit Sie Ihr Wissen erweitern können. Vielleicht haben Sie auch einen Kollegen, der Ihnen behilflich sein kann.
Arbeiten Sie in jedem Falle auf hohem Niveau. Hierbei ist es egal, ob Sie ein ganz kleines Geschäft für den Privatmann bearbeiten oder ein großes Investment für den institutionellen Investor.
Ihre Grundeinstellung muss einfach sein, dass Frau Lieschen Müller genauso gut und kompetent von Ihnen beraten und bedient wird, wie der milliardenschwere Hedge-Fonds aus Übersee.

4. KOSTENREDUZIERUNG

Als Berufsanfänger steht Ihnen noch nicht so viel Kapital zur Verfügung, wie man es am liebsten hätte und bräuchte.
Aus diesem Grunde müssen Sie Ihre Fixkosten unbedingt so klein wie möglich halten. Anfänglich reicht auch das Home-Office oder eine Unterbringung in einer Bürogemeinschaft. Das Arbeitszimmer zu Hause bietet viele Vorteile: Sie können es steuerlich absetzen, Sie haben keine langen Anfahrtswege, bekommen keine Strafzettel und Sie müssen sich nicht um das teure Mittagessen kümmern. Außerdem werden Sie nicht von Kollegen abgelenkt.
Das Einzige, was Sie vorerst brauchen, ist ein Computer, Telefon, Fax und Scanner und das übliche Büromaterial.
Ich habe viele Makler und Vertriebler kennengelernt, welche – vor wem auch immer – mit teurem Auto und repräsentativem Büro mit bester Adresse aufwarteten und schlussendlich nach einer Durststrecke im wahrsten Sinne des Wortes auf der Strecke blieben. Es kommt im Übrigen nirgendwo gut an, wenn Sie mit einem protzigen AMG bei einer Wohnungsbesichtigung vorfahren. So etwas macht beim Privatkunden einen ganz schlechten Eindruck, weil er denkt, Sie sind der typische Makler-Hai, welcher sich mit seinem schwer verdienten Geld solch ein Auto leistet – hat der Makler doch „nur“ ein Exposé weiter-

gereicht. Unbewusst kommt da vielleicht bei dem einen oder anderen Neid auf, und das kann Ihnen das Geschäft – gerade mit diesem Kunden – dann verderben.
Besser ist es, wenn Sie einen unauffälligen Mittelklassewagen fahren, welcher Seriosität ausdrückt.
Sie überzeugen letztendlich durch Ihre Leistung, Zuverlässigkeit und Ihren Charme – und nichts anderes ist wichtig.
Die Firma eines ehemaligen Kollegen in Berlin lief in den 80ern und 90ern im Vertriebsgeschäft für ETWs riesig. In Wilhelmshaven, in seiner Heimatstadt, hatte er zusammen mit drei Kumpels eine Großraumdisco – nicht um Geld zu verdienen, sondern rein aus privater Bespaßung. Die Mitarbeiter in seiner Firma – allesamt junge Makler – leisteten sich eine Corvette, einen Lamborghini, Ferrari, Audi, Daimler etc. auf Leasing. Ich erinnere mich genau, dass wir eine Auswahl von gezählten zehn Fahrzeugen, allesamt ab 250 PS, hatten, wenn ich vor dem Haus meines Kumpels stand und wir dabei waren, mit der gesamten Mannschaft zum Feiern nach Wilhelmshaven am Wochenende zu fahren.
Die jungen Makler von damals sind schon längst Geschichte und konnten sich auf die Dauer im Geschäft nicht erfolgreich durchsetzen – bis auf wenige Ausnahmen. Die Firma meines Kollegen läuft noch immer sehr gut.

5. Die Akquise und Netzwerke

Es kann sein, dass Sie anfänglich nicht so viele Wohnungen zum Vermieten oder Verkaufen haben. Das Problem zu ändern, ist eine reine Fleißaufgabe. Schreiben Sie sich aus den Zeitungen Hausverwaltungen oder Eigentümer heraus. Lassen Sie sich inspirieren. Es gibt Fachzeitungen, wie beispielsweise die IZ (Immobilienzeitung), Property EU, Financial Times, Handelsblatt etc., in denen alle Neuigkeiten ausschließlich im Bereich Immobilien nachzulesen sind. Es ist wie eine Klatsch- und Tratsch-Zeitung der Hochfinanz (Empfehlung: die *Immobilienzeitung*). Sie wissen immer, wer gerade wo im Vorstand ge-

wechselt, wer gerade welches Wohnportfolio oder Logistikzentrum gekauft hat oder wer gerade Insolvenz anmelden musste. Ein Eldorado für Ihre Akquise und der Möglichkeit der Kontaktknüpfung. Lesen Sie beispielsweise, dass die Unternehmung XY gerade 2.000 Wohnungen in Ihrer Stadt gekauft hat, dann suchen Sie sich die Kontaktdaten aus dem Internet, rufen Sie an und lassen sich mit dem Asset-Management verbinden. Dem Asset-Manager erzählen Sie, dass Sie auf Empfehlung anrufen und Sie Fachmakler in Vermietung sind. Fragen Sie ihn, ob Sie ein Profil hierzu mailen können, woraus er dann auch Ihre kompletten Kontaktdaten entnehmen kann. Wahrscheinlich wird er Sie dann an die hauseigene Hausverwaltung weiterleiten und dort bieten Sie nochmals Ihre Dienste an. Glauben Sie mir, auch wenn Sie 45 mal hintereinander einen Misserfolg haben, werden Sie bei der 46. Adresse Glück haben und Sie bekommen viele schöne Wohnungen. Es ist alles nur eine Sache Ihres Durchhaltevermögens. Vielleicht klappt es aber auch sofort.
Noch eine sehr gute Möglichkeit, Kontakte zu knüpfen, sind die Netzwerke XING oder LinkedIn. In diesen Netzwerken stellen Geschäftsleute aller Branchen ihr Profil ein. Sie können so passend zu Ihrer Branche Kontakte knüpfen und Geschäfte anbahnen. Besonders LinkedIn ist weltweit vernetzt, sodass Sie hier unbedingt im Englischen versiert sein sollten. Mich hat über XING ein Makler aus dem M&A-Bereich (Mergers & Acquisitions) kontaktiert und wir verstanden uns so gut, dass ich nun mit ihm seit über einem Jahr im gewerblichen Bereich zusammenarbeite. Natürlich können Sie auch bezüglich Vermietung alle Verwaltungen in Ihrer Stadt anrufen oder aber direkt die Eigentümer. Hier können Sie heutzutage im Internet CDs bestellen, auf welchen ca. 600 bis 800 Investoren mit allen relevanten Kontaktdaten angegeben sind. Ich empfehle hier www.immo-investoren.de, erarbeitet von einem sehr netten jungen Mann während seiner BWL-Studienzeit, der Fragen jederzeit ausführlich beantwortet. Die Akquisemöglichkeit kennt keine Grenzen. Sie benötigen dafür lediglich ein Telefon und Ihre Arbeitskraft, Ihren Charme und Ihre Ausdauer. „Mit dem Hut in der Hand kommt man durchs ganze Land."

6. Marketing

Da Sie mit Ihrer Akquise erfolgreich sind und Sie dann auch – wie angekündigt – einen kurzen Zweizeiler an den Asset-Manager oder die Hausverwaltung mailen, muss Ihr Profil perfekt sein. Der Grund ist, dass heutzutage alles und jeder gegoogelt wird und Ihre Präsenz im Internet unbedingt vorhanden sein muss.

In den 80ern und 90ern gab es das nicht und überhaupt war alles viel einfacher. Heute jedoch sind wir weltweit vernetzt und Sie persönlich sind weltweit präsent, will Sie jemand googeln – und Sie werden gegoogelt, glauben Sie mir.

Sie als seriöser Makler im Internet gar nicht zu finden, ist heutzutage ein absolutes NO GO! Es gibt einige Provider, welche preiswerte oder kostenlose Baukastensysteme für die Erstellung einer Webseite anbieten. Diese sind relativ einfach zu handhaben und erlauben es auch dem Unbedarften, in kurzer Zeit eine nette Internetpräsenz zu erstellen.

Natürlich gibt es Investoren, die nicht gefunden werden wollen im Internet, und es gibt große Unternehmungen, welche es gar nicht nötig haben, eine repräsentative Homepage zu haben (jedoch werden Zeitungsberichte auch mit dem Internet verlinkt und so ist es heutzutage kaum mehr möglich, anonym zu bleiben). Diese Leute kommen jedoch alle aus der Hochfinanz und sind somit für Ihre Belange zunächst nicht relevant.

Wenn Sie Ihre Webseite erstellen – oder erstellen lassen –, rate ich Ihnen, den Text selbst zu verfassen. Dadurch wird dieser authentisch und der Inhalt und die Ausdrucksweise passen zu Ihnen. Kopieren Sie keine Texte von fremden Webseiten, sich inspirieren zu lassen, ist erlaubt. Suchen Sie ein paar schöne passende Fotos heraus, damit es freundlicher wirkt, und, last but not least, schreiben Sie nicht zu viel!

Heutzutage hat keiner mehr die Lust und die Zeit, viel zu lesen. Bitte ordentlich das Impressum sorgfältig und vollständig verfassen sowie alle anderen Daten zu Ihrer Firma.

Bitte fügen Sie in Ihrem Mail-Account unbedingt Ihre kompletten Kontaktdaten bei. Dieser Disclaimer ist automatisch gespeichert und schließt jede von Ihnen geschriebene Mail ab. Ohne Absender-Disclaimer als Firma zu arbeiten, kommt bei Kunden und Auftraggebern nicht gut an, da es dilettantisch wirkt. Eine von Ihnen gesendete Mail sollte immer auch Ihre Kontaktdaten als Absender beinhalten.

Bauen Sie sich ein Netzwerk auf. Sie kommen automatisch im Geschäftsleben mit vielen Menschen aus Ihrem Arbeitsfeld zusammen. Suchen Sie sich die für Sie besten Architekten, Notare, Anwälte, Banker, Handwerker, Baufirmen, Vertriebe, Übersetzer, Immobilienverbände etc. und pflegen Sie deren Kontakte. Sie werden immer wieder Ihrem Kunden einen guten Dienstleister für die verschiedensten Anlässe nahelegen müssen.
Achten Sie bitte aber genau darauf, dass diese Personen oder Firmen wirklich empfehlenswert sind.

Ich erzähle Ihnen ein Beispiel aus meiner Praxis. Man kann gar nicht so dumm denken, wie manche Menschen handeln:
Ein Kollege hatte neben dem Maklerberuf eine kleine Baufirma für Innenausbau und schwärmte immer, wie zufrieden seine Kunden sind. Ich habe ihn dann an meine Freundin vermittelt. Der Leistungsumfang sollte ein Wohnungsumzug sein und die Renovierung der Neuwohnung. Weil es so viel Pfusch, Schäden und Mängel bei der Durchführung der Arbeiten gab, beschwerte ich mich bei ihm. Als Antwort bekam ich zu hören, dass meine Freundin doch dafür so einen günstigen Preis bekommen hätte!!?
Dem ist nichts mehr hinzuzufügen, oder?

Seien Sie nicht so gutmütig und sprechen Empfehlungen aus, weil der Bekannte ja so nett ist und mit sich selbst so glaubhaft prahlen kann. Leider gibt es viele Menschen, welche von sich sehr überzeugt sind, aber bei näherer Prüfung herauskommt, dass Kompetenz und Leistung zu wünschen übrig lassen. Wenn Sie schon Empfehlungen aussprechen, dann achten Sie unbedingt darauf, dass diese auch wirklich empfehlenswert sind. Mein obiges Beispiel ist nicht nur eine Kleinigkeit, da es das Portmonee und den Ärger meiner Freundin traf, auch

wenn es sich „nur“ vom Umfang her um einen Kleinauftrag gehandelt hat – aber „wie im Kleinen, so im Großen“. Das Prinzip hat Allgemeingültigkeit.
Sie werden nach Ihrer Empfehlung bewertet, nach dem altbewährten Motto: „Sag mir, mit wem du gehst, und ich sage dir, wer du bist.“

Sie werden mittlerweile schon über den Durchschnitt verdient haben und so können Sie sich auch einen Webmaster leisten. Dieser kann Ihnen Ihre Webseite puschen, indem er Ihre Webpräsenz suchmaschinengerecht (seo)optimiert.
Sollten Sie ein interessantes Geschäft getätigt haben, so verfassen Sie eine Pressemitteilung, welcher Ihr Webmaster an alle Presseportale verschickt und diese mit Ihrer Homepage verlinkt. Auch können Sie Themen über bestimmte Bereiche selbst verfassen und diese online stellen.

Sie sehen, Marketing und Werbung für die eigene Firma müssen nicht teuer sein. Überlegen Sie sich aber ganz, ganz genau, was Sie online stellen. Wollen Sie beispielsweise eine Pressemitteilung über ein interessantes Geschäft veröffentlichen, dann müssen Sie unbedingt Käufer und Verkäufer hierzu um Erlaubnis bitten. Viele Unternehmungen wollen Verschwiegenheit walten lassen bzgl. des Deals und das gilt es zu berücksichtigen, da ansonsten Unterlassungsklagen drohen könnten. Schicken Sie die von Ihnen vorgefertigte Pressemitteilung und lassen Sie es sich kurz bestätigen, ob sie so mit dem Text einverstanden sind.
Tun Sie das nicht und ein Beteiligter klagt gegen Sie und fordert die Pressemitteilung vom Netz zu nehmen, dann haben Sie bzw. Ihr Webmaster ein echtes Problem. Denken Sie nur an die vielen, vielen verschiedenen Presseportale, welche Sie dann anschreiben müssen und diese bitten, Ihren Bericht vom Netz zu nehmen.

7. Die hohe Kante

Ich unterstelle Ihnen nun einmal, dass Sie in dieser Phase schon gut im Geschäft sind und mittlerweile Ihre Kontakte verfestigen konnten und Sie genug Aufträge haben.

Die Fixkosten gering zu halten, ist immer noch empfehlenswert, Ihre verdiente Courtage sofort zu verprassen, eher nicht.

Ich hatte in meinen Anfängen leider niemals gute Ideen zur Minimierung der Fixkosten. Ehrlich gesagt hatte ich „an so etwas" nie gedacht. Im Gegenteil: Gute Verdienste wurden sofort in nahe und ferne Reisen, Autos und Partys umgesetzt.

Ich machte beispielsweise knapp eineinhalb Jahren nach dem Mauerfall Bekanntschaft mit Russen. Es waren die ersten Russen, die ich je live gesehen habe. Der Eiserne Vorhang war gefallen und nun reisten die Russland-Deutschen bei uns ein. Sie hießen im Amtsdeutsch „Kontingentflüchtlinge". Diesen ehemaligen Deutschen zu Zeiten des Dritten Reiches galt es, eine bezahlbare Wohnung zur Verfügung zu stellen. Sie brauchten hierfür einen Antrag sowie einen abgestempelten Schein und dann standen den Familien die schönsten Wohnungen in Berlin zu. Es waren Neubauten, da diese von Berlin für den Bauträger von der IBB-Bank gefördert wurden. Die Berliner selbst waren immer noch mit dem kargen Wohnungsangebot belastet.

Ich habe so viel Geld mit den Russen verdient, dass ich beim zweiten Umschlag nicht mehr nachgezählt habe. Das Geld stimmte sowieso immer auf Heller und Pfennig. Die Russen waren zuverlässige Geschäftspartner.

Die Sekretärin meiner Hausverwaltung partizipierte von diesem Geldregen hälftig mit. Irgendwie hat sie das Geld nicht so schlau verwendet, stand auf Ihrer Schreibmaschine immer eine halbe Osborne-Flasche – es war immer eine frisch angefangene und nicht dieselbe. Vier Jahre später war sie tot. Krebs.

Ich habe mein Geld anders verpulvert. Ich buchte sofort einen Linienflug nach Hawaii. Meine Freundin kam mit, Zeit und Reiseziel waren genau passend – Maui!

Hawaii bzw. Maui aus dem Grunde, da ich mit drei Freundinnen 1981 in einer Kreuzberger Kneipe saß und Abschied feierte. Heike wanderte nach Kanada aus und die andere Freundin namens Edith nach Australien. Nani und meine Wenigkeit blieben in Berlin. Wir schlossen einen Freundschaftspakt fürs Leben und wollten uns in 10 Jahren wieder treffen, um zu sehen, was aus uns geworden war.
Nun stellte sich die Frage, WO wir uns treffen. Da Kanada, Australien und Europa gut auf unserem Planeten verteilt sind, beschlossen wir, uns in der Mitte zu treffen. Irgendwie war es für uns nach vielen Cocktails logisch, dass Hawaii die Mitte auf unseren Globus darstellt. Wir beschlossen also, uns zum Geburtstag von Edith treffen, welche nach Australien auswanderte. Somit hatte ich eine feste Verabredung auf Maui am 13.02.1992 – fern in der Zukunft. Dank der Russen konnte ich diese einhalten. Es kam zwar keiner zu diesem Treffen – amüsiert habe ich mich jedoch trotzdem auf Maui für die nächsten Monate.
Ich bekam erstaunlicherweise nur ein Dreimonatsvisum (sonst hatte ich 1 Jahr in den USA), aber ich nutzte diese vollen drei Monate bis auf den letzten Tag aus. Mein Konto war auch pünktlich nach dieser Zeit leergeräumt und ich musste zurück nach Germany. Die hiesigen Makler auf Maui lebten das hawaiianische „Hang Loose“ in vollen Zügen. Nach drei Stunden Arbeit kamen sie schon völlig gestresst zum Beach und jaulten, wie viel sie heute gearbeitet haben und wie überfordert sie sind. Ein mir bekannter Hawaiianer in Maui/Kihei makelte nach Bedarf. Er erzählte mir, er verkaufe ein Haus im Jahr und den Rest des Jahres ginge er surfen. Frechheit.

In Berlin ticken die Uhren anders als auf Maui. Da kommt ein 10-Stunden-Tag schnell zusammen. Ich hätte die Möglichkeit gehabt, bei einer neu kennengelernten Freundin in ihrer Firma als Maklerin arbeiten zu können. Dafür braucht man aber in den USA eine achtmonatige Schulung. Da ich selbstständig gewesen wäre, hätte ich wohl auch arbeiten dürfen. Na ja, die Frage hat sich nach drei Monaten nicht mehr gestellt, da mein Konto sowieso geschröpft war – und Anfangskapital braucht man überall.

Es waren die besten drei Monate in meinem Leben. Ich erwähne ausgerechnet diese Reise, da dieser Trip in meinem Leben am prägnantesten war – nicht, weil er mich das meiste Geld kostete, da gab es noch ganz andere Reisen.

Zusammengefasst: Es sagt ja niemand, dass Sie keinen entsprechenden Lebensstil führen dürfen, jedoch sollten Sie nicht immer *alles* ausgeben nach einem erfolgreichen Geschäft, um wieder von vorne anfangen zu müssen.
Außerdem gibt es da ja auch noch das Finanzamt, welches Steuern fordert, und eine Nachzahlung kommt immer dann, wenn man sie überhaupt nicht gebrauchen kann.
Es ist einfach so: Sie können sehr viel Geld verdienen in diesem Job, wenn Sie umsichtig damit umgehen, ansonsten kann rasch die Insolvenz drohen.

<u>Geld einteilen:</u>
Glauben Sie also nicht, Sie können schludern, wenn Sie einen guten Deal gemacht haben. Sie haben eine Firma und sind selbstständig, kein Angestellter. Selbstständig kommt von „selbst" und „ständig". Erstens müssen Sie Rücklagen bilden für Ihre Liquidität, zweitens – ich muss das noch einmal erwähnen – zahlen Sie Einkommens- und Gewerbesteuer und die ist in Deutschland nicht unerheblich. Außerdem müssen Sie Ihr Geld zusammenhalten, sollte ein Schnäppchen auf Ihrem Schreibtisch landen. Dann sollten Sie – nach Ihrer objektiven Prüfung – für Ihr kommendes und eigenes Portfolio sofort zuschlagen und kaufen. Es werden viele gute Gelegenheiten kommen, Sie sitzen sozusagen an der Quelle, und wenn Ihnen ein gutes Objekt auf den Tisch kommt, dann kaufen Sie es selbstverständlich selbst und vermakeln es nicht – wenn möglich.
Machen Sie jedoch nicht den Fehler, zu hohe Schulden bei der Bank zu haben. Setzen Sie so viel Eigenkapital ein, dass das Objekt in zehn Jahren lastenfrei ist. Bei einem Miethaus mit größerem Volumen geht das natürlich nicht – es sei denn, Sie haben gut verdient und somit ein

beachtliches Eigenkapital. Es reicht bestimmt auch, kleinvolumig mit Eigentumswohnungen anzufangen.
Gut ist jedoch, wenn Sie so früh wie möglich mit Ankäufen beginnen. Deshalb sollten Sie sich eine gute Bonität aufbauen und nicht so viel Geld für Unsinn verprassen.

Kapitel II
Die Tricks der Makler, Käufer und Verkäufer

1. Geschäftspartner und Kollegen

Es ist unvermeidbar, dass Sie Kollegen treffen, die Ihnen Objekte zur Mitarbeit anbieten. Hier gilt es auch, einen kurzen Vertrag zu tätigen, in welchem die Provisionsteilung und der Kundenschutz geregelt sind.

Zunächst prüfen Sie, ob Ihr Kollege überhaupt einen Verkaufsauftrag hat. Fragen Sie ihn, ob er das Objekt *direkt* vom Eigentümer oder nur zur Mitarbeit bekommen hat. Lassen Sie sich vorab prüfungsfähige Unterlagen geben, sodass Sie selbst das Objekt bewerten können. Oftmals brauchen Sie noch nicht einmal besichtigen, haben Sie alle relevanten Zahlen, Daten und Fakten vorliegen, da sie so im Vorfeld grob eine Einschätzung vornehmen können, ob Sie es für veräußerbar halten oder nicht.

Wieder wird es (hoffentlich) unvermeidbar für Sie werden, dass Sie mit dem Verkauf von Zinshäusern in Berührung kommen. Dies ist ein wichtiger Abschnitt in Ihrer Maklerlaufbahn, denn nun haben Sie die Möglichkeit, sechsstellig im Jahr zu verdienen.

Die sorglosen Zeiten der Vermietung oder dem Verkauf von ETWs oder EFH ist dann vorbei, wenn Sie die Möglichkeit haben, Zinshäuser zu verkaufen. Nun fängt das Geschäft an, spannend zu werden. Es tummeln sich keine Goldfische mehr in Ihrem Becken, sondern ausgewachsene Raubfische.

Ihr Leben wird nun sehr ereignisreich werden. Getrieben von leichter Gier nach dem großen Geld begeben Sie sich auf eine Plattform, auf die Sie gut vorbereitet sein sollten. Es wird immer da belogen und betrogen, wo viel Geld zu verdienen ist, und mit dem Verkauf von Miethäusern ist viel Geld zu verdienen.

2. Schlichen und Tricks der Maklerkollegen

Als Erstes gilt es, den kaufmännisch korrekten Makler vom unseriösen Makler zu unterscheiden.
Klar, nach eine paar Jahren in diesem Geschäft sind Sie schon ein alter Hase und kennen fast alle Tricks, haben Sie in dieser Zeit schon viel Erfahrung sammeln können – denken Sie.

Um an interessante und verkaufbare Objekte zu kommen als Makler, haben sich leider viele sogenannte Kollegen einiges einfallen lassen. Das meist verbreitete ist das „Klauen und Täuschen".
Ich gebe Ihnen zwei aktuelle Beispiele aus meinem Berufsalltag zum Thema:

Beispiel 1

Sehr geehrte Damen und Herren,
ich sende diese eMail zum zweiten Mal um noch einmal auf mich aufmerksam zu machen, da ich noch keine Bestätigung von Ihnen erhalten habe.
Hiermit teile ich ihnen mein Suchprofil mit und möchte sie bitten mich darüber zu informieren, falls sie Immobilien finden die meinem Suchprofil entsprechen.

Zu meiner Person:
Name, Vorname: xxxxx
Straße: xxxxx
PLZ, Ort: 10243, Berlin
eMail: xxxxx

Suchprofil:
Objektart: Anlageobjekte, Wohn/- und Geschäftshäuser, Mehrfamilienhäuser, Zwangsversteigerungen
Objekt-Volumen: 500.000 - 3.000.000
Lage: 1a-Lage, 2a-Lage, Cityrand
Standort: Zehlendorf, Charlottenburg, Wilmersdorf, Spandau, Weeding, Neukölln

Ich bin an Immobilien mit dem Faktor 15 in guten Bereichen West Berlins interessiert, wie Zehlendorf und Charlottenburg. In Bereichen wie Weeding und Neukölln, suche ich nach Immobilien mit dem Faktor 12.
Bitte senden sie mir Exposes an meine eMail Adresse. Ich hoffe, sie können meine Wünsche berücksichtigen.
Bitte bestätigen sie mir die Registrierung meines Suchprofils.

mit freundlichen Grüßen,
xxxxx

Was fällt Ihnen auf – bis auf die Rechtschreibfehler?
Der Kaufpreis ist ein Volumen, welches gerne von vermögenden Privatinvestoren, aber auch institutionellen Investoren gekauft wird. Beide Investorengruppierungen halten solche Immobilien meist im Bestand und versuchen den Cash Flow in den nächsten Jahren und Jahrzehnten zu optimieren.
Die Lagen sind die gängigen in Berlin und nicht besonders zu beachten. Interessant ist, dass der vermeintliche Kaufinteressent keine Telefonnummer angibt. Sie können ihn also nicht zurückrufen und mit ihm über sein gewünschtes Investment sprechen.
Da Sie als Immobilienmakler Fachwissen besitzen, können und werden Sie schon in kürzester Zeit herausfinden, ob dieser vermeintliche Kaufinteressent selbst Kenntnisse besitzt oder ein Laie ist. Nun haben Sie aber keine Telefonnummer und können das Gespräch nicht führen.
Jetzt kommen wir zum spaßigen Teil der Überprüfung. Sie googeln bitte zuerst den Namen. Hier in diesem Falle habe ich nichts gefunden. Im Telefonbuch ist der Name ebenfalls nicht registriert.
Gott sei Dank gibt es Google Maps. Ich habe mir über Streetview das Haus angesehen, in welchem der vermeintliche Investor wohnt. Es ist ein Plattenbau in schlechter Lage von Berlin-Friedrichshain. Als Fachfrau erkenne ich sofort, dass der Plattenbau unsaniert und ohne Balkone ist. Der Mietzins muss hier sehr niedrig sein, ich schätze 5,50 pro qm.

Nehmen wir einmal das Wunschobjekt für 3 Mio. € als Beispiel: Bei einem Ankaufsvolumen von 3 Mio. € brauchen Sie wenigstens 600.000 € bis 900.000 € Eigenkapital, je nach Bonität, zzgl. der Kaufnebenkosten wie Makler (3% bis 5%), Notar (1,5%) und Grunderwerbssteuer (4,5 %). Sagen wir einmal, round about 9 % vom Kaufpreis. Dies ergibt noch einmal 270.000 €. Die Bonitätsunterlagen werden drei Jahre rückwirkend von der finanzierenden Bank abgefordert und Ihr Einkommen muss bei so einem großen Volumen in jedem Falle sechstellig sein – je nach Einkaufspreis.
Der Kaufinteressent würde zum 15-fachen kaufen wollen, d. h. dies wäre eine Bruttorendite von 6,6 %. Wenn man nun Zins und Tilgung berücksichtigt und die Instandhaltungskosten, Kosten für die Hausverwaltung und Mietausfallwagnis sowie die Erwerbsnebenkosten, dann hat der vermeintliche Kaufinteressent eine Unterdeckung, d. h., er muss noch jeden Monat Geld aus eigener Tasche zuzahlen. Selbst bei einem Faktor von 12-fach – wie von diesem angeblichen Investor gewünscht – rechnet es sich nicht gravierend anders und die Umstände bleiben dieselben, auch bei den heutigen günstigen Zinskonditionen.
Frage: Wohnt ein Investor in einem unsanierten Plattenbau bei diesem vorhandenen Eigenkapital und diesem Einkommen?
Hat er vielleicht geerbt oder im Lotto gewonnen? Nein, liebe Leser, solche Anfragen gibt es dauernd – und auch noch viel blödere.

<u>Beispiel 2</u>
Auf meine Anzeige im Immobilienscout24 zu einem interessanten Miethaus in Berlin meldete sich schriftlich ein (Privat)Kunde – ohne Adressangabe. Ich antwortete per Mail, dass ich ohne vollständige Angabe zur Adresse seine Anfrage nicht beantworten werde. Nun reichte er eine Adresse nach.
Es erfolgte mein übliches Procedere: Ich googelte seine Adresse und angegebene Telefonnummer (Mobilnummer). Nicht auffindbar. Ich kontrollierte über Google Maps die von ihm angegebene Privatadresse. Es war eine Fabrik, befindlich in einem Gewerbegebiet. Ich goo-

gelte den Namen des Interessenten und stieß auf eine Immobilienfirma, in welcher er als Geschäftsführer fungiert.
Ich schrieb meine Bedenken bzgl. der Richtigkeit seiner Anschrift. Auch erwähnte ich, dass ich ihn als Person lediglich als Geschäftsführer einer Berliner Immobilienfirma fand.
Ein seriöser Kunde hätte den Umstand aufgeklärt. Ein seriöser Kunde hat nichts zu verstecken oder zu verheimlichen. Stattdessen bekam ich eine halbe Stunde später eine Anfrage von einer anderen Immobilienfirma, jedoch nicht sofort erkennbar, da diese unter „Vermögensverwaltung AG" firmierte und kein Ansprechpartner angegeben wurde. Schnell fand ich – wieder über das Unternehmensregister – heraus, dass die letzte Bilanz dieser Firma mehr als mager ist, die Unternehmung hohe Verbindlichkeiten hat und somit NULL Bonität besitzt. Natürlich war der GF auch ein Makler, welcher im Immobilienscout lediglich Mietwohnungen anbot.
Selbstredend, dass ich kein Exposé versandte, wenngleich es zunächst einmal ohne (Objekt)Adresse versehen ist. Es war mir natürlich sofort klar, dass man hier über einen bekannten Kollegen oder Freund nun versuchte, an meine Objektdaten zu kommen, schlug ja der erste Versuch fehl.
Fazit: Es ist wieder eine der vielen Anfragen von vorgeschobenen angeblichen Kaufinteressenten.
Hier versucht – Beispiel 1 – eindeutig ein Makler, einen Kaufinteressenten vorzuschieben, in der Hoffnung, auf dieses läppische und leicht durchschaubare Ankaufsprofil nun Miethausangebote offeriert zu bekommen – natürlich anonym. Wenn dieser XY-Käufer Ihr Exposé an Dritte weiterreicht, haben Sie keine Chance, dies zurückzu verfolgen.
Kommt ein unseriöser Makler oder Käufer irgendwie an Ihre Objektdaten, dann ist es kein Problem, den Grundbuchauszug vom Notar ziehen zu lassen. Es reicht, wenn Sie die Adresse haben und diese bei dem Notar durchgeben. In Bayern ist das nicht erlaubt und der Eigentümer bleibt anonym – das finde ich auch gut so. In anderen Bundesländern muss ein berechtigtes Interesse des Maklers vorliegen. In Bayern ist auch ein „berechtigtes Interesse" des Maklers dem Rechts-

pfleger im Grundbuchamt egal. Keine Chance – Sie bekommen keine Info, weder über den Notar noch direkt vom Grundbuchamt, Rheinland-Pfalz und Berlin ausgenommen.
Der Notar in Berlin ist ja wie vielerorts elektronisch am örtlichen Grundbuchamt vernetzt und so bekommen Sie in kürzester Zeit das gesamte Grundbuch mit allen Abteilungen. Es ist erschreckend, wenn man bedenkt, dass jeder Fremde nun sehen kann, wer als Gläubiger mit welcher Grundschuld eingetragen ist. Auch sind Sie namentlich als Eigentümer benannt, wenn auch ohne Adresse.

Ich spiele mit Ihnen das Szenario durch, wie es in der Branche Alltag ist. Alle Profis wissen und kennen das Procedere, aber diese Kollegen lesen nicht mein Buch – ich schreibe es ja speziell für Sie, den Berufsanfänger.
Ebenso hoffe ich, dass Hauseigentümer mein Buch lesen und somit auch die Tricks und Schlichen in der Branche vermittelt bekommen.

3. Makler und Verkäufer aufgepasst

Hat der (unseriöse) Makler das Grundbuch und kann somit der Eigentümer ermittelt werden, dann passiert Folgendes: Der Eigentümer wird kontaktiert. Dem Verkäufer wird erzählt, dass man Kenntnis von dem Verkauf hat. Es gibt unzählige Entreegespräche, um das Interesse beim Eigentümer zu wecken und zunächst Vertrauen zu gewinnen. So wird berichtet, dass ein Bekannter/Freund an dem Objekt durch einen zügigen und diskreten Ankauf interessiert ist. Daraufhin fertigt der Makler eine gefakte Interessensbekundung des „Freundes“ oder er hat diese am besten schon in der Tasche – wenn er ein persönliches Gespräch mit dem Verkäufer hat. In dieser Interessensbekundung steht dann: „Ich bin grundsätzlich an Ihrem Objekt zu einem Kaufpreis in Höhe von ... interessiert, vorbehaltlich der kaufmännischen, technischen und juristischen Prüfung.“
Nun ist das Interesse des Verkäufers geweckt. Er hat zwar schon einen anderen Makler den Verkaufsauftrag gegeben, jedoch hat dieser

keinen Alleinauftrag und schließlich kann er ja auch selbstständig sein eigenes Objekt verkaufen, wenn ein Käufer vor seiner Tür steht. Natürlich informiert der Verkäufer in der Regel nicht seinen beauftragten Makler über dieses vermeintliche Angebot.
Jetzt steht für den Makler die Tür offen. Er sagt dem Verkäufer, dass er für seinen „Freund“ als Berater tätig ist, und fordert nun Objektunterlagen ab. In der Regel ist es unkompliziert. Der Makler macht dem Verkäufer einfach eine Auflistung, welche Unterlagen er für die Prüfung vorab braucht. Dies ist zunächst die aktuelle Mieterliste. Aus dieser gehen schon wichtige Eckdaten wie Wohn- und Gewerbefläche, Wohneinheiten, Mietzins, Heiz- und Betriebskosten, Wohnungsgrößen etc. hervor. Dann fehlt nur noch der Lageplan, Grundrisse, Bewirtschaftungskosten, Auflistung der getätigten Sanierungen und/oder Instandhaltungen, Kopien des Gewerbemietvertrages (falls vorhanden), Versicherungspolicen ... Er organisiert mit dem Hausmeister eine Innenbesichtigung und bekommt Details vom Objekt zur Kenntnis und fertigt aktuelle Fotos.
Nun hat der fleißige und trickreiche Makler die wichtigsten Unterlagen und kann in den Verkauf gehen. Natürlich hat er keinen Freund, der das Objekt kauft, sondern er hat ein neues Objekt, welches er am Markt und damit seinen Kunden anbieten wird.
Hat der Makler einen Kaufinteressenten, so wird er wieder mit dem Hausmeister einen Besichtigungstermin vereinbaren und schlussendlich wird er dem Eigentümer einen anderen Freund präsentieren, welcher dann – in seinem Fall am besten – beurkundet. In der Regel bekommt der Verkäufer gar nicht mit, dass der „Berater“ in Wirklichkeit ein Makler ist.

Es gibt auch die dümmlichen Makler, welche das geklaute Objekt anderen Makler zur Mitarbeit weitergeben, einfach nur, weil der Verkauf dann vielleicht schneller geht, denn ein Zeitfenster gilt es hier einzuhalten. Dies hat zur Folge, dass es eine Kettenreaktion gibt und die Makler ein und dasselbe Exposé immer weiter an andere Makler reichen.

Viele Eigentümer werden hier an ihr eigenes Erlebnis denken, sollten sie diese Zeilen lesen, denn es passiert dann das Unvermeidbare: Er bekommt oftmals sein eigenes Objekt auf den Tisch als Kaufangebot. Ich kann nicht zählen, wie oft mir das von Eigentümern so berichtet wurde.

Nun kann es aber kritisch für den Makler werden, wenn der eigentliche Makler, welcher wirklich beauftragt ist, einen Kaufinteressenten bringt.
Es passiert Folgendes: Nun fertigt der windige Makler einen Kaufvertragsentwurf und gibt einen höheren Kaufpreis an, welcher vom Eigentümer gefordert bzw. gewünscht ist. Kaufvertragsentwürfe hat jeder Makler in der Schublade, hat dieser ja schon viele Zinshäuser beurkundet. Da das Grundbuch vorhanden ist, ist es eine Kleinigkeit, den Entwurf mit den aktuellen Daten zu füllen – ohne Angabe, wer der beurkundende Notar sein soll. Meistens fällt das gar nicht auf.
Nun hat der Makler wieder einen Zeitaufschub und den anderen Kollegen mit dem eigentlichen Verkaufsauftrag aus dem Rennen geworfen. Logisch, dass der Verkäufer mit demjenigen beurkunden will, der mehr zahlt. Der windige Makler erzählt nun, dass der Käufer Finanzierung einreicht und fordert die letzten noch fehlenden bankbeleihungsfähigen Unterlagen zum Objekt ab, natürlich zur Vorlage der finanzierenden Bank – wird er sagen.
Eine Finanzierung braucht in der Regel bis zu sechs Wochen – wenn Sie alle Unterlagen beieinanderhaben. Somit hat der trickreiche Makler sechs (!) Wochen Zeit, in Ruhe einen Käufer zu finden. Die Ergebnisse sind unterschiedlich. Ich hatte diesen Fall ähnlich erst letztes Jahr im Sommer. Ich kenne die Tricks und trotzdem konnte ich es nicht verhindern. Ich weiß, welche Maklerfirma mir hier ins Geschäft pfuschte und ich war machtlos. Ich war machtlos aus dem Grund, weil der Verkäuferin immer wieder gesagt wurde, dass ein Käufer vorhanden wäre, der mehr bezahlt als mein Käufer. Wenngleich dann mein Käufer den Kaufpreis aus Verzweiflung dreimal erhöhte, wurde ich überboten – immer wieder. Es war sehr ärgerlich, da mein Käufer über eine schriftliche Reservierungsbestätigung von der Verkäuferin

verfügte und daher den Weg der Finanzierungsanfrage hinter sich hatte sowie eine verbindliche Zusage der Verkäuferin zur Beurkundung. Kurzum, die Finanzierung war durch, der Darlehensvertrag lag bereits vor und es gab neben dem Kaufvertragsentwurf auch schon einen festen Termin zur Beurkundung. Dieser Notartermin wurde dann wieder von dieser Maklerfirma vereitelt, indem sie die Gier der Verkäuferin ausnutzte und wieder eine Erhöhung erfanden.
Wie oft der Verkäufer Glück hat und tatsächlich einen höheren Kaufpreis erzielt, entzieht sich meiner Kenntnis. Ich kenne bisher nur Verlierer, die viel Zeit für solch ein Szenario verschwendeten und die seriösen Käufer sich abwandten.

Die Ironie des Schicksals jedoch war, dass die Maklerfirma dieser Verkäuferin ein vermeintlich günstiges Miethaus vermittelte, war sie ja auf der Suche nach einem neuen, guten Investment.
Das Immobiliengeschäft verläuft zyklisch und derzeitig sind die Kaufpreise enorm gestiegen aufgrund der hohen Nachfrage, der Wirtschaftslage und der Angst vor dem fallenden Euro – und dem niedrigen Zinsniveau.
In Berlin wird derzeitig in den schrecklichsten Lagen das 17-fache[1] gefordert und in durchschnittlichen Lagen das bis zu 20-fache. Wie auch immer, die Zeit zwischen 2005 und 2007 ist vorbei, wo man vom 9-fachen bis 12-fachen leicht und viel kaufen konnte.
Ich hörte aus zuverlässiger Quelle, dass diese Maklerfirma nun ein Miethaus mit Instandhaltungsrückstau in einfacher Wohnlage zum 12-fachen an diese Verkäuferin verkaufte. Blöd war nur, dass dieser Faktor sich nicht aus der Nettokaltmiete errechnet hat, sondern aus der Bruttowarmmiete!
Ich weiß nicht, wie die Mieterliste gestaltet war, dass die Käuferin das nicht erkannte. Diese Liste ist auch immer Bestandteil des Kaufvertrages und somit absolut bindend.

1 Der Faktor bzw. Vervielfältiger wird aus dem Kaufpreis und der Nettokaltmiete errechnet (Beispiel: Kaufpreis 1.560.000 € dividiert durch 125.350 € Nettomieteinnahme p.a. = 12,44-fach > entspricht einer Bruttorendite von 8,03 %).

Wie auch immer dieser Deal verlaufen ist, diese Maklerfirma hat es gut getürkt, dass netto von brutto nicht zu unterscheiden war und der eigentlich eingekaufte Faktor nun natürlich viel höher lag. Wenn ich dann noch an die anstehenden Sanierungskosten denke, wird die Käuferin von einem Cash Flow nur träumen können. Ich gebe zu, dass ich ein bisschen hämisch war, als man mir dies berichtete.
Ich habe zunächst die von mir die genannten Beispiele 1 und 2 beschrieben, wo anscheinend meine Immobilienfirma im Internet gegoogelt und angeschrieben wurde, entsprechende Objekte anzubieten – gemäß den Anforderungsprofilen.
Nun wird es komplizierter, die Spreu vom Weizen zu trennen. Sollten Sie Ihr Objekt im Internet inserieren, dann kommt neuerdings noch ein anderer Teil Ihres Jobs hinzu, welchen man vor 20 Jahren noch nicht kannte.
Das neue Arbeitsfeld, welches Sie dann zusätzlich abarbeiten müssen, heißt Kontrolle.
Beispiel: Sie inserieren also ein Wohn- und Geschäftshaus in den bekannten Portalen im Internet. Es kommt darauf an, wie interessant Ihr Objekt ist und dementsprechend bekommen Sie die Anfragen über Ihren Anbieter gemailt. Die Adressen sind allesamt privat, Firmen schreiben selten an. Zu 50 % werden keine Adressangaben gemacht und auch nur Handynummern angegeben. Nun müssen Sie sich leider die Zeit nehmen und die Spreu vom Weizen trennen. Natürlich sind hier gefakte Kaufinteressenten dabei und Makler, welche von Ihnen Informationen haben wollen, um Ihnen das Objekt zu klauen und direkt an den Eigentümer herantreten zu können.

Nicht nur die Makler machen Ihnen diese Probleme, auch die Käufer sind schon auf die Idee gekommen, wie man den Makler und dessen Provision umgehen kann. Sie schicken Dritte vor, welche von Ihnen ein Exposé abfordern. Sie können das im Nachhinein nie kontrollieren, wer Ihr Exposé bekommt und/oder an wen die Daten weitergereicht wurden.

Ich will Ihnen keine Angst machen, denn das passiert nicht immer. Ich habe auch schon einiges über das Internet verkauft und dabei sehr gute Kontakte gemacht und nette Investoren kennengelernt.

Es gibt Makler zuhauf, welche sich nur Berufsanfänger als Kollegen aussuchen und mit diesen im Gemeinschaftsgeschäft arbeiten. Sie werden lachen, aber gerade die Berufsanfänger haben ein sogenanntes „Anfängerglück". Irgendwie sind sie so auf Ihren neuen Job fokussiert, dass sie tatsächlich Geschäfte „anziehen". Da sie Neulinge im Immobiliengeschäft sind, hadern sie meist in der Umsetzung und gelangen so an einen „alten Hasen".
Dieser freundliche Maklerkollege erzählt zunächst einmal, er will den direkten Eigentümerkontakt, d. h. den Zugang zum Verkäufer, damit die Lieferfähigkeit des Objektes für ihn gesichert ist. Geben Sie ihm diesen Kontakt, dann hat er alle Fäden in der Hand – nicht gut.

Aus diesen Gründen sollte ein Grundfachwissen anfänglich vorhanden sein, damit Sie von keinem abhängig sind. Sie sollten in der Lage sein, ein gutes und übersichtliches Exposé zu erstellen, und wissen, welche Unterlagen für einen Verkauf über das Objekt vonnöten sind. Inhaltlich sollte das Exposé alle wesentlichen Fakten beinhalten und nicht zu ausführlich sein. Die Kaufinteressenten möchten gerne kurz und übersichtlich anhand der Eckdaten erkennen, ob die Liegenschaft für einen Ankauf interessant sein könnte. Bei Interesse des Investors reichen Sie dann sowieso präzise Informationen und prüfungsfähige Unterlagen.
Oftmals erhalten Sie auch Gutachten von den Verkäufern von Sachverständigen und Sie müssen aus dem Gutachten ein Factsheet (Exposé) erstellen. Auch hier suchen Sie sich nur Bullet Points (Eckdaten) heraus und fertigen ein übersichtliches Angebot.
Nicht die Fotos vergessen. Fotografieren Sie das Objekt aus allen Sichtungen und, wenn es geht, lichten Sie auch Innenaufnahmen der Wohnung- und Gewerbeeinheit ab. Der Käufer liebt es, viele Fotos vom Objekt zu sehen. Kopieren Sie diese am besten in das Exposé und geben zwischen den Fotos Ihre Objektinformationen hinzu.

Sie bekommen vom Verkäufer Daten zum Objekt und auch Unterlagen. Es nimmt nicht viel Zeit in Anspruch, diese zu überprüfen. Rechnen Sie die Mieteingänge anhand der Mieterliste noch einmal durch, kontrollieren Sie die angegebenen Quadratmeter der vorhandenen Flächen, Bewirtschaftungskosten etc.
Es macht immer einen guten Eindruck, wenn Sie nicht „blind" alles übernehmen, auch wenn in Ihren AGBs steht, dass die Angaben vom Eigentümer stammen und deshalb ohne Gewähr sind.

Ein Beispiel: Ein Eigentümer gab mir einen Verkaufsauftrag für sein Wohn- und Geschäftshaus mit den üblichen Rahmendaten, Unterlagen, u. a. von den Grundrissen. Ich habe diese geprüft und das Ergebnis war überhaupt nicht übereinstimmend mit den Daten des Eigentümers.
Nicht nur, dass er Kellerräume als Vollgeschosse an Obdachlose – und sie als Gewerberäume deklarierte – vermietete, auch stimmten die Flächen nicht mit dem Aufmaß gemäß dem Aufteilungsplan überein, den der Architekt für eine Abgeschlossenheitsbescheinigung anfertigte. Anscheinend wollte in der Vergangenheit der Eigentümer die Einheiten einzeln verkaufen, deshalb lag eine AB vor. Weil schon die Qm-Angaben der Gewerbe nicht übereinstimmten, kontrollierte ich auch noch die Angaben zu den Wohnungen. Alle Mieter hatten im Mietvertrag eine höhere Angabe zur Wohnfläche, als diese in Wirklichkeit war.
Na ja, der Verkäufer hatte halt vergessen, dass die Grundrisse vom Architekten und somit ordentlich bemaßt waren. So war es für mich ein Leichtes, alles Relevante zu überprüfen.
So einen Schwindel biete ich natürlich keinem meiner Investoren an und ich will auch selbst mit so einem Eigentümer nichts zu tun haben.
Kurzum: Sie sind zwar als Makler nicht verpflichtet, die Angaben des Eigentümers zu kontrollieren, sollten es jedoch um Ihretwillen besser tun. Sie erinnern sich: Sie sollten immer mehr und bessere Leistungen zeigen als Ihre Konkurrenz.

Als Makler zu arbeiten ist, wie in jedem anderen selbstständigen Beruf. Was Sie brauchen, ist Talent, Fleiß, Ehrgeiz, Disziplin, Charme, Humor, Freude an der Arbeit und Zuverlässigkeit – und, last but not least, mentale Stärke. Haben Sie diese Eigenschaften, dann sind Sie sowieso in jedem Bereich und überall auf der Welt erfolgreich.
Es gibt Ausbildungen, Fachbücher, Seminare. Sollten Sie ein Quereinsteiger sein und keine Ausbildung genossen haben, dann wäre für den Anfang auch eine Schulung bei der Industrie und Handelskammer in Ihrer Stadt gut geeignet. Auch eine mehrjährige Ausbildung zum Immobilienkaufmann/frau wird bei der IHK oder den staatlichen Berufsschulen angeboten.
Außerdem gibt es eine 14-tägige Weiterbildung im Beruf Immobilienmakler bei der IHK in Hameln für Quereinsteiger, wie beispielsweise Mitarbeiter von Bauträgerfirmen, Vertrieb, Finanzdienstleister, Immobilienverwalter und Grundstückseigentümer.

Zurück zum Thema und Ihren Anfragen von Kaufinteressenten ausgehend von Ihrer Verkaufsanzeige im Internet:
Sie bieten beispielsweise Ihr Wohn- und Geschäftshaus an – natürlich ohne Adressangabe – mit ein paar Fotos und Eckdaten. Spätestens nach Aufforderung einer Zusendung eines Exposés müssen Sie nun auf der Hut sein, da Sie dann ja die Adresse bekannt geben. Gehen Sie also so vor, wie es nach dem Maklerrecht sein sollte. Weisen Sie also nochmals auf Ihre Käufercourtage hin und lassen Sie sich bestätigen, dass er damit einverstanden ist. Erst dann reichen Sie ihm Weiteres.
Achten Sie jedoch darauf, ob es ein Privatkunde oder eine Gesellschaft ist. Hier ist das Fernabsatzgesetz zu beachten (Näheres hierzu in Kapitel IV nachzulesen).
Wenn der Interessent Ihr Angebot mit Adressangabe bekommt und er dann weitere Unterlagen, wie Mieterliste, abfordert, kommt ein Maklervertrag automatisch zustande. Hier wäre zunächst einmal Ihre Provision gesichert, da Sie beweisen können, dass Sie das Objekt nachgewiesen haben. Im weiteren Verkaufsprozess – nach Ihrer Innenbesichtigung mit dem Kunden beispielsweise – werden Sie bei

dem Interessenten auch die Verkäuferin offenlegen und den Kontakt herstellen und somit greift für Sie der § 652 BGB. Aber bitte nicht vergessen: Lassen Sie sich vorher eine Interessensbekundung geben!

Was ist aber, wenn es gar kein seriöser Kaufinteressent ist, sondern ein Fake – wie schon berichtet? Das Einzige, was Sie hier tun können, ist, jeden Interessenten, welcher auf Ihre Anzeige antwortet und mehr Daten abfordert, zu überprüfen. Leider ist das eine unliebsame, aber nötige Zusatzarbeit.

Mittlerweile sind Sie ja kein Backfisch mehr und werden bestimmt erkennen können, wer ein ernsthafter Käufer ist. Rufen Sie den Interessenten an und stellen Sie sich als ein Immobilienunternehmen vor, welches ausschließlich eng mit Kaufinteressenten beratend zusammenarbeitet und es nicht Ihr Firmenprinzip ist, vogelwild Exposees zu verschicken – und somit würden Sie gerne „sein" Ankaufsprofil mit ihm vorab besprechen wollen und die Eckdaten und Besonderheiten Ihres angebotenen Objektes.

Fragen Sie am besten, ob er schon Immobilien besitzt oder ob er ein „Ersttäter" ist. Je nach Antwort fragen Sie ihn immer mehr und mehr aus. Wer fragt, führt. Bedenken Sie, dass der Kaufinteressent sehr darauf angewiesen ist, interessante Investments zu finden. Lukrative Immobilienangebote sind nicht unbedingt häufig. Somit möchte der Interessent etwas von IHNEN! Ihr Selbstbewusstsein in Ihrer Eigenschaft als Makler können Sie ruhig charmant und sicher vertreten. Fragen Sie, in welcher Branche er beruflich tätig ist und finden Sie heraus, ob er selbstständig ist. Sollte er über seine Firma kaufen wollen, so müssen Sie das Exposé an seine Firma adressieren. Ist diese Firma eine Kapitalgesellschaft, so können Sie innerhalb von Minuten testen, ob dies stimmt oder nicht. Im Unternehmensregister (online) können Sie die angegebene Kapitalgesellschaft anhand der letzten Bilanzen überprüfen sowie den Namen der Geschäftsführer und den Firmensitz ersehen.

Wollen Sie aber unbedingt wissen, wer die Gesellschafter sind, dann müssen Sie sich direkt schriftlich an das Amtsgericht, Abt. Handelsregister, wenden und um Auskunft bitten. Handelsregisterauszüge gibt es bereits durch die meisten Gerichte auch online abrufbar unter www.handelsregister.de.

Verkaufen Sie ein Privatgrundstück, Einfamilienhaus etc., gilt im Prinzip dasselbe, Sie müssen jedoch noch eine Befindlichkeit beachten: Bieten Sie einem Privatmann Ihre Immobilie an, dann müssen Sie unbedingt neben Ihrem Angebot in Ihren beigefügten AGBs den Zusatz angeben zum Fernabsatzgesetz, da er als Privatmann gesetzlich als Verbraucher gilt (siehe Seite 127 ff.).

Das Maklerrecht ist wirklich kompliziert und jeder Richter scheint es anderes zu sehen, deshalb sichern Sie sich in Ihren AGBs und in Ihren Handlungen so gut wie möglich ab. Dr. Detlev Fischer ist Richter am Bundesgerichtshof (IX. Zivilsenat) in Karlsruhe und schreibt in seinem Buch „Maklerrecht anhand der höchstrichterlichen Rechtsprechung", dass das Maklerrecht sehr lückenhaft ist und somit eine durch und durch richterrechtlich geprägte Rechtsmaterie. Klingt nicht gerade beruhigend.

Sie werden auf jeden Fall im Ersttelefonat herausfinden, mit wem Sie es zu tun haben und gewinnen so einen neuen guten Kunden oder erkennen den vorgeschobenen. Von Maklern vorgeschobene Kunden haben meistens überhaupt keine Ahnung von Immobilien und schon nach den ersten Sätzen werden Sie dies bemerken und können dann diese Adresse löschen. (Anmerkung: Käufer, welche eine Kapitalanlage in Form einer Immobilie kaufen wollen und keine Kenntnisse über Immobilien besitzen, denen sei dringend abzuraten, solch ein Investment zu tätigen.) Auch werden Sie sofort herausfinden, ob es sich um einen Makler handelt, da diese einen gewissen Stil der Ausdrucksweise haben. In den meisten Fällen treten diese sehr selbstbewusst auf und wollen so wenig wie möglich preisgeben. Ein vertrauensvolles Gespräch über Ihr angebotenes Objekt oder das Ankaufsprofil kommt da eher nicht zustande.
Es gilt auf jeden Fall immer, den Namen zu überprüfen, ob die Adresse stimmt und die Telefonnummer. Vielleicht finden Sie über

Google ein paar hilfreiche Infos. Ebenso immer die Adresse überprüfen! In Zeiten von Google Maps und Street View ist das ein Leichtes. Ich hatte einmal ein Gewerbeobjekt in Berlin, Prenzlauer Berg, zu verkaufen für einen Kaufpreis von 3,8 Mio. € Da es sich um ein Gewerbeobjekt handelte, ist hierfür ein höheres Eigenkapital vonnöten, je nach Bonität ca. 20 %. Der Kaufinteressent hatte auch aufgrund meiner Anzeige im Internet ein Exposé abgefordert. Ich googelte die Adresse und es war eine Wohnung in einem ein Altbau in schrecklichster Lage von Berlin-Moabit.

Nun stellt sich wieder die Frage: Glauben Sie wirklich, dass dieser Interessent über eine Dreiviertel-Million Eigenkapital verfügt und ein nachweisliches so hohes Einkommen hat, dass er in einer Mikrolage wohnt, wo man nicht tot über dem Zaun hängen will?

Auch meldete sich eine Interessentin, welche im Erstkontakt schon sehr frech war, dass ich bei meinen Nachforschungen über diese Frau herausfand, dass Sie Maklerin ist und bei einer Berliner Immobilienfirma arbeitet. Ich habe in diesem Gespräch sofort herausgefunden, dass sie keine ernsthafte Käuferin ist. Auch sie wohnte in einer Mietwohnung und hatte noch nicht einmal einen Festnetzanschluss. Wer in einem so hohen Volumen kauft, der hat immer ein gewisses Niveau und Benehmen – und immer einen Festnetzanschluss.

Der Eigentümer erzählte mir einige Wochen danach von dieser Frau und wir fanden außerdem heraus, dass sie es schaffte, über eine vorgeschobene Russin ein Exposé von mir abzufordern. Die Russin hatte einen guten Vortrag: Ihr Mann sei Schiffskapitän, sie wohne am Ku-damm ... Ich hatte mich hinreißen lassen.

Na ja, man hat nicht alles unter Kontrolle – aber wenigstens versucht man sein Bestes. So oder so hat diese gute Frau zwar den Eigentümer über die Hausverwaltung herausgefunden und kontaktiert, aber schlussendlich hatte sie keinen Erfolg. Ein guter und vertrauensvoller Kontakt zum Verkäufer ist in jedem Falle immer das Beste.

Der Vorteil bei dieser leidlichen Überprüfungsarbeit ist der, dass Sie mit Sicherheit gute Kontakte machen werden und der seriöse Käufer wird sich über Ihr Engagement freuen. Sie haben nach dem Gespräch eine genaue Vorstellung des Kaufprofils und der Wunschimmobilie,

und sollte das von Ihnen inserierte Objekt nicht passend sein, so können Sie aus Ihrem Bestand ein anderes Objekt heraussuchen.
Hier wird der persönliche Kontakt zum Käufer aufgebaut und Sie brauchen in diesem Geschäft seriöse und bonitätsstarke Kunden. Vielleicht machen Sie mit diesem Kunden aktuell kein Geschäft, vielleicht aber ein gutes ein andermal.

4. Vorsicht: Falle bei gefakten Mailadressen

Was sich Menschen alles so einfallen lassen. Der Fantasie sind keine Grenzen gesetzt und durch die moderne Technik des Internets und den Mailverkehr ist vieles machbar.

Werden Sie hellhörig, wenn Sie von einem Vermittler/Agent/Banker und neuerdings auch Anwalt auf ein von Ihnen vermarktendes Objekt angesprochen werden und dieser Ihnen erzählt, sein Mandant lässt alle Angebote ausschließlich nur über ihn prüfen. Vielleicht erzählt er Ihnen noch, dass er mit ihm eng befreundet ist und nur er den direkten Zugang hat. Bestimmt wird er sagen, dass er das Asset-Management für den Kunden macht und aus diesem Grunde er auch für die Ankaufsprüfung zuständig ist. Immer werden dieselben Storys erzählt, nämlich, dass der vermeintliche Investor aus einer millionenschweren Familie kommt, oder dass der Investor ein family office ist – und in ganz Deutschland Immobilien im 9-stelligen Bereich besitzt. Ganz frech ist es, wenn der Vermittler Ihnen erzählt, der Investor will mit Maklern nichts zu tun haben (!) und deshalb prüft *er* im Vorfeld alle Objekte. Bei so einem Vortrag ist mir persönlich schon einmal der Kragen geplatzt und ich vergaß meine gute Kinderstube. In diesem Falle gab man mir den Investor namentlich bekannt.
Er gibt Ihnen dann den Namen des vermeintlichen Investors und erzählt Ihnen vielleicht, dieser hat auch noch ein Büro bei ihm – dem Vermittler – im Hause, weil er viel im Ausland ist. Dies erzählt er natürlich erst dann, wenn Sie versucht haben, den vermeintlichen Investor zu googeln und Sie zwar seinen Namen gefunden haben, jedoch

keine aktuelle Adresse und Telefonnummer und ihn daraufhin ansprachen.
Dann passiert Folgendes: Dieser Vermittler gibt Ihnen die direkte Mailadresse des Investors und Büroanschrift – welche ja seine ist – und bittet um ein Exposé. Er bittet Sie, ihn, den „Berater", *mit ins Cc zu setzen* (in Kopie). Die Mailadresse des vermeintlichen Investors ist falsch, die Mailadresse des Vermittlers war richtig – und schon hat er Ihr Exposé mit allen Daten.
Sie werden es spätestens nach dem Senden der Mitteilung erfahren, wenn Sie eine Mail-Delivery-Benachrichtigung bekommen.
Es gibt auch Leute, welche gefakte Pressemitteilungen ins Internet stellen. Beispielsweise schreiben diese Leute, dass der Investor Herr xy in den letzten Jahren diskret großvolumig über Banken etc. eingekauft hat und weiterhin auf der Suche ist. Dann werden die Geschichten noch ausgemalt und schon fällt man darauf rein, wenn Sie den Namen googeln. Eigentlich hatten Sie den Schwindel schon vorher erkannt, da Ihr Bauch und Ihr sechster Sinn Sie regelrecht über Ihre Gefühlsebene bombardiert hat, als der Vermittler Ihnen diese ungewöhnliche Vorgehensweise vortrug. Aber spätestens, wenn Sie dann die gefakten Presseberichte lesen, schaltet sich Ihr Verstand wieder ein und schiebt ihr Bauchgefühl auf die Seite. Mein guter Rat: Hören Sie auf Ihren Instinkt – und checken Sie im Vorfeld, ob die vermeintliche Mailadresse „echt" ist. Am besten noch mit einer Lesebestätigung.
In diesem Falle werden Sie nie mehr etwas von diesem „Berater" hören. Ich hoffe, Sie haben Ihr Exposé ohne Adressangabe gemailt.

5. Sichern Sie sich Ihre Provision durch den Maklervertrag

Ich würde mir wünschen, dass alle meine Maklerkollegen sich streng nach dem Maklergesetz richten und nur nach diesen Richtlinien Objekte nachweisen und/oder vermitteln. Nur so kann Ordnung in das

Maklergeschäft kommen und es den unseriösen Kaufleuten nicht mehr so leicht gemacht werden.
Wie bereits vorgetragen, würde ich Ihnen raten, das Erstangebot ohne Adresse weiterzugeben und nur anonymisiert mit relevanten Eckdaten zum Objekt, Makrolage, Zustand – und ein paar Fotos, aus welchen nicht ersichtlich ist, wo das Objekt sich befindet. Ist das Objekt plakativ und der Interessent kennt sich in der Stadt und in diesem Stadtteil gut aus, dann ist das Objekt auch mit Leichtigkeit zu eruieren. Sollte der Interessent aufgrund der Rahmendaten und der Makrolage interessiert sein, dann fordern Sie eine Interessensbekundung von ihm und weisen Sie schriftlich darauf hin, dass bei Abforderung des Exposés mit Adressangabe ein Maklervertrag zustande kommt und Ihre Tätigkeit provisionspflichtig ist. Weisen Sie auch noch auf Ihre AGBs hin. Natürlich müssen diese ans BGB angelehnt und dürfen nicht sittenwidrig sein, sonst wären diese nicht gültig. Wenn der Investor seriös ist, dann hat er auch kein Problem damit, Ihnen den Maklervertrag zu bestätigen, wird die Provision ja auch erst fällig, wenn er kauft. Wenn er jedoch schon im Vorfeld Ihnen den Maklervertrag aberkennt nebst Ihrem Provisionsbegeht, dann ist alles weitere Zeitverschwendung. Es gibt auch viele Käufer, welche Ihnen nur mündlich die Provision zusagen – aber im Streitfall ist eine mündliche Zusage NICHTS wert.
Ich möchte hier keine Belehrung zum Recht halten und aus diesem Grunde haben nachfolgende Rechtsanwälte mir Unterstützung zu diesen wichtigen Kenntnissen gegeben (siehe Anhang Seite 164 ff.).

6. Wie Käufer tricksen

Die Ex-Frau eines Bekannten rief mich empört an und bat um meinen Rat. Sie habe ein Grundstück am Stadtrand von Berlin gekauft und baut nun ein kleines Häuschen mit anliegendem Stall für die Pferde. Glückwunsch, hört sich gut an – dachte ich.

Nun erzählte sie mir empört, dass sie nun eine Rechnung von der Maklerfirma F. bekommen hat, welche ihr das Exposé mit dem Grundstücksangebot per Post schickte.
Ich fragte sie, ob diese Maklerfirma auf die Widerrufsbelehrung hingewiesen hat (siehe Seite 127 ff.). „Nein."
Sie berichtete, dass die Maklerfirma gar nichts für sie gemacht habe. Sie habe ganz alleine den Eigentümer durch den Nachbarn des Grundstücks eruiert und alles Weitere für die Bebaubarkeit des Grundstücks beim Bauamt nachgefragt.
Ich wusste, welche Fehler die Maklerfirma F. beim Angebot gemäß dem Maklerrecht gemacht hatte und hätte auch schon eine Idee gehabt, die Forderung abzuwehren – für meine Bekannte. Doch die Lust, ihr zu helfen, verging mir, nachdem ich nachhakte.
Ich fragte sie: „Die Maklerfirma hat dir doch das Grundstück nachgewiesen, oder?"
„Ja."
„Ohne diese Maklerfirma hättest du keine Kenntnis gehabt über das Grundstück und hättest nicht kaufen können?"
„Ja."
„Hast du denn der Maklerfirma die Gelegenheit gegeben, für dich tätig zu werden?"
„Nein."
„Du hattest die Maklerfirma also nicht um weitere Unterlagen gebeten, wie beispielsweise Angaben zur GRZ und GFZ?"
„Nein, das habe ich alleine beim Bauamt nachgefragt."
„Du hast den Eigentümer auch selbst eruiert?"
„Ja."
„Warum bist du dann sauer? Du hast der Maklerfirma die Objektinformationen geklaut und bringst sie nun um ihren Lohn."
„Oh, mich ruft jemand von der Baustelle an, ich muss Schluss machen", war ihre Antwort.

Liebe Kollegen, das sind mir die liebsten Kunden. Hintergehen den Makler und sind dann noch sauer, wenn sie dabei erwischt werden

und eine Rechnung bekommen. Dann sind es wieder die „bösen Makler", welche fürs „Nichts-Tun" Geld haben wollen.
Aus diesem Grunde sollten Makler nicht so lapidar mit ihren Objektdaten und -adressen umgehen. Es wird Zeit, dass es dem Käufer nicht so leicht gemacht wird, Objektdaten zu Verkaufsobjekten beliebig zu „klauen" und die Informationen für sich ohne Kostenaufwand, d. h. ohne Maklergebühr, zu verwenden.
Wohl hat aber das Oberlandesgericht Düsseldorf entschieden, dass ein Exposé per E-Mail für den Nachweis ausreichend ist, wenn der Kunde vorher mit dem Makler spricht, Interesse bekundet und seine Mailadresse für das Angebot gibt (Az.: I-7 U 28/08). Die Richter gingen davon aus, dass ein konkludenter Maklervertrag geschlossen wurde, im Exposé war auch klar und deutlich auf die Courtagezahlung vom Käufer hingewiesen.
Wie Sie sich auch entscheiden, Ihr Objekt anzubieten, obliegt das alleine Ihnen. Meine Meinung habe ich schon kundgetan und nicht jeder Richter hat dieselbe Auffassung und urteilt gleich. Im Nachhinein kann der Kaufinteressent eine völlig andere Aussage zu dem vorangegangenen Gespräch machen und dann sind Sie in der Beweispflicht.

Zusammenfassend ist es immer dasselbe: Der Käufer/Investor sucht nach einem guten Geschäft. Das kann ein Eigenheim sein oder eine lukrative Kapitalanlage mit guter Rendite. Am liebsten will er, dass ein Dritter ihm ein gutes Geschäft vermittelt, den Deal im kaufmännischen und juristischen Bereich für ihn vorbereitet, begleitet und abwickelt – aber Geld darf er für diese Leistung nicht bekommen! Nur er – der Käufer – darf ein gewinnbringendes Geschäft tätigen. Dieser „Dritte", welcher sich Makler nennt, ist ein lästiger Parasit, welcher schnell abzuschütteln gilt, spätestens dann, wenn der Makler ein Objekt oder Investment vermittelt hat, was man suchte.
Liebe Kollegen, Gott sei Dank denken nicht alle Käufer so. Dennoch gibt es noch viel zu viele Immobilienkäufer, welche genau diese Einstellung haben. Hier gilt es strikt nach dem Maklerrecht Ihr Angebot vorzubereiten und entsprechend anzubieten, um vor Ärgernissen ge-

wappnet zu sein, sollten Sie umgangen worden sein und nun klagen müssen.
Sie können Menschen nicht ändern, Sie können nur sich selbst ändern bzw. Ihre Handlungen entsprechend der Situation anpassen.
Auf dieses Thema gehe ich auch speziell im Kapitel „Gute Vorbereitung – keine Klagen“ ein. Hochinteressant sind auch die Texte von Rechtsanwalt Lehner im Anhang zum Maklerrecht.

7. Nicht-autorisierte Makler und die Folgen für den Kaufinteressenten

Nun ist es nahezu Alltag, dass Makler Objekte anbieten, obwohl sie keinen Verkaufsauftrag direkt vom Eigentümer haben. Entweder akquirieren die Makler aus den Internetangeboten, welche von Privatverkäufern eingestellt wurden, oder sie bekommen Objekte von Maklerkollegen zur Mitarbeit – oder sie erhalten „geklaute“ Objekte von ihren Maklerkollegen. Da die Exposees untereinander von den Maklern am liebsten verteilt werden und so zu Kettenbriefen werden, weiß zum Schluss keiner mehr, wer ursprünglich eigentlich den tatsächlichen Verkaufsauftrag hatte. Oftmals können die Maklerkollegen das Objekt gar nicht liefern. Das werden Sie spätestens dann merken, wenn Sie eine Mieterliste oder einen Innenbesichtigungstermin von Ihren Maklerkollegen abfordern.
Bekommen Sie also Objekte zur Mitarbeit, dann sollten Sie auf jeden Fall den Verkaufsauftrag prüfen und so sicher gehen, dass das Objekt überhaupt lieferfähig ist. In jedem Fall sind diese Makler nicht autorisiert vom Verkäufer. Dies kann zur Folge haben, dass Sie das Objekt vielleicht gar nicht liefern können und sich bei Ihrem Kunden blamieren. Auch riskieren Sie eine Abmahnung mit Unterlassungserklärung vom Verkäufer beim Ertappen. Dann wird es erst einmal teuer und es hilft auch kein Jammern, wenn Sie vortragen, dass Sie ja das Objekt zur Mitarbeit bekommen haben. Hat der Anwalt des Verkäufers erst einmal eine Abmahnung an Sie geschickt, dann will er auch seine Gebühr verdienen – und Sie müssen zahlen.

Abgesehen von den vorgetragenen Fakten, ist es auch nervig für den Verkäufer, wenn er aus gegebenem Anlass keinen Makler für den Verkauf seines Eigentums beauftragen will und sich dann dutzendweise Makler bei ihm melden und nach einem Auftrag fragen. Diese Makler haben wenigsten den Anstand und fragen vorher, andere geben sich als Kaufinteressenten aus, um an alle Objektdaten zu kommen – wie von mir bereits erwähnt.
Nun wird es kritisch für den Kaufinteressenten, wenn er mehrere Angebote vorzulegen hat über dasselbe Objekt. Oft stellt sich die Frage, wem man nun Provision zahlen muss. Mir ist es leider oft passiert, dass mir der Investor abgesprungen ist, da ihm die Angelegenheit zu kompliziert war und er keine Lust hatte, sich mit vielen Maklern herumzuschlagen.
Manchmal konnte ich die Situation abschwächen, indem ich das schriftliche Mandat vorgelegt habe und eine Freistellung vom Eigentümer erwirkte. Hier ist dann auch wieder eine Mehraufgabe an den Verkäufer gestellt, muss er nun über seinen Anwalt den nicht-autorisierten Makler abmahnen lassen und mit einer Unterlassungsklage drohen – nach Unterschrift der strafbewährten Unterlassungserklärung. Dieses unseriöse Vorgehen solcher Makler ist auch ein Verstoß gegen das Wettbewerbsrecht – moralisch ein No Go und gegen die Regel der Immobilienverbände. Darauf pfeifen jedoch die trickreichen Makler. Ein Unrechtsbewusstsein ist niemals vorhanden.

Ein Eigentümer von mir erzählte mir erst kürzlich, dass er letztes Jahr den ganzen November damit beschäftigt war, Abmahnungen an Makler zu schreiben, welche unkontrolliert dessen Wohnanlage am Markt anboten. Er kannte keinen einzigen davon, natürlich hatte auch keiner einen Verkaufsauftrag. Hier kann dem Verkäufer auch ein finanzieller Schaden entstehen und bei klagefreudigen Eigentümern Schadensersatzforderungen an dem Makler drohen.
Ganz klar: Die Eigentümer müssen viel aggressiver reagieren und sich gegen dieses Geschäftsgebaren wehren.

In der Regel machen dies die Verkäufer, oftmals aber auch nicht, es ist Ihnen schlussendlich egal, wer den Käufer bringt – es kostet sie ja nichts.
Und schon sind wir beim nächsten Thema.

Kapitel III
Wie Sie sich vertraglich absichern können

1. Verhandeln Sie am besten eine Innenprovision

Mir und sicherlich vielen anderen Kollegen wäre es am liebsten, wenn wir nichts mehr von einer Courtage hören müssten, welche der Käufer zu tragen hat. Nicht nur, dass wir ständig damit beschäftigt sind, feindliche Angriffe von anderen Maklern und Käufern abzuwehren oder wir um unsere Fee klagen müssen, obwohl wir dem Käufer ein gutes Geschäft vermittelt haben und er eigentlich dafür dankbar sein müsste.

Ich hatte in der kurzen Vergangenheit ein großes Wohnobjekt mit Tiefgarage zu verkaufen. Wie so oft, bot ich es mit einer Außencourtage an. Das Objekt wurde in der Vergangenheit viel zu teuer eingekauft, es gab vier Wohnungen Leerstand von 19 WE, die Tiefgarage war undicht und somit eine Tropfsteinhöhle, es gab erheblichen Instandhaltungsrückstau – obwohl Baujahr 1995. Der geforderte Kaufpreis war m. E. zu hoch. Ich bearbeite jedoch auch Problemimmobilien und so vermietete ich drei Wohnungen, um die Rendite für den Verkauf zu optimieren. Ich tat dies für den Verkauf und nicht um Provision für die Vermietung zu kassieren, und so verdiente ich dabei nichts. Das Darlehen von der Verkäuferin lief aus und ein neuerliches Darlehen hätte die Verkäuferin wirtschaftlich nicht mehr überstanden. Nun hatte ich nach unzähligen Besichtigungen einen Kaufinteressenten gefunden. Es war ein Fonds und die kaufmännische Prüfung war langatmig und ermüdend.
Es kam der Tag der technischen Prüfung. Der Ingenieur war mit der Begehung geplant und dummerweise regnete es einen Tag zuvor aus Eimern. Die Tiefgarage stand ca. 10 cm unter Wasser.

Es war November und schon kalt. Ich zog meinen ältesten Mantel an, welchen ich eigentlich für die Waldrunden mit meinem Hund nutze, und packte meinen Mann mit ein. Wir haben nun gemeinsam versucht, eine Fläche von ca. 350 qm vom Wasser zu befreien. Leider gab es in dieser riesigen Tiefgarage auch nur drei kleine Abflüsse, von denen einer verstopft war. Das Wasser tropfte unermüdlich zusätzlich noch von der Decke und wir hatten nur einen Eimer. Ich bin losgehetzt und habe alle vorhandenen Eimer im Supermarkt gekauft. Es hat Stunden gedauert, bis wir die Tiefgarage vom Wasser befreiten. Die übrigen Eimer stellten wir unter die tropfenden Träger, damit nicht wieder so viel Wasser in die TG lief. Am nächsten Morgen, am Tage der Begehung, musste ich alle vollen Wassereimer entsorgen. Hätte der Ingenieur der Käuferin die TG mit diesen Wassermengen gesehen, wäre der Eindruck schlecht gewesen, obgleich die Kaufinteressentin von der Undichtigkeit in der Tiefgarage wusste. Weil nun aber das Objekt so teuer war und noch dazu Instandhaltungsrückstau hatte, Undichtigkeiten in der TG, wurde ich massiv in meiner Fee gedrückt – und nur weil ich das Haus nicht mehr sehen konnte, habe ich mich dann sehr „billig“ verkauft, m. E. für einen Hungerlohn.
Die Verkäuferin konnte eine Pleite nun abwenden und feierte, die Käufer freuten sich auch über den lukrativen Einkauf und ich war der Loser.
Ich habe mir vorgenommen, so einen Auftrag in dieser Form nie mehr anzunehmen und mir vom Verkäufer eine Courtage zu sichern – vor allem bei solch einer Problemimmobilie.
Anmerkung: Ich muss hier nochmals erwähnen, dass der Mangel in der Tiefgarage der Käuferin bekannt war. Ich holte ein Angebot für die Käuferin einer Fachfirma für die Behebung des Mangels ein, für die Grundlage deren Kalkulation bei der Kaufpreisabgabe. Das viele Wasser war mit dennoch peinlich und ich konnte so nicht besichtigen.

Meiner Meinung nach sollte es gar keine Außencourtage geben. Wir Makler leisten manierlich und vermitteln dem Verkäufer ein gutes Geschäft. Warum eigentlich soll im Immobiliengeschäft der Käufer das Honorar bezahlen? Wer den Verkaufsauftrag gibt, sollte auch im Er-

folgsfall dann die Provision an den Makler zahlen. Würde hier gesetzlich nachgebessert werden, wäre das himmlisch.
Nun, es gibt aber Vor- und Nachteile – wie bei allem.

Vorteile einer Innenprovision:

- Aufzeigen beim Investor einer 100%igen Lieferfähigkeit, weil Mandat sichtlich vorhanden.
- Dem Verkäufer wird eine Verantwortung übertragen. Somit ist er für uns Makler berechenbarer und wird mehr an uns gebunden.
- Es lassen sich Streitigkeiten betreffend der Courtage mit dem Käufer vermeiden.
- Der Käufer schont sein Eigenkapital und besitzt somit mehr Liquidität. Die Finanzierung vereinfacht sich, da die Erwerbsnebenkosten geringer sind.
- Wir Makler haben keine Mehrarbeit mehr, um unser Objekt vor feindlichen Übergriffen zu verteidigen.
- Der Verkäufer kann unser Honorar steuerlich geltend machen.
- Wir vermeiden neidvolle Gedanken beim Käufer, schließlich weiß er nicht, wie hoch unser Honorar ist (moralisch vertretbar, beauftragt ja der Verkäufer uns Makler für den Verkauf und erwartet eine ordentliche Dienstleistung, für die er als Auftraggeber auch bezahlen soll).

Nachteile einer Innenprovision:

Sie müssen jeden Kunden dem Verkäufer nennen, welchem Sie das Objekt angeboten haben. Wenn Sie im Investmentgeschäft tätig sind, geben Sie Ihre gut gehüteten Kontakte preis (dies gilt natürlich nicht für den Verkauf von Eigentumswohnungen, Einfamilienhäusern etc.).
Es ist mir schon oft passiert, dass mein Angebot von Kaufinteressenten an Dritte weitergereicht wurde – trotz Angabe zur Provisionsfreiheit für den Käufer. Ein Makler bekam dann irgendwann – oder gezielt – das Exposé in die Hände und er vermittelte daraufhin das Objekt in aller Ruhe an seinen Kunden. Wie leicht es ist – vor allem in

Berlin – den Eigentümer zu ermitteln, habe ich Ihnen ja schon erklärt.
Sie erfahren in der Regel dann nur vom Verkäufer, dass er nun einen Käufer gefunden habe – und „dies habe mit Ihnen nichts zu tun". Mehr wird er Ihnen nicht erzählen, will er keine Unruhe in den Abschluss des Verkaufs bringen. Nach erfolgter Beurkundung und Kaufpreisbelegung wird Ihr Verkäufer dann redseliger werden, ist das Geschäft gut gelaufen und besteht so für ihn keine Gefahr mehr. Dann wird sich herausstellen, wie Ihre Umgehung in diesem Geschäft sich vollzogen hat. Oder auch nicht.
Manchmal kann dieses Geschäftsgebaren sich aber für den Verkäufer in eine Bombe verwandeln. Natürlich hat der Verkäufer im Bereich Privatverkauf kein Fachwissen zum Immobiliengeschäft – sonst bräuchte er ja keinen Makler.

Ich sollte einmal eine Tankstelle, Waschstraße und kleine Läden an einer Bundesstraße in Bayern für einen alten Herrn, welcher schon in Rente war, veräußern. Vom erfolgreichen Verkauf hing es ab, dass er nicht in die Insolvenz rutschte, hatte er in der Vergangenheit schon etliche Immobilieninvestitionen vermasselt.
Ich bekam also einen Alleinauftrag mit einer Innenprovision, leider ohne Klausel, dass ausschließlich nur über mich verkauft werden darf. Eines Tages erzählte er mir, er hätte nun selbst einen Käufer. Ich war sehr überrascht und fragte, wer das denn sein soll. Widerwillig gab er mir nur an, dass es Russen wären. Ich fragte ihn, ob er denn die Bonität geprüft habe und sich eine Finanzierungsbestätigung hat vorlegen lassen. Da meinte mein Verkäufer: „Dös geit Ihana goa nix oh!"
Na ja, der Kaufpreis wurde nicht belegt. Mein Verkäufer wartete sehr lange und hoffte, dass dieser ausländische Käufer sich wieder einfindet und sich daran erinnert, eine Tankstelle gekauft zu haben und nun endlich den Kaufpreis belegt.
Die Rückabwicklung erfolgte sehr spät und mittlerweile hatte die Gläubigerbank schon den Versteigerungstermin vorzuliegen gehabt. Die Gläubigerbank war der einzig Bietende und somit erwarb diese

die Tankstelle zum 8-fachen der Jahresnettokaltmiete. Ein super Geschäft für die Bank.
Der alte Herr war pleite und ich rief ihn nie mehr an, nachdem er so frech zu mir war.
Das kann Ihnen natürlich nicht bei einem Alleinauftrag passieren, wenn ausgeschlossen ist, dass der Verkäufer nicht ohne Sie verkaufen kann. Diese Klausel jedoch unterschreibt heutzutage kaum noch jemand, und wenn, wartet man dann eben ab, bis der Auftrag abgelaufen ist.
Fazit: Eine kleine Gefahr besteht auch bei der Innenfee nebst Alleinauftrag, denn übervorteilt können Sie immer werden, sind Ihre Verträge auch noch so wasserdicht. Gott sei Dank ist das aber nicht die Regel, sondern die Ausnahme.
Anmerkung: Hätte ich das Notariat vorbereitet, dann hätte ich im Kaufvertrag eintragen lassen, dass die Auflassungsvormerkung erst beantragt wird, wenn der Kaufpreis auf Notaranderkonto vollständig hinterlegt ist. Somit kann das Grundbuch nicht blockiert werden und Sie können sofort ohne langatmige Rückabwicklung an einen anderen Käufer verkaufen. Beachten Sie, dass Sie vom Käufer zur Löschung der Auflassungsvormerkung eine Löschungsbewilligung brauchen. Gibt Ihnen dies der Käufer nicht, müssen Sie auf Löschung klagen – und das dauert. Manche sind ganz frech und lassen sich die Löschungsbewilligung auch teuer vom Verkäufer bezahlen. All dies habe ich schon erlebt.

<u>Beispiel für den Kaufvertrag:</u>
Der Notar wird angewiesen, den Antrag auf Eintragung der Vormerkung und Umschreibung des Eigentums erst dann zu stellen und Ausfertigungen und beglaubigte Abschriften dieser Urkunde mit den Absätzen … bis … erst dann auszuhändigen, wenn der Kaufpreis hinterlegt ist und keine Auflagen bestehen, die über die Auszahlungsvoraussetzungen hinausgehen und deren Erfüllung nicht gewährleistet ist.

Ich konnte mittlerweile einige wenige meiner Verkäufer von einer Innenfee überzeugen und dem damit einhergehenden Makleralleinauftrag. Ich fände es begrüßenswert, wenn mehr Kollegen versuchen würden, diese Vorgehensweise beim Auftraggeber durchzusetzen – in Verbindung mit einem Alleinauftrag. So würden mehr Ordnung und Struktur ins Maklergeschäft kommen, ist auch der Investor auf der sicheren Seite. Wenn Ihr Käufer in den Prüfungsprozess beispielsweise eines Wohn- und Geschäftshauses geht, ist dies immer mit viel Zeit und Kosten verbunden. Die Befürchtung haben zu müssen, dass das Objekt vielleicht gar nicht lieferbar ist, weil in der Zwischenzeit ein anderer Makler einen guten Käufer brachte, ist weder für Sie noch für Ihren Investor ein guter Geschäftsbeginn. Mit einem Alleinauftrag schläft es sich also besser.

Habe ich beispielsweise einen Alleinauftrag, dann werde ich 100 % dafür verwenden, das Objekt so schnell wie möglich zu verkaufen, und scheue keine Kosten und Mühen. Habe ich keinen Alleinauftrag und ich weiß, dass andere Makler sich auch noch damit beschäftigen, nehme ich das Verkaufsangebot entweder gar nicht an oder ich überlege mir mal kurz, wer mir ad hoc einfällt, wer dafür infrage kommen könnte. Mehr tue ich also nicht dafür. So ist es vom Verkäufer nicht zu Ende gedacht, wenn er sich von mehreren Maklern bedienen lässt, denn andere Kollegen denken bestimmt auch so wie ich.

Auch eine Innenfee schützt also nicht unbedingt vor Räubern. Es wäre jedoch für uns Makler trotz allem eine Arbeitserleichterung, denn das Verkaufen wird in jedem Falle vereinfacht und wir sind auch mental nicht so angespannt. Sie punkten mit Ihrem Alleinauftrag bei Ihrem Investor, da dies die Vermutung zulässt, dass Sie das Objekt auch wirklich liefern können.

Mein Onkel gehört noch zur älteren Generation und gründete seine Maklerfirma 1969, aber unmoralisches und marktwidriges Verhalten in diesem Ausmaß wie heutzutage kennt er aus seiner Vergangenheit nicht. Im Übrigen ist aus diesen allen Gründen Deutschland im Ausland sehr im Verruf. Schuld daran sind das schlüpfrige Maklergesetz und die fehlenden gesetzlichen Regelungen. Solange der Verkäufer mehrere Makler beauftragen kann, wird es untereinander immer ein Stechen und Hauen geben. Der Verkäufer lacht über die „dummen“

Makler, welche sich anbiedern und somit leicht auszunutzen sind, kostet ihm die Dienstleistung der Makler ja nichts, denn die Provision zahlt – wenn nichts anderes vereinbart wurde – ja der Käufer.

Ein von mir erlebtes gruseliges Beispiel vor einiger Zeit: Die Verkäufer, das Ehepaar aus meiner vorangegangenen erzählten Geschichte des Miethauses mit der undichten Tiefgarage, bat mich vor Kurzem, ein weiteres Miethaus aus ihrem Privatbestand in Berlin zu einem horrenden Preis zu verkaufen: dem 22-fachen der Ist-Miete! Es gäbe ja nun so viele Ausländer, welche jeden Preis zahlen würden, meinten die Verkäufer. Wo sie diese Weisheit herhatten, weiß ich nicht. In jedem Falle sagte ich, dass ich diesmal ohne Innenfee gar nichts mache. Ich hatte nicht vor, das Miethaus zu diesem horrenden Preis mit in meine Vermarktung zu nehmen, hielt ich einen Verkauf für nicht realisierbar. Ich wollte trotzdem aus Neugier herausfinden, inwieweit sich das Ehepaar auf Verhandlungen einlässt und so spielte ich die Verhandlung durch:
Der Ehemann meinte, ich soll mir die Innenprovision auf den Kaufpreis in Höhe von 3 % zzgl. MwSt. anrechnen. Die Ehefrau meinte, sie zahle diese Innenprovision nicht – obwohl sie das 22-fache bekäme –, weil diese 3 % dann ja fest vereinbart wären und die Käuferprovision nicht. Der Käufer hätte also noch die Möglichkeit, meine Provision zu verhandeln, wo sie als Verkäuferin meine 3 % nicht mehr verhandeln kann. Es hat seine Zeit gedauert, bis ich dahinter kam, dass ich diese Logik noch nicht einmal ansatzweise verstehen kann.
Da sind die Verkäufer schon so vermessen, in einer einfachen Wohnlage das 22-fache zu verlangen, und gönnen mir dann bei Erfolg noch nicht einmal die Brotkrümel.
Wenn Sie nun sagen, diese menschliche Verfehlung kommt bestimmt selten vor, dann kann ich Ihnen hier nur widersprechen.
Zwei Vorschläge für Ihre Vertragsgestaltung – einmal für den Verkäufer (siehe Seite 239) und für Gemeinschaftsgeschäfte (siehe Seite 243) – können Sie den Anhängen entnehmen und dazu Textstellen aus Ihren AGBs verwenden, je nachdem, „was gewollt ist“ und vereinbart

werden soll. Geben Sie Ihren Entwurf entsprechend als Vorschlag weiter und Ihr jeweiliger Partner wird vielleicht Ergänzungswünsche haben oder Streichungen, welche Sie dann gemeinsam aushandeln können.

2. Gemeinschaftsgeschäfte und ihre Fallen

Ein Maklerkollege gab mir eine Liegenschaft zur Mitarbeit. Es war ein recht großvolumiges Objekt. Ich bekam relevante Eckdaten anhand eines Exposés und eine Mieterliste. Es war auf den ersten Blick zu ersehen, dass es ein „Verkäufer-Exposé"[2] war. Als mein Investor Interesse bekundete, fing ich an, fehlende Unterlagen zur Prüfung zunächst abzufordern, wie Lageplan, Bewirtschaftungskosten und Grundbuch.

Dass etwas nicht stimmte, kam mir in den Sinn, als ich das Grundbuch und den Lageplan nach acht Tagen immer noch nicht bekam. Auch war es schwer, den geforderten Besichtigungstermin für meinen Kunden zu organisieren. Bei mir klingelten schon wieder die Alarmglocken, denn anscheinend war der Zugang zum Eigentümer nicht so eng.

Ich fragte also meinen Kollegen, ob er das Objekt wirklich direkt im Verkaufsmandat vom Eigentümer hat. Der Kollege bejahte das – es wäre ein Privatverkauf! Mir reichte das nicht und ich bohrte nach. Ich wollte beantwortet haben, warum ich kein Grundbuch bekomme nebst dem Lageplan. Jeder Eigentümer hat diese Unterlagen ordentlich und griffbereit bei einem Verkauf im Aktenschrank stehen. Der Kollege meinte, der Eigentümer hatte gerade erst gekauft. Ich fragte ganz direkt, ob er denn dann schon in der Auflassungsvormerkung steht oder schon als Eigentümer eingetragen ist. Der Kollege fühlte sich nun in die Enge gedrückt und gab mir per E-Mail eine weitere Geschichte zum Besten: „… nach Auskunft unseres Auftraggebers hat dieser sich das Grundstück, welches aus einer Insolvenzmasse stammt, im Rahmen einer Exklusivvereinbarung mit der Grund-

2 Ein Exposé, welches der Verkäufer erstellte.

pfandrechtsgeberin gesichert und uns nun mit der Vermarktung beauftragt. Eine entsprechende Beauftragung liegt uns vor."
Bullshit! Dieser angebliche Verkäufer hat sich bei der Gläubigerbank als Kaufinteressent beworben – für *einen um 45 % niedrigeren Kaufpreis als den angegebenen* und – nicht nichts beurkundet.
Dieser angebliche Verkäufer wollte also kaufen, um es dann wieder – nach Eintragung der AV – mit Gewinn zu verkaufen. Selbst wenn „zwischengekauft" worden wäre, dann ist es für den (neuen) Investor auch (fast) immer ein NO GO, die Auflassungsvormerkung zu übernehmen, hätte diese vom beurkundeten Käufer übertragen werden müssen, was ein Risiko ist – oder man hätte die Löschung der AV abgewartet, was mindestens drei Monate gedauert hätte. Somit wäre ein Ankauf für meinen Kaufinteressenten überhaupt nicht infrage gekommen.
Man sieht wieder, wie gelogen und getäuscht wird – und weder juristisch noch kaufmännisch wäre dieser Deal in der Realität umzusetzen gewesen. Ich weise hier also noch zusätzlich auf die Inkompetenz dieses Maklerkollegen hin.

Ergebnis:
Der Kollege hat mich angelogen und somit war er für mich kein zuverlässiger und vertrauenswürdiger Geschäftspartner mehr. Ich habe meine Zusammenarbeit mit ihm aufgekündigt.
Ich habe dann den eigentlichen Verkäufer kontaktiert und dieser teilte mir mit, dass es natürlich keine Exklusivvereinbarung mit diesem angeblichen Käufer gibt, dieser auch gar keine Bonität hat.
Voilà – erwischt!
Gott sei Dank habe ich von Anfang bemerkt, dass der Vorgang kaufmännisch nicht korrekt vonstattenging. Ich habe es noch rechtzeitig bemerkt, bevor ich mich bei meinem Klienten blamiert hätte, ein wichtiger Investor, mit welchem ich in gutem Geschäftskontakt stehe und mit dem man es sich nicht verderben möchte. Ich empfand es als gerecht, dass ich den Deal alleine durchzog.

Ein Objekt zum Kauf anzubieten und dann nicht liefern zu können, ist mit das Peinlichste, was einem Makler bei einem Investor passieren kann.
Achten Sie aus diesem Grunde immer auf die Lieferfähigkeit des Objektes, wenn Sie in einem Gemeinschaftsgeschäft arbeiten. Bekommen Sie beispielsweise – wie im eben geschilderten Fall – keine aktuellen Unterlagen von Ihrem Kollegen oder zeitnah keinen Termin zur Besichtigung, dann stimmt etwas nicht. Haken Sie da unbedingt nach.

3. Schlichen und Tricks der Investoren

Diesmal geht es nicht um unseriöse Immobilienmakler, welche rücksichtslos Ihre Einkünfte bestreiten, es geht nun um die Kaufinteressenten und Investoren. Bitte prägen Sie sich besonders diesen Abschnitt genau ein, denn das wird Ihnen häufiger passieren als Ihnen lieb ist – und es ist besonders gemein.
Szenario: Sie bieten dem Ihnen bekannten Investor beispielsweise eine kleine Wohnanlage in gutbürgerlicher Lage zum Kauf per E-Mail an. Egal ist hierbei, ob das Investment klein- oder großvolumig ist, denn das Prinzip ist dasselbe. Nun erhalten Sie ebenfalls per E-Mail die Nachricht vom Kunden, dass das Objekt bereits bekannt ist und schon in der Vergangenheit angeboten wurde.
Das kann stimmen, muss es aber nicht. Es kommt darauf an, ob Sie wissen, dass Sie der einzige beauftragte Makler sind oder ob Ihr Objekt ein Ladenhüter ist, welcher in der Vergangenheit über den Markt gezogen wurde. Natürlich haben Sie vor Ihrer Beauftragung dieses Thema mit Ihrem Auftraggeber besprochen, um Ihr Marketing entsprechend vorzubereiten.
Nun ist Folgendes passiert: Wenn Sie so eine Nachricht von Ihrem Investor bekommen, heißt das nichts anderes, als dass Sie hier (angeblich) *nicht* den Nachweis erbracht haben, und sollte ein Ankauf erfolgen, Sie keine Courtage vom Käufer fordern können. Vielleicht.
Es wird ja behauptet, dass das Objekt anderweitig schon bekannt ist. Nun fragt sich von wem. Wann wurde das Objekt angeboten? Viel-

leicht direkt vom Verkäufer, von nicht-autorisierten Maklern, mit veränderten Daten? (Siehe zum Thema Vorkenntnis/Maklerrecht Seite 164.)
Vielleicht hat der Investor dies einfach behauptet, um Ihre Courtage zu sparen, und setzt sich nun selbst mit dem Verkäufer in Verbindung. Wie leicht das geht, habe ich Ihnen ja schon beschrieben. Ob das nun stimmt, gilt hier zu überprüfen.

<u>Empfehlung in solch einem Fall:</u>
Antworten Sie dem Investor – unbedingt auch schriftlich –, dass eigentlich keine anderen Makler einen Verkaufsauftrag haben und der Eigentümer um eine namentliche Auflistung der Anbieter bittet, damit er sie abmahnen kann.
Meistens bekommen Sie dann eine Auflistung und Sie können diese entsprechend zusammen mit dem Verkäufer prüfen. In der Regel sind die institutionellen Investoren seriös, mit der Objektprüfung ist ein Angestellter (Einkaufsleiter/in) in Führungsposition beauftragt, welcher selten Interesse daran hat, Makler zu umgehen. Natürlich habe ich auch schon erlebt, dass Angestellte mit befreundeten Maklern zusammenarbeiten, die Objektdaten an diesen Makler weitergeben und bei Erfolg den erlegten Bären gemeinsam teilen. Private Käufer geben Ihnen in der Regel den Namen des Maklers bekannt, von welchem er das Angebot bekommen hat. Wenn Sie nun noch um das Exposé bitten und es auch noch bekommen, dann wäre das sehr vorteilhaft für Sie. Nun kommen wir aber zu den schwarzen Schafen der Investoren/Käufer, hier wirken dann immer die Geschäftsführer und nie die Angestellten: Sie bekommen keine Auflistung und der Investor antwortet Ihnen nicht mehr.
Da Sie nun wissen, dass auch Käufer sich einiges einfallen lassen, um Provisionen zu sparen, müssen Sie auf so eine Situation vorbereitet sein und ich sage Ihnen nun, was Sie tun können.
Ich hatte anfänglich ja schon geschrieben, dass Sie Ihren Schriftverkehr und Ihre Angebote immer so gestalten sollten, dass sie dem Richter, im Klagefalle, in der Reihenfolge des Ablaufs, alles glaubhaft vorlegen können.

Als Erstes sichern Sie sich bei Ihrem Auftraggeber ab. Vereinbaren Sie mit ihm, dass Sie für Ihren Investor Kundenschutz von ihm haben möchten. Dies ist dienlich, sollte ein unseriöser Kunde versuchen, Sie zu umgehen und Sie dem Verkäufer den Kunden bereits schriftlich benannt haben.
Im zweiten Schritt sollten Sie schriftlich dem Kunden Bescheid geben, dass kein anderer Makler beauftragt wurde und er als potentieller Kaufinteressent auch beim Verkäufer nicht bekannt ist. Weisen Sie darauf hin, sollte er Interesse an einen Ankauf haben, dass Sie als beauftragter Makler die Transaktion begleiten werden und dass dies provisionspflichtig ist. Ebenso bitte nochmals auf Ihr Exposé und Ihre AGBs hinweisen. Häufig schreiben die Investoren, dass Sie fremde AGBs nicht anerkennen, da sie sich an das BGB halten. Lassen Sie sich dadurch nicht beirren. Geben Sie bei Ihrem Angebot trotzdem immer Ihre AGBs bei.
Natürlich sind Ihre AGBs am BGB angelehnt, alles andere ist unwirksam, sollten diese Passagen beinhalten, welche sittenwidrig sind (siehe Seite 215).
Wenn Sie von Anfang an „Zähne zeigen“, dann wird der unseriöse Käufer auch etwas nervös. Er müsste im Falle einer Klage glaubhaft eine Vorkenntnis nachweisen und substantiiert vortragen. Sie können den Objektnachweis führen und haben den Kundenschutz vom Eigentümer. Sie halten kein schlechtes Blatt für den Anfang in der Hand.

Eine prägnante Geschichte aus meiner Erinnerung zu diesem Thema: Die zu verkaufende Immobilie war ein Wohnportfolio, verkauft wurden Gesellschaftsanteile (Share Deal). Eine deutsche GmbH & Co. KG hielten 49 %, eine niederländische BV hielt 51 % der Anteile. Ich fand einen interessierten Investor, es erfolgte das übliche Angebotsprocedere.

Ich bekam ein LOI (Letter of Intent)[3], danach teilte ich dem Investor Herr Jacob Libik die Verkäuferdaten und die Kontaktdaten mit. Selbstverständlich unterhält man sich untereinander, d. h. ich mit dem GF in Deutschland, der GF in Deutschland mit dem GF in Amsterdam, der GF in Amsterdam mit den Gesellschaftern in Übersee usw. (der Geschäftsführer der deutschen KG war bevollmächtigt in seiner Eigenschaft als Jurist, den Verkauf zu leiten und zu beurkunden). Nun kam heraus, dass der GF in Amsterdam, Herr Arnon Deissi, den Investor kannte. Herr Deissi war der Meinung, dass Herr Libik diesen Kaufpreis nicht bezahlen würde und er somit an ein erfolgreiches Geschäft nicht glaubt. Herr Deissi erzählte, dass er sich über das Portfolio vor 1 ½ Jahren einmal kurz mit dem Kaufinteressenten Libik unterhalten hätte! Ich dachte mir nichts dabei. Der Anwalt des Investors Libik rief mich nun an und teilte mir mit, dass seine Kanzlei von Herrn Libik beauftragt sei, das Due Diligence[4] durchzuführen.

---

3 Ein LOI (Letter of Intent) ist eine **Absichtserklärung** und wird im Rechtswesen als eine mehr oder weniger rechtsverbindliche einseitige Willenserklärung eines Verhandlungspartners verstanden, die das Interesse an Verhandlungen oder am Abschluss eines Vertrages bekunden sollen. Insbesondere im Vorfeld von komplexen Unternehmenskäufen oder anderen zeitaufwendigen Transaktionen stellen die potenziellen Vertragspartner oft so genannte „Letter of Intent“ aus. Vor Beginn oder während der laufenden Verhandlungen sollen hiermit die gegenseitige Ernsthaftigkeit der Gespräche und der Wille zum Abschluss eines entsprechenden Vertrages dokumentiert werden. Keinesfalls sollen Absichtserklärungen einen Anspruch auf Abschluss des beabsichtigten Vertrages begründen, aus dem möglicherweise eine Schadensersatzpflicht erwächst. Vielmehr soll ein jederzeitiger Abbruch der Verhandlungen ohne Angabe von Gründen möglich bleiben. Um dies sicherzustellen, müssen die Erklärungen so formuliert werden, dass bei einem etwaigen Rechtsstreit über die Tragweite einer Erklärung auch bei der gerichtlichen Auslegung keine Zweifel entstehen.

4 Bei Unternehmenskäufen sowie im gesamten Mergers & Acquisitions Bereich (vor allem aber auch im Bereich der Immobilienakquisition) wird zur Feststellung und Beurteilung von Risiken der geplanten Transaktion häufig eine Due Diligence durchgeführt. Der Begriff „Due Diligence“ ist den securities laws des US-amerikanischen Kapitalmarkt- und Anlegerschutzrechts entnommen und bedeutet wörtlich übersetzt „erforderliche Sorgfalt“; verstanden wird darunter die Prüfung des Zielunternehmens. Das Ergebnis der Due Diligence wird im Due Diligence Bericht (Due Diligence Report) festgehalten. Die Due Diligence kann nach Inhalten unterschieden werden:

- Legal Due Diligence - Inhalt: Rechtliche und wirtschaftliche Risikoanalyse
- Tax Due Diligence - Inhalt: Steuerliche Risikoanalyse
- Financial Due Diligence - Inhalt: Analyse von Vermögens-, Ertrags-und Finanzlage in Vergangenheit, Gegenwart und Zukunft, Plausibilisierung der Planungsrechnung (siehe Vogt: „Die Due Diligence - ein zentrales Element bei der Durchführung von Mergers & Acquisitions“, DStR 2001, 2027)

Ein Meeting mit der Verkäuferin, hier also der GF der deutschen KG, möge ich doch bitte arrangieren.
Gesagt, getan. Ich gab den Termin für dieses Meeting an den Anwalt zunächst telefonisch weiter. Im Gespräch erwähnte ich, dass der GF in Amsterdam ja Herrn Libik kennt. Ich spürte sofort, dass der Anwalt innehielt und seine Gedanken kreisten. Fahrig meinte er dann zu mir, er riefe mich noch einmal an und legte schnell auf. Auf einmal hatte ich kein gutes Gefühl mehr. Mein ungutes Gefühl bewahrheitete sich insofern, dass ich eine Stunde später per Mail eine Nachricht von diesem Anwalt bekam:
„ ... ich namens und im Auftrag unserer Mandantin ausdrücklich und unverzüglich darauf hinzuweisen, dass diese Vorkenntnis von dem Angebot hat und ein Nachweis durch Sie ausgeschlossen ist. Auch bedarf unsere Mandantin keine Unterstützung in den Verhandlungen durch Sie, da sie bereits mit Herr Deissi in direkten Gesprächen über das Portfolio steht.“

Das war natürlich Bullshit, weiß ich ja, dass A. Deissi lediglich vor 1 ½ Jahren einmal kurz über das Portfolio sprach – mehr auch nicht. Herr Deissi meinte, er mische sich da nicht ein. Auch führte er keine Verkaufsverhandlungen, sondern der GF in Deutschland. Ich hatte einen Kundenschutz für den Käufer Libik von der Verkäuferin, ich hatte ein LOI aufgrund meines Factsheets bekommen, ich habe die Kontaktdaten der Verkäuferin für das erste Meeting und für die weiteren Prüfungen vermittelt. Nun hätte im Streitfalle der Investor substantiiert vortragen müssen, dass er bereits mit der Verkäuferin in Verhandlung stand und er wichtige interne Informationen zu dem Deal kannte. Natürlich stand er nicht in Verhandlung und Objektunterlagen oder Detailwissen zu dem Portfolio hatte er auch nicht – wie sonst hätte ich ein LOI von ihm bekommen? Außerdem hätte der Investor vorab bei der Verkäuferin ein NDA (non-disclosure agreement = Verschwiegenheitsvereinbarung) unterschreiben müssen, bevor er überhaupt Objektinformationen hätte bekommen können.
So teilte ich dem Anwalt des Käufers Libik mit, dass ich anderer Meinung bin und dass, wenn sein Mandant kauft, ich eine Rechnung stel-

len werde. Der GF in Deutschland hielt mich während des DD auf dem laufenden und schlussendlich hatte der GF in Amsterdam recht, als er sagte, Herr Libik würde den gewünschten Kaufpreis sowieso nicht bezahlen. Nachdem seine Anwaltskanzlei aufwendig über Monate geprüft hatte, gab er ein Gebot ab, welches für die Verkäuferin inakzeptabel war. Somit stand ein Streit für mich nicht an – und da war ich auch sehr froh. Natürlich hätte ich einen Prozesskostenfinanzierer in Anspruch nehmen müssen, hätte ich die Kosten für einen Streit in diesem Falle nicht tragen können.

Fazit: Zunächst scheint es erst einmal einfach für den Käufer zu sein, vorzutragen, dass er das Objekt schon kennt und sich bereits in Verhandlung mit dem Verkäufer befindet. Dies aber nachhaltig beweisen zu können, ist (für den Käufer) nicht so einfach. Hier will der Richter dann schon mehr wissen.

Bezugnehmend zu Ihrem Geschäftsablauf, lieber Leser, sei gesagt: Der Verkäufer wird mit Ihrem Investor mit Sicherheit verhandeln – auch ohne Sie, müssen Sie sich schon selbst um „Ihren" Kunden kümmern und um „Ihre Provision". Mein Kundenschutz in diesem Falle hat mir gar nichts genützt, mein Investor wurde natürlich nicht abgewiesen. Das DD wurde knallhart ohne mich geführt. Jedoch gab es mir der Verkäufer schriftlich, dass er den Investor Libik zuvor NICHT kannte und dieser durch meine Wenigkeit vermittelt wurde.

Im Streitfalle wäre diese Aussage für mich wichtig gewesen, hätte der GF hier sich auch für mich als Zeuge zur Verfügung gestellt.

Details zum Thema „Vorkenntnis" können Sie aus dem Buch des Richters am Bundesgerichtshof, Dr. Detlev Fischer, „Maklerrecht anhand der höchstrichterlichen Rechtsprechung", entnehmen.

Sehr gut und verständlich erklärt ist das Thema auch in dem Buch „Maklerrecht – ein Leitfaden für Makler und ihre Kunden" von Prof. Dr. Holger Heinbuch.

4. Wenn Verkäufer und Käufer sich zusammentun

Nun gibt es aber eine andere Variante, bei der Sie keine Chance haben – außer der der Klage auf Auskunftsanspruch, und auch nur dann, wenn Sie ganz genau wissen, dass ohne Sie verbrieft wurde. Die Situation ist wie gehabt: Sie bieten ein interessantes Objekt an. Der unseriöse Investor googelt den Eigentümer anhand den von mir bereits beschriebenen Möglichkeiten. Als bonitätsstarker Investor stellt er sich beim Verkäufer vor und zeigt Interesse. Nun kommt ein Satz vom Investor, nachdem der Verkäufer Ihren Namen erwähnt hat, welcher sich immer und immer wieder wiederholt, mein Geschäftspartner durchlebt dies aktuell: „Wie gut kennen Sie denn Frau/Herrn ...? Können wir denn nicht ohne Makler das Geschäft abwickeln?"

Der kaufmännisch korrekte Verkäufer wird „Nein" sagen. Der listige Verkäufer sagt „Ja" – und schon sind Sie raus!

Vergessen Sie sofort alles Weitere, denn Sie werden keine Details mehr zu dieser Transaktion erfahren, und selbst wenn Sie klagen wollen nach Rechnungsstellung, können Sie nicht klagen, weil Sie nichts wissen. Wie soll denn Ihr Anwalt eine Klageschrift fertigen?

Daher ist in diesem Fall nur eine Klage auf Auskunftsanspruch möglich, dies ist aber zeit- und kostenaufwendig. Vorausgehend ist natürlich die Überprüfung im Grundbuch, ob Ihr Investor auch wirklich gekauft hat und in der Auflassungsvormerkung eingetragen ist – bevor Sie klagen. Dies können Sie ca. drei Monate nach vermeintlicher Beurkundung sicher prüfen.

Rechtsanwalt *Wolfgang Lehner* aus Heidelberg sagt zum Auskunftsanspruch des Maklers Folgendes: „Gelegentlich weigert sich der Auftraggeber, dem Makler Auskunft darüber zu erteilen, ob er den vermittelten bzw. nachgewiesenen Vertrag abgeschlossen hat. Der Makler muss dies jedoch wissen, da sein Provisionsanspruch erst und nur mit Abschluss des notariellen Kaufvertrages entsteht. Manchmal erfährt der Makler auch, dass sein Kunde das Objekt erworben hat, er kennt aber nicht den Kaufpreis, so dass er die Provision nicht berechnen kann. Nach richtiger Auffassung nimmt die Rechtsprechung des-

halb eine entsprechende Auskunftspflicht des Auftraggebers gegenüber dem Makler an (BGH NJW 2006, 3062; BGH NJW 2005, 171). Die Auskunftspflicht besteht unabhängig davon, ob dem Makler letztlich ein Provisionsanspruch zusteht. Manche Gerichte legen diese Verpflichtung aber auch eng aus. Zweckmäßigerweise sollte eine entsprechende Verpflichtung bereits in den Maklervertrag aufgenommen werden.
Da sich der Anspruch aus dem Grundsatz von Treu und Glauben ergibt, kann eine entsprechende Regelung auch im Wege Allgemeiner Geschäftsbedingungen vereinbart werden. Eine solche Klausel könnte etwa wie folgt lauten: ‚Der Auftraggeber ist verpflichtet, den Makler unaufgefordert über alle Umstände zu unterrichten, die für die Entstehung und die Höhe des Provisionsanspruchs von Bedeutung sind.' Dies gilt insbesondere für den Fall des Abschlusses eines notariellen Kaufvertrages. In diesem Fall wird der Auftraggeber dem Makler unaufgefordert das Datum des Vertragsabschlusses, den Vertragspartner mit vollständiger Anschrift sowie den vereinbarten Kaufpreis mitteilen. Auf Anforderung wird er dem Makler eine Ablichtung des Kaufvertrages überlassen. Der Auftraggeber bevollmächtigt den Makler, Einsicht in sämtliche Abteilungen des Grundbuchs und in die Beiakten zu nehmen. Der Makler macht von dieser Ermächtigung nur zur Durchführung des Auftrages und zur Geltendmachung seines Provisionsanspruchs Gebrauch."

Sie müssen wissen, dass es nichts Persönliches gegen Sie ist, wenn Sie von Käufer und Verkäufer umgangen werden. Hier gilt es einzig und allein, Geld zu sparen (Käufer) und mehr Geld einzuheimsen (Verkäufer). Warum so viel Geld für den Makler ausgeben – selbst wenn er Käufer und Verkäufer zusammenbrachte?Dass Sie ein Unternehmerrisiko tragen, lange Jahre für das Fachwissen und die benötigten Kontakte gearbeitet haben, interessiert keinen Menschen und erst recht nicht, wenn ein gutes Geschäft in Anbahnung ist. Man arbeitet bei schwierigen Objekten oftmals recht lange an einer erfolgreichen Vermittlung und oft wird auch nicht verkauft – aus den verschiedensten Gründen. Unbezahlten Kosten- und Arbeitsaufwand hat der Makler dennoch.

5. Das Terrain der Haifische

Wenn Sie sich auf dem Gebiet des Investmentmaklers spezialisieren (wollen), dann bleibt es nicht aus, dass Sie irgendwann eine lukrative großvolumige Wohnanlage, vielleicht ein kleines Einkaufszentrum, eine Büro- oder eine Logistikimmobilie, entweder zur Mitarbeit oder im Verkaufsauftrag direkt, vom Eigentümer bekommen.
Sie werden staunen, wie sich die Kontakte verselbstständigen und Sie mehr und mehr Menschen aus der Finanzwelt kennenlernen. Dies geschieht schon alleine, weil Sie entsprechend nach passenden Investoren suchen und so immer mehr neue Kontakte knüpfen.
Vielleicht gehen Sie dann noch auf die jährliche Immobilienmesse der EXPO Real in München und Sie haben so die Möglichkeit, alle gängigen Investoren, Projektentwickler, Banker, Versicherungen, Makler, Vertreter von Fondsgesellschaften, Pensionskassen etc. aus der Immobilienbranche kennenzulernen.
Im Gegensatz zu den großen Maklerhäusern, wie Dr. Lübke, Aengevelt, Jones Lang La Salle, sind Sie als Einzelunternehmer ein kleiner Fisch. Leider ist es so, dass vermeintliche Investoren – welche schlussendlich oftmals auch nur Vermittler sind, sich aber als Berater ausgeben – an einer Zusammenarbeit mit Ihnen nicht interessiert sind, könnten Sie doch ungestört ohne Sie mit den Verkäufern besser verhandeln, wenn Sie so einen Kontakt vermitteln.
Sollten Sie in der glücklichen Lage sein, ein interessantes großvolumiges Geschäft im Angebot zu haben, dann passiert es also oftmals, dass man wohl Interesse an dem Investment zeigt, Sie aber in Ihrer Eigenschaft als Makler nicht in der Beliebtheitsskala steigen. Wenn Sie in dem Bereich kommen, wo es um sehr viel Geld geht, dann ist die Chance, das Geschäft erfolgreich abzuschließen, eher gering – wenn Sie nicht auf der Hut sind.

Sollte eine Immobiliengesellschaft also Interesse an Ihren Investmentangeboten zeigen, dann überprüfen Sie vorher genau diese Firma und die beteiligten Personen. Wenn Sie die Webseite sichten, lassen Sie sich nicht beeindrucken von bereits vorhandenen Liegenschaften. Wiegen Sie sich und Ihr Objekt nicht in Sicherheit. Unzählige Male wurden mir immer wieder dieselben Ködergeschichten von vermeintlichen Investoren erzählt: „Wir sind die Firma xy AG oder xy Ltd. oder xy GmbH und suchen (beispielsweise) Wohnanlagen bis 200 Mio. €. Wir kaufen zusammen mit einem Co-Investor, welcher börsennotiert mit Sitz in England ist. Bonität also vorhanden. Wir übernehmen dann nach Kauf auch das Asset-Management hier in Deutschland. Wir haben den Einfluss auf unseren Co-Investor, was und wo in Germany gekauft wird, und prüfen daher das Investment vorab im vollen Umfang (Due Diligence)."
Manchmal erzählen diese Kaufleute auch, dass sie mit mehreren namhaften Investoren geschäftlich verbunden sind oder sie gerade einen Fond auflegen und Immobilien zum Einkaufen suchen. Für alle ausländischen Co-Investoren werden selbstverständlich das Asset-Management und die Verwaltung in Deutschland für die eingekauften Immobilien getätigt. Man müsse aber erst das Objekt nach DD aufbereitet vorstellen und aufgrund des Ergebnisses wird sich dann entschieden, wer als Co-Investor infrage kommt ...
Ich verspreche Ihnen eines: Wenn Sie sich vorab nicht den vermeintlichen Co-Investor (meistens sind es Engländer, Skandinavier oder Israelis – sollte das mit den Co-Investoren überhaupt stimmen) für Ihre Prüfung benennen lassen und Sie keinen Maklervertrag mit den hiesigen Interessenten haben, dann sind Sie spätestens aus dem Geschäft gedrückt, wenn Sie den Kontakt zu den Verkäufern hergestellt haben. Die ausländischen Co-Investoren werden Ihnen vorab mit Sicherheit nicht benannt. Ich spreche hier aus eigener Erfahrung.

Fazit: Diese vermeintlichen Interessenten sind oftmals keine Investoren und wollen nur eines: den Kontakt zum Eigentümer. Sie wollen ein Investment vermitteln und sind sicherlich am Asset-Management interessiert – sowohl auch an der Fee. Warum sollte man das nicht be-

rücksichtigen? Schnell werden auch dann Dritte nachgeschoben und spätestens dann haben Sie keine Kontrolle mehr und Ihr Verkaufsobjekt nebst Eigentümer ist Ihnen dann in diesem Falle entglitten und schon haben Sie einen Konkurrenten mehr, welchen Sie auch noch selbst vermittelt haben. Das ist besonders ärgerlich.
Wie auch die regulären Häusermakler neue Eigentümerkontakte für Neugeschäfte brauchen, suchen auch Investmentgesellschaften, Projektentwickler, Investoren, Banker, Vermittler (neuerdings auch Anwälte) nach neuen Kontakten und interessanten Objekten. Ein Backfisch wird da mal eben schnell gefressen und die Gräten ausgespuckt. Aber natürlich erst, wenn man den Kontakt zum Eigentümer und Informationen über das Objekt der Begierde bekommen hat.
Jedoch kann ich sagen, dass so etwas nicht die Regel ist und jeden Tag passiert, den die meisten großen und namhaften Investmentgesellschaften und institutionellen Investoren arbeiten natürlich seriös. Seien Sie nur achtsam und lassen sich nicht beeindrucken, wenn von Ihren Neukontakten von großvolumigen Investitionen und Projektentwicklungen gesprochen wird und auch was man in der Vergangenheit schon gekauft hat.

Ich habe beispielsweise eine deutsche AG (nicht börsennotiert) aus Bayern kennengelernt. In der Vergangenheit hat diese AG zusammen mit einer Bank als Shareholder ein kleines Einkaufszentrum gebaut und führt hierfür auch die Verwaltung. Dieses Objekt wird auch plakativ auf deren Homepage präsentiert.
In einer bayerischen mittelgroßen Stadt hat der Vorstand dieser AG, Herr Klein, sich bei dem örtlichen Wirtschaftsreferenten als Käufer des (einzigen) sanierungsbedürftigen Einkaufszentrums in dieser Stadt vorgestellt. Der Wirtschaftsreferent vertrat in diesem Falle die Eigentümer, welche zahlreich sind.
Herr Klein beurkundete somit die Mall zu einem Kaufpreis von 30 Mio. € und sicherte eine Sanierung in Höhe von 50 Mio. € zu. Die Mall wurde daraufhin für die Sanierung leergezogen, d. h., alle Mieter mussten nun ausziehen und sich nach anderen Gewerberäumen umsehen. Eine Katastrophe für diese Kaufleute – aber trostreich, hoff-

ten sie, bald in ein modernes neues Einkaufszentrum zeitnah wieder zurückziehen zu können.
Nach nun zwei Jahren ist die Mall immer noch verwaist, der Wirtschaftsreferent und die Eigentümer raufen sich die Haare, der Bürgermeister jammert um den Steuerverlust und die Händler sind fast bankrott.
Der liebe Vorstand Klein hat den Kaufpreis nicht belegt und keinen Investor gefunden (zur Erinnerung: Herr Klein hatte sich eigentlich als Investor vorgestellt). Eine Rückabwicklung des Kaufvertrages ist von Herrn Klein nicht erwünscht und somit blockiert er Verhandlungen der Eigentümer mit einem neuen bonitätsstarken Investor. Auf der Webseite des Herrn Klein lesen Sie aber über „sein" neues Projekt betreffend dieser Mall in allen Einzelheiten. Ein Außenstehender würde nun denken, dass Herr Klein sehr bonitätsstark und fleißig ist. Ein Insider weiß es besser. Der Rechtsstreit zur Rückabwicklung steht nun an.
Leider habe ich mich in eigener Sache von Herrn Klein bequatschen lassen und ihm geglaubt, dass er die besten Kontakte zu den reichsten Investoren hat, auch zu reichen Privatinvestoren, mit welchem er eng befreundet ist. Ausgiebig wurde mir von den Schönen und Reichen berichtet, mit denen er sich auf den besten Golfplätzen trifft und welchen er den teuersten Tisch auf dem Münchener Oktoberfest reserviert. Ihr Eigenkapital läge einsam in der Schublade herum und wartet darauf, investiert zu werden.
Mit Speck fängt man Mäuse.
Ich hatte eine geschäftliche Anbahnung im gewerblichen Immobiliengeschäft mit Herrn Klein, und nachdem ich ein Meeting mit der Eigentümerin und Herrn Klein hinter mich brachte, habe ich nie mehr etwas von ihm gehört. Auf meine E-Mails antwortet er nicht, geht nicht ans Telefon und ruft auch nicht zurück. Ob er noch mit dem Verkäufer der Gewerbeimmobilie Kontakt hält, weiß ich nicht. Der Verkäufer verneinte dies in jedem Falle.
Um Ärgernisse zu vermeiden, sollte Ihre Bibel das Maklerrecht sein. Eine Kurzfassung und Ausführungen hierzu von RA Lehner im Buchanhang sollten Sie unbedingt verinnerlichen (siehe Seite 164).

Dumm ist derjenige, der immer dieselben Fehler macht. Schlau ist derjenige, welcher von anderen Fehlern lernt.
Dass Herr Klein sich demnächst mit der Stadt in einem Rechtsstreit befinden wird und es sich um dieselbe Stadt handelt, welche ich in der Vergangenheit verklagte, ist reiner Zufall (siehe nachfolgendes Beispiel). Die Spieler sind immer noch diesselben.
Wie klein doch die Welt ist.

6. Mündliche Vereinbarungen sind nicht das Papier wert, auf dem sie stehen!

Vor Gericht wird knallhart nach den Fakten entschieden.
Ich erzähle Ihnen ein Erlebnis, welches ich mein ganzes Leben nicht vergessen werde, weil mein damaliger Auftraggeber mein volles Vertrauen zunächst hinterlistig erschlich, bevor er mich kontrolliert manipulieren konnte. Er hat es geschafft, die Fäden so zu spinnen, dass ich genau das tat, was er plante. Niemals zuvor bin ich so getäuscht worden und habe ich selbst extrem falsch gehandelt.
Ein Liegenschaftsamtsleiter gaukelte mir eine tiefe Verbundenheit vor, indem er mir Informationen zu anderen Immobilienverkäufen mitteilte. Er gab mir Ansprechpartner und sogar Objektdaten und bot sich als Berater an. Für einen Liegenschaftsamtsleiter war er sehr redselig betreffend den Geschäften und Abwicklungen bzw. Angeboten, mit welchem er im Rathaus betraut war. Auch erzählte er mir vieles aus seinem Privatleben, was psychologisch natürlich dann auch etwas bindet und das Vertrauen zu dieser Person festigen lässt. Der Amtsleiter war listig und schlau wie ein Fuchs. Dies tat er aus reiner Berechnung, war es doch sein Plan, mich für seine Zwecke entsprechend zu benutzen. So versäumte ich, einen Maklervertrag mit Provisionsvereinbarung schriftlich zu schließen. Zunächst verließ ich mich auf die mündlichen Vereinbarungen. Der Amtsleiter war ja so nett.
Mein Auftrag war folgender: Die Stadt wollte in der Vergangenheit ein Grundstück kaufen, welches für die weitere (Gewerbe-)Bebauung der Stadt sehr wichtig war, konnte sich aber mit der Eigentümerin

über den Kaufpreis nicht einigen. Um nun den Prozess nach ca. 2 Jahren erneut in Gang zu bringen, bat mich der Amtsleiter, vermittelnd tätig zu werden und ein erneutes Kaufangebot von der Stadt zu übermitteln und somit einen Verkauf dem Eigentümer schmackhaft zu machen. Es handelte sich um ein Grundstück für Gewerbebebauung mit einer Größe von 180 Hektar, das letzte bebaubare Grundstück in der Stadt.

Lange Rede kurzer Sinn: Ich habe drei Wochen dafür gebraucht, dass sich der Verkäufer nun wieder an den Verhandlungstisch mit der Stadt gesetzt hat. Es war nicht leicht und ich kämpfte und gab nicht nach. Wäre es auch einfach gewesen, dann hätte die Stadt es ohne mich erneut versuchen können oder die „Bäckersfrau" wäre beauftragt worden.

Ich freute mich also über das positive Feedback der Verkäufer. Der Amtsleiter teilte mir dann aber mit, dass die Stadt kein Geld habe und nun doch nicht gekauft wird. Was für Deppen, dachte ich – beauftragen mich und haben gar kein Geld.

Mein Alltagsgeschäft lief weiter und ich habe diesen Auftrag nicht mehr weiter beachtet. Aus anderer Quelle erfuhr ich dann allerdings, dass der Deal abgewickelt wurde und der Oberbürgermeister und der Wirtschaftsreferent sich öffentlich als Helden feierten.

Diese Transaktion war die Titelseite in den Lokalzeitungen und mit Lügen gefüllt. Ich weiß es, denn ich habe den Deal ja eingefädelt. Ich war gerade beim Essen, als man mir davon erzählte, und mir fiel buchstäblich die Gabel in meinen Braten. Es war das „größte Grundstücksgeschäft der Nachkriegsgeschichte", laut Oberbürgermeister. Wie glücklich ist die Stadt doch, diesen Deal erfolgreich abgewickelt zu haben.

Natürlich hat mein Anwalt in einem sehr kompetenten Schreiben an den Oberbürgermeister auf meine Leistung hingewiesen, welche natürlich provisionspflichtig ist. Nach einer Ablehnung betreffend unseres Schreibens über eine Einigung schrieb ich eine Rechnung, welche wieder vom OB abgelehnt wurde, und ich reichte daraufhin Klage ein.

Natürlich hat der Liegenschaftsamtsleiter gelogen, was das Zeug hielt. Ich konnte diese Lügen anhand des Schriftverkehrs aber widerlegen. Das alles interessierte aber in meinem Falle keinen der drei Richter am Landgericht. Die Klage wurde abgewiesen, da ich nicht beweisen konnte, dass Provision vereinbart war, da dies nur mündlich geschah. Aussage gegen Aussage. Da ich die Klägerin in diesem Falle war, bin auch ich beweispflichtig.

Ich kürze hier die Geschichte um ein paar hundert Seiten Klageschrift ab. Selbstverständlich war der Sachverhalt viel komplexer.

Inhaltlich jedoch ist nur eines wichtig gewesen: War Provision vereinbart und schriftlich festgehalten?

Der Liegenschaftsamtsleiter erschien als Zeuge zur Verhandlung in einem alten, zerknitterten Anzug aus der Altkleidersammlung und ohne seine Zahnprothese. Er war mittlerweile in Rente und kam schlürfend, alt und gebückt laufend in den Gerichtssaal, was natürlich gespielt war. Er erzählte – ohne Zähne – mitleiderregend seine Lügen und die vorsitzende Richterin zerfloss regelrecht vor Mitgefühl. Ich saß mit meinem schönen Kostüm und meinen beiden Anwälten da und machte bestimmt einen anderen Eindruck als der ehrwürdige Liegenschaftsamtsleiter. Laut Urteil war der Zeuge glaubwürdig. Es wurde keine Courtage vereinbart. Dass ich nur drei Wochen für die Vermittlung gebraucht habe, lastete man mir auch an. Für ein paar E-Mails und ein paar Telefonate will ich so viel Geld (2 % zzgl. MwSt. vom Kaufpreis)?

So what – Money Talks and Bullshit Walks.

Was ist zu tun, um so ein Ärgernis zu vermeiden?

Es ist ein unbedingtes Muss, sich die Provision immer schriftlich bestätigen zu lassen. Da dies manchmal nicht funktioniert – wie in meinem Fall, bevor der Käufer sich entschlossen hat, zu kaufen und noch in der Prüfungsphase ist –, müssen Sie wenigstens im Schriftverkehr unbedingt darauf hinweisen, dass im Erfolgsfalle Ihrer Vermittlungstätigkeit eine Courtage in Höhe von xy fällig ist – nach Beurkundung.

Wenn Sie mit Ihrem Auftraggeber am Telefonat gesprochen haben, dann halten Sie das Gespräch noch einmal schriftlich fest („Wie wir gestern besprochen haben, bin ich mit unserer Vereinbarung ... einverstanden. Ich freue mich auf eine erfolgreiche Zusammenarbeit und verbleibe mit den besten Grüßen.“). Dies gilt als kaufmännisches Bestätigungsschreiben, wenn der Geschäftspartner hier als Vollkaufmann nicht widerspricht.

Wäre ich in meinem beschriebenen Fall nicht so vertrauensselig gewesen und so schluderhaft, dann hätte ich eine sechsstellige Summe verdient – was mir auch zugestanden hätte. Einmal nicht aufgepasst und kaufmännisch nicht korrekt gearbeitet und schon hat man Ärger am Hals. Dass ich als Makler nicht umsonst arbeite und dies dem Amtsleiter bewusst war, hatte in meinem Falle keine Auswirkung. Nur was schriftlich festgehalten wird, hat Gültigkeit.

Hätte ich damals das Maklerrecht so gut gekannt, wie ich es heute kenne, wäre mir das nie passiert – egal wie nett und vertrauensvoll der Auftraggeber ist. Merken Sie sich eines: Sie können keinem trauen, wenn es um viel Geld geht. Ihre Familie und beste Freunde natürlich ausgeschlossen.

Das Skurrilste kommt jedoch noch: Natürlich fragte sich das Gericht, warum in dieser Abwicklung schriftlich nichts über ein Honorar festgehalten wurde. Die Antwort des Liegenschaftsamtsleiters war: „Frau Ostermeier-Schwaneberg tat diesen Dienst für die Stadt und weil sie Anerkennung von der Stadt wollte!“ Im Urteil steht: Der Zeuge (Amtsleiter) ist glaubhaft.

Mist – die Anerkennung habe ich auch nicht bekommen.

Ich werde noch lange an diese Geschichte denken. Gelernt habe ich in jedem Fall und gestalte meine Aufträge nun streng nach dem Maklerrecht und meinen AGBs – dies war auch der Ratschlag der Richterin. Die Aussage meines Anwaltes, dass der Maklervertrag konkludent zustande kam, war ein schlechter Hinweis. Haben Sie nichts über Ihr Provisionsbegehr schriftlich vorzuweisen, haben Sie keine Chance! Ich hatte schlechte juristische Berater, in jedem Fall kannten sie das Maklerrecht nicht.

Zusammenfassend:

Halten Sie alles Wichtiges schriftlich fest. Wenn immer über den elektronischen Weg kommuniziert wurde, dann wird der Mailverkehr vor Gericht anerkannt. Per E-Mail können Sie ja zusätzlich auch noch eine Lesebestätigung abfordern. Für den Urkundenprozess reicht dies jedoch nicht (siehe Seite 91).

Faxe sind gültig, wenn erkennbar ist, das hin- und hergefaxt wurde. Wenn Sie wichtige Schreiben per Brief übermitteln, dann kann der Beklagte immer abstreiten, dass er das Schreiben bekommen hat. Deshalb besser mit Boten schicken und einen Zeugen benennen können, dass Sie das Schreiben entsprechend in das Kuvert gesteckt haben. Nicht vergessen: Sie sind als Kläger immer in der Beweispflicht, deshalb wichtige Schreiben am besten per Einschreiben versenden mit Rückschein oder, wie bereits erwähnt, mit einem persönlichen Boten.

Kapitel IV
Wie schütze ich mich vor Rechtsstreitigkeiten und Verlusten?

1. Wann ist eine Klage angebracht?

Bevor Sie sich entschließen, jemanden zu verklagen, sollten Sie auf keinen Fall kurzentschlossen oder emotional handeln. Bleiben Sie ganz cool und überlegen Sie genau, was für Beweise Sie für Ihre Klage vorlegen können. Sammeln Sie hierzu allen Schriftverkehr zusammen.

Nun wird es schwierig: Versetzen Sie sich in den gegnerischen Anwalt. Versuchen Sie nun, Ihre Angelegenheit völlig objektiv zu betrachten einzuschätzen, wie der Beklagte bzw. der Anwalt Gegenargumente bringen wird, natürlich auch mit Beweisen unterlegt.

Der Richter ist Außenstehender und bekommt seine Eindrücke zu dem Fall über den vorhandenen Schriftverkehr. Nur was der Richter schriftlich in seiner Akte hat, ist schlussendlich für ihn entscheidend.

Die Frage ist nun, wie sieht der Richter den Fall? Versuchen Sie zunächst – alleine und vorerst ohne Ihren Anwalt – sich in den Richter zu versetzen. Wenn Sie merken, dass Sie Ihren Fall nicht schlüssig vortragen können, dann sollten Sie es noch einmal überdenken, eine Klage zu führen. Wenn Ihr Anwalt sagt, Ihre Chancen stehen 50/50, dann lassen Sie die Finger von der Klage.

Ich hatte in der Vergangenheit immer den Fehler gemacht, NUR meine Seite blind zu sehen und die Gegenseite ausgeblendet – weil ich es gar nicht wissen wollte. Ich habe recht und ich will mein Recht einklagen, so sagte ich es mir immer.

Jedoch recht haben und recht bekommen sind zweierlei – und wie sagte meine letzte Richterin:

„Vor Gericht und auf hoher See sind wir allein in Gottes Hand."
Coram iudice et in alto mare in manu dei soli sumus.
(römische Juristenweisheit)

Haben Sie aber alle Beweise schriftlich und komplett zusammen und Ihre Forderung ist somit beweisbar, dann sollten Sie auch den Schritt der Klage gehen. Ich möchte Ihnen folgend zwei gute Ratschläge zu dem Thema geben.

2. Ihr Anwalt

Suchen Sie sich einen Fachanwalt aus. Nehmen Sie nicht Ihren Hausanwalt, welcher für Sie seit eh und je für „alles" zuständig ist. In Ihrem Fall brauchen Sie einen Fachanwalt für Maklerrecht, Immobilienrecht und Vertragsrecht. Wieder einmal können Sie Fachanwälte googeln, sich Anwälte von der Anwaltskammer empfehlen lassen oder von Geschäftspartnern.
Engagieren Sie nicht den Erstbesten. Nehmen Sie sich Zeit, mit mehreren Anwälten zu sprechen. Fühlen Sie sich nicht unter Druck. Sie müssen nicht „morgen" Klage einreichen, es reicht auch „übermorgen". Lieber mehr prüfen und darüber nachdenken, als eine Klage zu verlieren.
Ich hatte einmal mit meinem Anwalt vereinbart, dass er meine Angelegenheit unverbindlich prüft. Nachdem er mir ein Memorandum dazu geschrieben hat, habe ich Gott sei Dank erkannt, dass er überhaupt nicht für meinen Fall geeignet ist. Aber hier aufpassen: Überlassen Sie dem Anwalt Unterlagen zu Ihrem Fall, wird dieser Anwalt eine Gebühr erheben und Ihnen eine Rechnung schicken, auch wenn darüber im Vorfeld nicht gesprochen wurde. Sprechen Sie die Gebühr für das Erstberatungsgespräch vorher ab.
Seien Sie sich bewusst, dass es mental eine unheimlich große Belastung für Sie sein wird, wenn Sie sich für diesen Schritt der Klage entschlossen haben. Sie werden vom gegnerischen Anwalt in dessen Schriftsätzen mit Lügen und Schlimmeren überhäuft werden und Sie

müssen all das nachweislich entkräften können. Ihr Anwalt ist nur so gut, wie Sie ihm Material und Informationen geben. Sie müssen also viel Zeit dafür aufwenden, alles Relevante herauszusuchen und diesen Schriftverkehr Ihrem Anwalt mit Ihren Schilderungen übersichtlich weiterzugeben.

Meistens sind es komplizierte Fälle und somit haben Sie die nächsten zwölf Monate bis zur ersten Verhandlung viel zu tun. Wenn Sie dann noch emotional sind, geht Ihnen das alles richtig ans Gemüt. Sie haben einen Gerechtigkeitssinn und können die gegnerischen Lügen und Behauptungen schwer ignorieren.

Weil Ihnen dieser Prozess viel Arbeit und Nerven kostet, werden Sie sich nicht so gut auf das Tagesgeschäft konzentrieren können. Es kann also durchaus sein, dass Sie Möglichkeiten zu guten Deals verpassen, weil Sie mit der Beantwortung der gegnerischen Klageschrift beschäftigt sind. In den Nächten denken Sie alle möglichen Szenarien durch.

Dies alles müssen Sie unbedingt beachten. Dennoch gilt es, sich den besten Fachanwalt zu nehmen und nichts zu überstürzen. Das Anwaltshonorar wird nach dem Streitwert berechnet. Somit können Sie sich den besten Anwalt nehmen – der „schlechte" Anwalt kostet Sie dasselbe.

Ich möchte Ihnen zu diesem Thema auch noch meine ganz persönliche Meinung mitteilen: Seien Sie sich bewusst, dass der Anwalt, wenn er Ihre Unterschrift unter seiner Vollmacht hat sowie den Schriftverkehr und Ihre mündlichen Stellungnahmen, bereits sein Geld verdient hat!

Der Ball ist im Spielfeld und Sie können nichts mehr tun, auch wenn Sie merken, dass Ihr Anwalt ein Loser ist und sich mehr schlecht als recht um Ihre Angelegenheit kümmert. Ihrem Anwalt ist es (meist) auch egal, ob Sie gewinnen oder verlieren – denn er hat sein Geld bereits verdient.

Auch wenn Sie Ihrem Anwalt den Fall entziehen, sind schon im Anfang Fehler entstanden, welche nicht mehr geradezubiegen sind, auch wird kein anderer guter Anwalt sich mit so einem Fall beschäftigten wollen.

Ausnahmen bestätigen jedoch die Regel

Natürlich gibt es auch hervorragende Anwälte. Während der letzten 20 Jahre habe ich jedoch nur zwei Anwälte beschäftigt, mit welchen ich zufrieden war. Alle anderen zuvor hatten nie Kampfgeist bewiesen und die Klageschriften hätte ein Student besser schreiben können. Die Rechnungen jedoch kamen immer pünktlich. Ich danke den Himmel, dass ich nun endlich einen sehr guten Anwalt im Immobilienrecht habe, welcher nicht nur sehr fachkompetent und willensstark ist, sondern auch noch einen sehr guten Charakter aufweist.
Brauchen Sie also einen guten Anwalt in Berlin, dann fragen Sie mich ruhig.

3. Prozesskostenfinanzierung

Hätte ich früher gewusst, dass man die Möglichkeit hat, nicht aus der eigenen Tasche die Klagen zahlen zu müssen, hätte ich mir sehr viel Geld erspart. Entweder hätte ich dann gar nicht erst geklagt oder bei einer Klage kein Geld verloren.
Sollte einmal der Fall eintreten, dass Sie um Ihre Provision betrogen werden – jedenfalls Ihrer Meinung nach –, dann haben Sie die Möglichkeit, sich an einen Prozesskostenfinanzierer zu wenden, wenn die Gerichts- und Anwaltsgebühr sehr hoch ist.
Ihr Anwalt muss im Vorfeld Ihren Fall prüfen und zu Papier bringen. Beim Prozesskostenfinanzierer legt er den Fall zur Prüfung vor. Diese Unternehmen haben sehr gute Anwälte, welche dann Ihren Fall auf Prozessgewinnung prüfen. Nur wenn die Anwälte der Prozesskostenfinanzierer der Meinung sind, dass Ihre Klage eine hohe Erfolgsaussicht hat, würden vom Finanzierer sämtliche Kosten, wie Anwalt, Gericht, Klagen über alle Instanzen, übernommen werden gegen eine Beteiligung an dem möglichen Prozessgewinn. Die Voraussetzung einer Übernahme durch einen Prozesskostenfinanzierer ist auch an einem Mindest-Gegenstandswert geknüpft. Ihr Anwalt kann Sie hierzu beraten, kennt er aus seiner Praxis das Procedere.

Sie können einen langwierigen Zivilprozess vermeiden, wenn Ihnen bestimmte Unterlagen vorliegen. Im nachfolgenden Kapitel möchte ich Ihnen einen interessanten Hinweis geben.

4. Der Urkundenprozess und seine Wirkung

Sie haben erfolgreich beurkundet und Ihre Courtage ist verdient und fällig. Herzlichen Glückwunsch.
Nach zwei Wochen jedoch haben Sie immer noch keinen Geldeingang auf Ihrem Konto feststellen können. Auch die darauf folgenden Wochen finden Sie keine Vermehrung auf Ihrem Bankkonto.
Natürlich fragen Sie bei Ihrem Käufer oder Verkäufer nach, ob Sie versehentlich oder absichtlich vergessen wurden. Die Reaktionen sind unterschiedlich und die Gründe, warum man Sie nun nicht für Ihre Leistung bezahlen will, sind so vielfältig, wie es Menschen und Ausreden nur geben kann.
Haben Sie eine berechtigte Forderung und mit Ihrer „üblichen“ Zivilklage, werden Sie mit Sicherheit nach ca. einem Jahr etwas Erfolg haben. Üblicherweise wird in der ersten Güteverhandlung ein Vergleich angeboten und da Sie vielleicht schon total genervt von diesem Vorfall sind, werden Sie den Vergleich annehmen – und sofort hat sich Ihr Guthaben, welches Ihnen zugestanden hätte, auf die Hälfte reduziert.
Doch es geht auch anders: Sie bekommen in ca. 2 bis 3 Monaten Ihre Außenstände bzw. einen vollstreckbaren Titel und es gibt kein langatmiges und kostspieliges Gerichtsverfahren, etwa durch Ladung von Zeugen oder Anhörungen von Sachverständigen. Zeitnah können Sie die Talerchen auf Ihrem Kontoauszug bewundern und sind nervlich total entspannt. Ich erzähle Ihnen nun, wie Sie das bewerkstelligen können. Hierfür gebe ich zunächst eine Geschichte meiner Klienten weiter, welche zwar nichts mit Immobiliengeschäften zu tun hat, dennoch sinngemäß bezugnehmend auf das Thema ist:
Ein vermögendes altes Ehepaar Namens Bauer hat eine junge, sorglose Tochter S. mit kapriziösem Lebensstil ohne geregeltes Einkom-

men – welche mit einem Geschäftsmann liiert war, der charakterlich nichts mit einem Ehrenmann gleich hatte. Da die Tochter aufgrund Ihres Verhaltens – welches man vielleicht ihrer Jugend zurechnen könnte – recht problematisch war, erpresste der Lebensgefährte die Eltern der Tochter S., er würde S. aus der gemeinsamen Wohnung werfen, wenn die Eltern ihm nicht bestätigen würden, dass die Kosten der Lebensgemeinschaft aus getrennten Kassen getragen würden und die Eltern hierfür bürgen, d. h. für den hälftigen Teil der Tochter. Aus Angst, die Tochter würde auf der Straße sitzen und auch, weil sie sich von diesem Mann einschüchtern ließen, willigten sie ein.

Sodann kamen regelmäßig Faxe an die Eheleute Bauer mit einer Aufstellung von Summen, welche sie mit Unterschrift bestätigen und zurückfaxen sollten. Eingeschüchtert und ängstlich taten die Eltern wie aufgefordert. Aufgelistet waren neben den allgemeinen Lebenskosten, hälftig angegeben, auch zwei Pelzmäntel, Schönheits-OPs und sogar ein Ghostwriter für ein angebliches Buch, welches von der Tochter geschrieben werden wollte.

Insgesamt betrug die vom Lebensgefährten angeblich ausgelegte Summe ca. 180.000 €.

Nun forderte dieser liebe Lebensgefährte das Geld von den Eltern der S. schriftlich ab mit kurzem Zahlungsziel. Natürlich bezahlten die Eltern diese hohe Summe nicht, gab auch die Tochter an, nichts von Pelzmänteln, einem Ghostwriter und dergleichen zu wissen. Der Lebensgefährte verklagte die Eltern, das Gericht hatte dem Kläger recht gegeben und man einigte sich auf einen Vergleich in Höhe von 80.000 €, um nicht den Urkundenprozess mit der Folge eines Titel, der sofort ohne Sicherheitsleistungen vollstreckt werden kann, ausgesetzt zu sein.

All dies geschah ohne den üblichen Prozessverlauf, ohne Anhörung und aussagefähige Quittungen, Einsprüche – innerhalb von ca. zwei Monaten.

Es war wie die Faust des Boxers, die trifft, und welche man nicht gesehen hat, als man zu Boden ging. Die Eltern wussten überhaupt nicht, wie ihnen geschah, und zogen nach diesem Prozess drei Anwäl-

te zurate. Diese jedoch bedauerten, in diesem Fall nicht helfen zu können, haben sie über ihren Anwalt dem Vergleich zugestimmt.
Hätten die Eheleute Bauer dies nicht getan, hätten sie die Chance zum Nachverfahren gehabt und der Kläger hätte die geforderte aufgeführte Summe unter Beweis stellen müssen – womit er Probleme gehabt hätte.
Es sieht so aus, als ob die Eheleute Bauer schlechten juristischen Beistand hatten. Zunächst einmal hätte man die Faxe in Kopie anzweifeln müssen und auf Originale drängen. Durch den Vergleich gab es keine Möglichkeit mehr zum Nachverfahren.
Faxverkehr ist vor Gericht beim Urkundenprozess gültig, bloße Kopien nicht, sie werden regelmäßig in Ihrer Echtheit von der Gegenpartei angezweifelt, so wird der Kläger zur Vorlage der Originale gezwungen; und dann wäre der Klage stattgegeben worden und der Kläger hätte einen vollstreckbaren Titel gehabt, womit er die Eltern sicher sofort gepfändet hätte. Das wäre eine Katastrophe für die Bauers gewesen. Dann doch lieber die ganz bittere Pille: die Annahme zum Vergleich.
Natürlich wäre im Nachverfahren die Angelegenheit für die Eltern weit positiver verlaufen, jedoch ist die Zeitspanne zwischen Pfändung und dem Prozessweg in der Zivilklage lang – und auch kostspielig. Die Eltern waren wahrlich in einer blöden Situation.
Der Lebensgefährte der Tochter war juristisch anscheinend gut bewandert und hat zielstrebig, durchdacht und geplant gegen die Eltern diesen Urkundenprozess geführt. Er setzte nach Urteilsbekanntgabe die Tochter S. vor die Tür, was von vornherein von ihm so geplant war, nachdem er im Zuge des Urkundenprozesses sein Ziel erreichte.

Erklärung:
Bei einem Urkundenprozess werden nur Urkunden vorgelegt – ohne Anhörung. Dieser Lebensgefährte der Tochter hatte die Faxe mit den aufgelisteten Beträgen, unterschrieben von den Eltern, dass sie diese Kosten übernehmen.
Diese Faxe (gültig vor Gericht, wenn vom Beklagten die Kopien nicht angezweifelt werden und das Original gefordert wird) genügten, um

im Urkundenprozess zu gewinnen und auch einen vollstreckbaren Titel zu erwirken. Somit können Sie sofort pfänden oder zur eidesstattlichen Versicherung auffordern.

Nun ist diese Geschichte nicht aus unserer Immobilienwelt. Dennoch hat der Urkundenprozess auch bei Nichterhalt der Courtage Allgemeingültigkeit.

Wenn Sie nachweislich eine Innenfee vereinbart haben und hier den Maklervertrag im Original vorlegen können, dann müssen Sie noch lediglich den notariellen Kaufvertrag reichen nebst Ihrer Rechnung. Allein diese Urkunden reichen aus, um den Urkundenprozess zu gewinnen und Ihre Courtage auf dem schnellsten Weg bei Ihrem Schuldner einzutreiben. Um die Kausalität zwischen Ihrem Auftrag und der Vermittlung nachzuweisen, sei Ihnen geraten, einen Verweis auf den Maklervertrag mit in den Kaufvertrag aufzunehmen (siehe Seite 184).

Natürlich wird dann der Schuldner nicht im Nachhinein ein Nachverfahren gegen Sie führen, da er dieses verlieren würde – schuldet er Ihnen ja tatsächlich die vereinbarte Fee. Zuerst könnten Sie erst einmal pfänden lassen.

Dasselbe gilt natürlich auch, wenn Sie vom Käufer die Courtage bezahlt bekommen. Hier wird beim Urkundenprozess der Maklervertrag vorgelegt oder die schriftliche Bestätigung zur Zahlung der Courtage vom Käufer (im Original) und den notariellen Kaufvertrag. Da Sie ja als gewissenhafter Makler das Notariat vorbereiten, haben Sie den Kaufvertrag vorzulegen und waren auch bei der Beurkundung dabei.

Somit haben Sie die wenigen – aber relevanten – Dokumente, welche Ihr Anwalt dem Gericht vorlegen wird. Der Beklagte hat keine Gelegenheit, sich mit Ausführungen, Behauptungen etc. zu wehren – außer er hat einen Überweisungsbeleg vorlegbar, aus welchem hervorgeht, dass die Fee bereits an Sie überwiesen wurde.

<u>Fazit:</u>

Bitte lassen Sie sich immer mit Originalunterschrift Ihre Provision bestätigen und tätigen keine Vereinbarungen im üblichen E-Mailver-

kehr, wie beispielsweise: „Hiermit bestätige ich Ihnen eine Provisionszahlung ...“
Die normale E-Mail ist keine Urkunde und im Urkundsprozess nicht zulässig, Sie können diese lediglich im üblichen Zivilprozess verwenden. Wenn Sie aber vorausschauend Ihre Provision sichern wollen, dann bitten Sie Ihren Käufer/Verkäufer, die Vereinbarung in Schriftform zu bestätigen.

Mahnverfahren:
Bevor Sie sich für einen Urkundenprozess entscheiden, sollten Sie vielleicht abwägen, ob dieser überhaupt nötig ist. Die Frage stellt sich, warum Ihr Vertragspartner Sie nicht bezahlen will.
Ich gehe davon aus, dass Ihre Forderung berechtigt und unstreitig ist. Dann gibt es m. E. zwei Typen von Schuldnern:
Der erste Charakter ist der, welcher geizig und listig ist und die Möglichkeiten nutzt, die ihm das Gesetz bietet. Das heißt, er lässt es auf eine Klage ankommen und wird sich in der ersten Güteverhandlung mit Ihnen vergleichen. Diese Vorgehensweise hat bei ihm Tradition und ist eine geschäftliche Taktik. Der Richter wird in der Regel immer einen Vergleich anbieten, da er nicht unbedingt ein Urteil schreiben will, was zeitaufwendig ist. Vielleicht sind Sie emotional schon so belastet, dass Sie die Angelegenheit schließen wollen und daher den Vergleich annehmen. Das ist ärgerlich, stünde Ihnen für Ihre Arbeit die volle Courtage zu. Bei solch einem Schuldner würde sich ein Urkundenprozess eignen.
Der zweite Charakter ist der, welcher sich im Verzug befindet. Er zahlt jeden Vertragspartner nicht pünktlich, das ist seine Art – sei es den Maurer, den Fliesenleger oder die Sekretärin. Wenn es geht, dann hält er Sie so lange wie möglich hin und hat so die Möglichkeit, mit „Ihrem Geld“ weitere Geschäfte zu tätigen oder mehr Guthaben bei der Bank vorzuweisen betreffend seiner Liquidität. Bei diesem Typ Schuldner reicht das einfache und bekannte Mahnverfahren, d. h. zunächst einmal ein *Mahnbescheid*, welcher weitaus kostengünstiger ist als der Urkundenprozess – zumal Sie den Mahnbescheid selbst stellen

können[5], wenn Sie mögen. Ansonsten macht das Ihr Anwalt für Sie im Handumdrehen.

Ich hatte einmal einen Auftraggeber namens Lehmann, welcher Typ 2 war. Ich verdiente viel Geld mit ihm, wenn ich aus seinem Immobilienbestand verkaufte. Es waren bestimmt ca. 20 Miethäuser und die Courtage zahlten die Käufer.
Wenn ich jedoch ihm selbst ein Objekt verkaufte und er die Käuferprovision zu tragen hatte, dann wartete ich in der Regel 8 bis 10 Monate auf mein Geld.
Zu einem war er unheimlich geizig und konnte sich vom Geld nicht trennen. Seine Devise war, dass nur er Geld verdienen darf.
Lehmann war neben Immobilienhändler auch Bauträger und bezahlte seine Arbeiter auf dem Bau immer mit so viel bzw. wenig Geld, dass sie leben, aber nicht sterben konnten. Ich erinnere mich, dass sein Polier monatelang keinen Cent sah.
Täglich versuchten die Handwerker Lehmann zu erreichen und auf die Rückstände aufmerksam zu machen, aber selten hatten sie Gelegenheit, ihn zu sprechen, da er ein Meister des Versteckens war. Mich zahlte er überhaupt nicht. Ich bekam noch nicht einmal eine Anzahlung. Dafür versicherte und schwörte er bei jedem Gespräch, dass er gerade eben – vor einer Stunde – meine Courtage überwiesen habe.
Ich fuhr gefühlte tausend Mal zu meiner Bank, um meinen Kontostand zu sichten, konnte aber nie einen Eingang verzeichnen.
Es ist noch nie passiert, dass ich Lehmann keinen Mahnbescheid schicken musste, um an meine Außenstände zu kommen. Natürlich war dann die Beschwerde groß, wie ich das nur machen könne, befänden wir uns doch in einer Geschäftsbeziehung.
Ja, ja, der Arme.
Nach Erhalt der jeweiligen Mahnbescheide überwies Lehmann immer sofort. Ich habe seine Verhaltensweise nicht persönlich genommen

5 Die Gerichte, z. B. das zentrale Mahngericht Berlin-Brandenburg (Amtsgericht Wedding), haben auf seinen Internetseiten sehr viele Informationen, um selbst „online“ einen Mahnantrag zu stellen.

und tätigte meine Geschäfte weiterhin mit ihm – wusste ich ja, wie er zu nehmen war.
Aber alles hat mal ein Ende und so ist Lehmann mittlerweile längst Geschichte.

Der Jurist *Niels Stalberg* war so freundlich und hat detaillierte Informationen zum Urkundenprozess ausgearbeitet (siehe Seite 202).

Fazit:
Es ist also zunächst nicht ganz so leicht, sich im Maklergeschäft als Neueinsteiger durchzusetzen – kennen Sie aber die Fallen und Tricks, können Sie im Vorfeld schon kommenden Ärger vermeiden. Ich gebe zu, dass der Antrieb für den Mäklerberuf auch die Möglichkeit ist, viel Geld zu verdienen. Wenn Sie ernsthaft und gewissenhaft den Mäklerberuf dann seit einiger Zeit betreiben, wissen Sie, dass viel Arbeit, Disziplin, Ausdauer, Optimismus und Geld erforderlich sind, um ein gutes Einkommen *dauerhaft* zu bestreiten. Alleine schon die psychische Belastung ist nicht jedermanns Sache. Wenn Sie keine Rücklagen bilden können, dann könnten Sie schneller pleite sein, als Ihnen lieb ist.
Wie Sie mit Ihrem Geld wirtschaften, ist hier nicht unerheblich. Auch Ihre mentale Einstellung ist der Grundstock Ihres Erfolges und in diesem Geschäft ganz wichtig.
Ich hatte einmal eine Durststrecke wegen ausstehender Forderungen und ausgerechnet zu diesem Zeitpunkt fing mein 380er Daimler an, gruselige Geräusche von sich zu geben. Mercedes meinte, es wäre die Nockenwelle und ich könne das Auto wegschmeißen, da sich eine Reparatur wirtschaftlich nicht mehr lohne. Ich setzte mich selbst unter Druck und meinte nun, unbedingt ein anderes Auto haben zu müssen, welches nicht solch Geräusche und Geruckel von sich gibt und ich Angst haben müsste, ich könne an jeder Ecke stehen bleiben. Ich ließ mich also von „einem Bekannten“ überreden, ihm mein Auto zu geben und dafür seinen (auch älteren) Opel Omega zu bekommen.
Dieser Opel war lt. Aussage des Bekannten die Perle unter den Autos. Immer allzeit bereit und technisch einwandfrei. Ich legte für diese

Karre auch noch ein paar Tausend Mark drauf und war nun stolzer Besitzer eines total hässlichen und schäbigen Opels.
Dass ich mich habe überrumpeln lassen, kam mir dann auch in den Sinn – doch es war zu spät. Außerdem erfuhr ich, dass bei meinem Daimler nur die Zündkerzen verdreckt waren und die Nockenwelle sich noch in bester Gesundheit befand. Was für ein Malheur.
Ich hatte nun ein Meeting mit einem Großinvestor und wollte mich mit ihm im (ehemals) Hotel Novotel am Flughafen Berlin-Tegel treffen. Wer das Hotel kennt, weiß, dass der Weg dorthin eine Sackgasse ist und um auf das Hotelgelände zu kommen, man unweigerlich am Haupteingang vorbeifahren muss.
Prompt rief mich der Investor an und teilte mir mit, er wartet vor dem Eingang auf mich. Auweia, ich konnte doch nicht mit dieser hässlichen alten Mühle bei diesem Großinvestor vorfahren und mit ihm Millionendeals verhandeln. Ich stand unter Stress. Was soll ich bloß tun? Der Investor ließ sich nicht umstimmen und den Kaffee im gemütlichen Foyer konnte ich ihm nicht schmackhaft machen. Meine Schutzengel kamen mir glücklicherweise zur Hilfe, als ich ein Stoßgebet losließ. Ich fuhr also durch die Schranke und erspähte den Hintereingang von der Küche, aus welcher die Abfälle getragen und in die dort stehenden Müllcontainer geschmissen wurden. Der Weg dorthin war schmal und nicht einsehbar. Ich stellte mich also mit meiner Mühle neben die Abfallcontainer und schlich rechts um die Ecke Richtung Hoteleingang. Ich duckte mich natürlich dabei, denn der Investor schaute sich ständig nach allen Richtungen um.
Schließlich kam ich überschwänglich bei ihm an und war froh, dass er nach der Besprechung ein Taxi zum Flughafen nahm und nicht fragte, ob ich ihn fahren würde.
Ich fing an, dieses Auto zu hassen, weil alles kaputt ging, was nur kaputt gehen kann.
Mein damaliger Geschäftspartner kam aus Düsseldorf und fuhr einen geleasten Audi A8. Tolles Auto. Oft trafen wir uns im Hotel Kempinski. Wenn ich mit meinem Opel am Hoteleingang vorfuhr, wurde ich vom Portier weitergewunken. Mein Geschäftspartner hinter mir wurde herangewunken und man parkte sein Auto ein. Als ich ihn

fragte, was der Unterschied zwischen mir und ihm ist, bekam er einen Lachkrampf.
Ich verschenkte das Auto an einen Bastler und hatte wieder einmal Glück, da ich meine Außenstände bezahlt bekommen habe und ich mir wieder ein „normales" Auto kaufen konnte.
Ich denke, solche Engpässe kennt jeder Selbstständige. Sehe ich aber einen auberginenfarbigen alten Opel-Omega, kommen wieder alte Erinnerungen der Peinlichkeiten hoch.
Sie könnten jetzt fragen, warum ich mir kein Auto geleast habe. Ich halte bis heute nichts davon und bin lieber Eigentümer meines Autos.

5. Der Umgang mit den Sachbearbeitern Ihrer Klienten

Natürlich sind Sie immer zu Ihrem Gegenüber höflich, charmant, zuverlässig usw. – aber manchmal reicht das nicht. Es wird in Ihrer Berufslaufbahn vorkommen, dass Sie eine Immobilienunternehmung kennenlernen werden, welches gerade viel Kapital von Ihren Investoren eingesammelt hat, mit dem Ziel zur Eröffnung eines neuen Fonds.
Die Kaufangebote kommen nun hauptsächlich von Maklern und die Objektprüfungen sind personell aufwendig. In der Regel beschäftigen diese Gesellschaften ihnen bekannte Dienstleister für den technischen und juristischen Teil, der kaufmännische Part wird meist mit eigenen Mitarbeitern durchgeführt. Ist es eine ausländische Unternehmung, wird oftmals in Deutschland ein Invest Advisor vor Ort für den Einkauf eingesetzt.
Wie auch immer. Bedienen Sie gerade solch eine Unternehmung mit Objekten für deren Fonds, dann werden Sie mit den jeweiligen Sachbearbeitern eng zusammenarbeiten, je nachdem, wie viele Objekte von Ihnen geprüft werden. Sie werden unweigerlich die Ingenieure, Einkaufsleiter, Anwälte, Sachbearbeiter etc. näher kennenlernen. Vielleicht näher, als Ihnen lieb ist. Und nun rate ich Ihnen eines ganz dringend: Pinkeln Sie keinen von diesen Angestellten und (externen)

Dienstleistern ans Bein. Niemals. Auch wenn Sie noch so viel Recht haben und Sie denken, dass Ihre Angelegenheit nicht korrekt bearbeitet wird – aus welchen Gründen auch immer. Sie glauben gar nicht, wie Sie von nun an blockiert werden könnten, sodass Sie kein Geschäft mehr platzieren.
Mischen Sie sich auch nie in andere Angelegenheiten ein, lassen Sie sich nicht in Mobbinggeschehnisse hineinziehen, bleiben Sie immer neutral und halten Sie unbedingt höflich Distanz. Sie sind schließlich „nur" der Makler und haben mit den internen Befindlichkeiten dieser Firma bzw. Ihres Investors nichts zu tun, arbeiten Sie auch noch so eng mit den Sachbearbeitern zusammen.

Ich erinnere mich, dass ich bei meinem Invest Advisor und dessen extern beauftragten Ingenieurbüros, welche für die Prüfung eines Ankaufs eine „Gebäudezustandsbewertung nach Sichtprüfung" erstellten, ein fatales Intermezzo hatte. Für die Folgen spielt es keine Rolle „warum" oder „weshalb" – oder wer recht hat.
Fortan fielen die Bewertungen so schlecht aus, dass ich nichts mehr platzieren konnte. Reichte ich eine neu modernisierte Wohnanlage ein, so rechnete der Ingenieur im Gutachten, dass bei Auszug des Mieters weitere 20.000 € für die Renovierung nötig sind. Bei 40 Wohneinheiten gab man dann an, dass der Instandhaltungsrückstau bei 800.000 € läge. Die Sachbearbeiterin sieht am Ende der Bestandsaufnahme des Gutachtens diese Summe und sagt mir sofort das Objekt ab. Ob die „Gebäudezustandsbewertung nach Sichtprüfung" seine Richtigkeit hatte, hat keiner bei dem Invest Advisor überprüft. Aus anderen Gründen – welche ich hier nicht weiter ausführen möchte – hat es auch keinen aus der Geschäftsleitung interessiert.

Sie können sich in Ihrer Vertragsgestaltung bzgl. Ihres Maklervertrages gut vorbereiten und somit Streit vermeiden. Mobbingangriffen sind Sie wehrlos ausgeliefert, da können Sie im Maklerrecht noch so fit und fleißig sein. Wenn Sie innerhalb der Firma gemobbt werden, kann Ihnen das einen immensen Schaden zufügen – und Sie können nichts dagegen tun.

Halten Sie sich aus diesem Grund etwas zurück. Seien Sie nicht immer präsent, sondern lassen Sie Termine einmal von Ihrer Sekretärin terminieren, Unterlagen von Ihrem Mitarbeiter mailen – generell auch andere Kollegen mit dem Angestellten des Investors kommunizieren. Trotz meiner Verluste durch diese leidliche Angelegenheit hatte ich dennoch schlussendlich ganz guten Umsatz gemacht und somit kann ich mich mit einem kleinen lächelnden Auge an diese Zeit erinnern. Ich rede es mir zumindest ein.
Interessant ist es aus psychologischer Sicht allemal, dass alle Mitarbeiter mich sehr mochten – zumindest hatte ich dies so empfunden – und ich ein gutes und freundliches Auskommen mit ihnen hatte. Dennoch beteiligten sie sich an dem Mobbing. In dem Moment, als ich nach dem Telefonat den Hörer auflegte, wurde über mich hergezogen. Keiner hat sich getraut zu sagen, dass er mich und meine Arbeitsweise respektiert. Im Übrigen erfuhr ich erst Einzelheiten zu dem Mobbing von einem der Angestellten nach Beendigung des Immobilieneinkaufs und somit der Zusammenarbeit.
Mein guter Rat: Immer höflich den nötigen Abstand wahren.

6. Wann ist es an der Zeit, nach der Bonität des Käufers zu fragen?

Leider kommt es öfter vor, als einem lieb ist, dass der Käufer zwar willig ist, der Geldbeutel aber schwach.
In der Regel sollten immer 20 % – 30 % Eigenkapital zzgl. Kaufnebenkosten gerechnet werden und die Bonität wird von der finanzierenden Bank anhand der Steuerbescheide der letzten drei Jahre geprüft.
Es ist hilfreich, wenn der Makler vorher um die Bonität und das vorhandene Eigenkapital weiß, erspart man sich sehr viel Arbeit und Zeit, sollte nichts von allem vorhanden sein.
Die Bonität „abzuklopfen“, bedarf einer gefühlvollen Annäherung an den Kunden. Ich spreche hier hauptsächlich das Klientel „Privatkäufer“ an.

Ab welchem Zeitpunkt ist es nicht mehr aufdringlich, sich einen Bonitätsnachweis geben zu lassen? Wann ist es angebracht?

Hierzu ein erlebtes Beispiel:
Eine mir bekannte deutsche Zigeunerfamilie fragte bei mir nach Angebote zu Villen oder Landhäusern an, da man auf der Suche nach einem geeigneten Objekt mit vielen Zimmern sei, Stadtteil Frohnau (Berlin) bevorzugt, und der Kaufpreis sollte nicht höher als 650.000 € sein. Mir war die Familie als Mehrfamilienhausbesitzer bekannt und so kam mir die Anfrage recht alltäglich vor bzw. nicht außergewöhnlich. Außerdem besitzt einer der Brüder bereits eine große Villa in Lichterfelde und so dachte ich mir nichts dabei.
Als ich nach Einzelheiten fragte, erzählte mir der jüngste Bruder, dass er und seine Freundin einen netten, großzügigen, älteren Herrn kennengelernt haben. Dieser wolle nicht mehr alleine wohnen und würde eine Villa kaufen, in die die ganze Zigeunerfamilie mit einziehen würde. Wir haben uns alle zum Essen verabredet, um den Ankauf zu besprechen. Eine entsprechende Villa hatte ich schon im Sinn. Es wurde großspurig geplant und die Villa schon eingerichtet, die Zimmer verteilt. Die Töchter sollten auch Pferde bekommen, da sich in Frohnau ja eine Reitschule mit Reitgestüt befindet – unweit des Objektes der Begierde. Gewundert hat es mich dann doch, dass nicht der alte vermögende Herr die horrende Rechnung im Restaurant übernommen hat, sondern der jüngere Bruder der Familie. Ich verabredete mich sodann mit dem Verkäufer für einen Besichtigungstermin und mit dem alten Herrn. Es war Sommer und der Tag war heiß. Ich stand zusammen mit dem Verkäufer vor der Hauseingangstür, als ein Wagen am Objekt hielt. Der alte und nette Herr kletterte umständlich aus dem Auto, sich an seinen Stock klammernd und sabbernd. Gehalten wurde er von einer heißen Brasilianerin mit langem schwarzem Haar in einem Minirock. Die Stöckelschuhe waren so hoch, dass man hierfür leicht eine Helmpflicht einführen könnte.
„Schau mal, mein Schatz, was ist das doch für ein schönes Haus“, flötete sie. Der alte Herr nickte und tätschelte ihr am Hintern.

Ich weiß nicht, was der Verkäufer dachte – seine Gesichtszüge waren für mich nicht einschätzbar – ich weiß aber, was ICH dachte.
Nach einer kuriosen Besichtigung mit viel „Hinterntatschen“ und Küsschens ließ ich mir sofort unterschreiben, dass er, der alte Herr, für die Kosten des Kaufvertragsentwurfes beim Notar aufkommt, auch wenn kein Kauf zustande kommt.
Auch wollte ich nun unbedingt den Aktien-Depotauszug sehen, von welchem er immer schwärmte und mit dem er das Objekt zu bezahlen gedachte.
Ich vereinbarte mit dem Herrn also einen Termin, damit ich mir diese Depotauszüge der Bank ansehen konnte. Treffpunkt war ein Restaurant in Frohnau.
Er kramte in seiner Tasche – und legte mir eine Lotteriebenachrichtigung der Firma F. vor, mit großer und dicker Überschrift – direkt an ihn namentlich gerichtet: „Sehr geehrter Herr Wolfgang Kibitz, Sie haben 650.000 € gewonnen ...“, dann in ganz kleiner Schrift geschrieben: „… wenn Sie die richtige Losnummer haben. Sie können nun Lose kaufen ... bla, bla, bla.“
Wie meine Reaktion ausfiel, können Sie sich ja denken. Am Nebentisch saß ein altes Ehepaar und diese kamen nicht umhin, unsere Angelegenheit mitzuverfolgen. Das Ehepaar amüsierte sich köstlich und beide lachten ungeniert. Das war, wie Wasser auf die Mühlen gießen, und die Situation erinnerte mich an die Sendung „Verstehen Sie Spaß?“.
Ich erklärte ihm, dass dies doch nur eine Lottowerbung sei und rein gar nichts mit einem Depotauszug seiner Bank zu tun hat. „Wo ist denn Ihr Aktien-Depotauszug, von welchem Sie mir immer erzählten?“
„Meine Aktien?“, fragte er mit einem dümmlichen Gesichtsausdruck, „meine Aktien vererbe ich einmal meiner Tochter, da kommt keiner ran.“
Das Ehepaar am Nachbartisch lachte. Wenigstens sie hatten ihren Spaß. Zu guter Letzt musste ich auch noch sein Mittagessen bezahlen, da er kein Geld dabei hatte.

Als ich dem jüngeren Bruder gleich danach telefonisch die Bonität seines „Sugar Daddys“ so nicht bestätigen konnte, hörte ich regelrecht, wie seine Seifenblase platzte. Aus und vorbei, die Familie zieht nicht nach Frohnau und die Mädchen bekommen keine Pferde und kein eigenes Zimmer.
Im Nachhinein war es dem Bruder auch aufgefallen, dass nur er alle Rechnungen beim Ausgehen bezahlte, da der alte Herr immer wieder sagte, er habe seine Brieftasche zu Hause vergessen. Dafür hatte er aber immer großen Durst auf Champagner und das „Potätscheln“ kam nie zu kurz.

Spätestens, wenn der Kunde zum Notar will, sollten Sie sich über die Bonität des Kunden informiert haben. Dann ist es wirklich an der Zeit, sich eine Finanzierungsbestätigung der Bank zeigen zu lassen. Im Vorfeld können Sie ja auch schon diskret anfragen, ob er (der Kunde) eine finanzierende Bank hat oder ob Sie ihm eine Bank empfehlen sollen. Auch können Sie fragen, in welcher Höhe er sein Eigenkapital einsetzen will usw.
Meine Freundin beispielsweise hat erst vor ein paar Monaten ein kleines Hotel beurkundet und auf einen privat befreundeten „Berater“ gehört, welcher ihr die Finanzierung besorgen wollte. Nun konnte sie nicht den Kaufpreis belegen, weil sie nie eine Finanzierung für das Objekt hatte. Natürlich gab es auch keinen Darlehensvertrag, lediglich die Aussage Ihres „Beraters“, eine Finanzierungszusage läge vor. Eine „Zusage“ des Bankers ist aber nichts wert, wenn es keine Ausfertigung zum Darlehnsvertrag gibt.
Es ist sehr ärgerlich, dass sie sich auf ihren Bekannten verließ und mich nicht informierte. Hätte ich davon gewusst, hätte ich die Beurkundung verhindert und sie müsste nun nicht teuer rückabwickeln. Bei einem Ankaufsvolumen von 3 Mio. € schmerzt das den Geldbeutel enorm.

Egal wie klein oder großvolumig das Objekt ist. Es gilt immer dasselbe: erst die Finanzierung und dann die Beurkundung.

Nur eines sollte man dabei beachten: Bitte nie den Darlehensvertrag vor der Beurkundung unterschreiben, denn es kann vorkommen, dass es gar nicht erst zur Beurkundung kommt, weil vielleicht der Verkäufer abspringt oder man sich auf einmal nicht mehr einig wird. Mir ist es noch nie passiert, aber Kollegen und Verkäufer haben mir schon oft erzählt, dass während der Beurkundung der Deal geplatzt ist.
So viel Zeit muss also sein. Wenn die Finanzierung genehmigt ist und der Darlehensvertrag fertig ausgefüllt vorliegt, dann wartet der Vertrag auf die Unterschrift auch noch bis nach der Beurkundung.

Heute habe ich erst mit einem Kollegen aus einer bekannten und renommierten Berliner Immobilienfirma über das Thema Finanzierung gesprochen und wir holten eine Erinnerung aus einem Gemeinschaftsgeschäft wieder hoch, welche erst ein paar Monate hinter uns liegt. Wir hatten neun Käufer für ein Objekt, welche sich hierfür in einer GbR zusammenschließen wollten. Die Objektprüfung von Käuferin und Bank hatten wir hinter uns und die Finanzierung wurde beantragt. Alle Käufer verfügten über eine exzellente Bonität – lt. Auskunft der finanzierenden Bank. Allesamt waren angesehene Geschäftsleute aus derselben Stadt und der Bank wohl bekannt. Ja, es war sogar der Aufsichtsratsvorsitzende der finanzierenden Bank in der Käufergemeinschaft dabei.
Meine Kollegen und ich freuten uns schon auf einen erfolgreichen Abschluss.
Nix da – als das Thema Eigenkapital zur Sprache kam, stellte sich heraus, dass allesamt zwar angesehene Geschäftsleute waren, sie jedoch überhaupt kein Eigenkapital besaßen und sich auch noch wunderten, dass man „so etwas“ noch braucht!
Sie sehen, auch wenn man alles kennt und denkt zu wissen, passiert so ein Szenario dennoch.

7. Bitte keinen „Bauchladen“

Ich gehe davon aus, dass Sie mittlerweile „gut im Geschäft“ sind und verschiedene Objektangebote offerieren können. Nun kann es sein, dass man anfänglich den Fehler macht, zu viele Aufträge anzunehmen.

Mein Kollege ist ein Quereinsteiger und kommt ursprünglich aus dem Hotelbereich M & A (Mergers and Acquisitions) – ein völlig anderes Business als das konventionelle Makeln. Er erzählte mir, dass er sich fühle, als lebe er in einer Parallelwelt. Es dümpelt alles vor sich hin, der Schreibtisch ist voll mit Objektangeboten, er hat viel zu tun, aber er verkauft nichts. Auch ihm habe ich geraten, keinesfalls einen „Bauchladen“ zu haben. Sie sollten sich immer auf den Verkauf von Objekten konzentrieren, welche Ihrer Meinung nach gut veräußerbar sind, wie von mir bereits vorgetragen.

Da Sie (noch) alles alleine abarbeiten, haben Sie auch nur 10 Stunden am Tag zur Verfügung und Sie wissen, wie schnell der Tag um ist. 10 Stunden sind nicht viel, wenn Sie Besichtigungen vornehmen müssen, Exposees versenden, mit den Investoren telefonieren, an Meetings teilnehmen, Briefe schreiben müssen etc. Dann fahren Sie noch kreuz und quer durch die Stadt und haben noch nicht einmal Zeit, im Stehen eine Currywurst zu essen.

Ja, wenn Sie einmal expandieren, dann können Sie entsprechend delegieren – aber so weit ist es ja noch nicht.

Aus diesem Grunde rate ich Ihnen: Schauen Sie sich Ihr Portfolio genau an und dann selektieren Sie. Welches Objekt ist für den Käufer interessant? Nehmen Sie hier vielleicht vier Objekte und arbeiten Sie diese konsequent und gnadenlos ab. Alle anderen können nebenbei mitlaufen, Ihre Verkaufsbemühungen und Ihre Zeit müssen Sie hauptsächlich auf die besten Objekte richten.

Es nützt Ihnen nichts, wenn Sie 30 Objekte haben, sie diese aber nicht abarbeiten können, weil Ihnen einfach die Zeit dazu fehlt. Auch wenn Sie es noch so wollen, Sie können sich nicht zerteilen.

Meiner Meinung nach haben Sie nur drei Möglichkeiten:

Sie inserieren Ihre Objekte im Internet oder anderen Medien und verschicken nach Anfrage Ihre Exposees. Dann hoffe ich für Sie, dass Sie zumindest eine Innenfee haben. Überprüfen müssen Sie die Anfragen dennoch – außer Ihnen ist es egal, ob das Objekt am Markt breitgetreten wird und Sie Gefahr laufen, dass ein anderer Makler oder Käufer Ihnen das Objekt klaut. Es kommt hier darauf an, welche Grundeinstellung Sie zum Geschäft mittlerweile bekommen haben.
Die andere Variante ist, Sie geben die nicht so interessanten Objekte einem Kollegen zur vertraulichen Mitarbeit und brauchen sich somit nicht um die Akquise und den Schriftkram zu kümmern, sondern lediglich eine Besichtigung durchführen, sollte Ihr Kollege einen Interessenten bringen. Der Vorteil ist, dass Sie Arbeit abgeben, Sie jedoch nur die Hälfte verdienen. Ich finde, das macht auch nichts, anders würden Sie vielleicht gar nichts verdienen. Die Chancen für einen Abschluss haben sich zumindest verdoppelt. Dass Sie natürlich nur Gemeinschaftsgeschäfte mit zuverlässigen, ehrlichen und kompetenten Partnern tätigen, setze ich voraus.
Die dritte Variante wäre, dass Sie nur Verkaufsaufträge annehmen, welche Sie auch für zu 100 % veräußerbar halten. Ich habe beispielsweise die heißesten Objekte im Angebot, um welche ich mich aber nur stiefmütterlich wegen Zeitnot kümmern kann. Vom schönsten Schloss angefangen bis zum schönsten Hotel im reichen Baden Baden. Gute und interessante Objekte lassen sich leicht verkaufen, wie beispielsweise ein schönes Einfamilienhaus oder ein kleines Miethaus! Hier brauchen Sie auch keine Hilfe von anderen Kollegen in Mitarbeit. Bei Spezialimmobilien sollte man sich genauer ansehen, ob sich hier Ihr Zeitaufwand lohnt.
Denken Sie daran, dass Sie nicht nach Arbeitsstunden bezahlt werden, sondern nach Erfolg.
Wenn Lage, Bauzustand und Kaufpreis nicht zueinander passend sind, kann sich eine Immobilie zu einem Problem entwickeln. Warum dennoch Makler solche Immobilien zum Kauf anbieten, ist mir schleierhaft. Der einzige Grund hierfür könnte sein, dass ein Erstnachweis besteht – oder aber grenzenloser Optimismus. Sollte also in

einem Jahr der Verkäufer einen anderen Makler beauftragen und Daten und Preise ändern sich entsprechend, kann der Erstmakler immer Anspruch anmelden, da er den Erstnachweis erbrachte. Und schon sind wir beim nächsten Thema.

8. IHRE ABSICHERUNG BEIM VERTRAGLICH VEREINBARTEN RÜCKTRITTSRECHT IM KAUFVERTRAG SOWIE BEIM FERNABSATZVERTRAG

Ich möchte zum genannten Kapitel ein Thema ansprechen, was nun in meiner Erzählung sehr umfangreich werden wird. Es ist aber für Sie ein ganz wichtiger Posten, welchen Sie zukünftig unbedingt beachten sollten, wollen Sie nicht bei trickreichem Vorgehen des Käufers auf der Strecke bleiben.
Das Leben schreibt die besten Geschichten, sagt man – und das stimmt. Was sich Menschen im Geschäftsleben einfallen lassen und entsprechend Fantasie entwickeln, um Geld zu sparen und um (noch) mehr Geld zu raffen, ist sensationell.

In meinem Falle war es ein Multimillionär und seine Gier war unersättlich. Ich lege Ihnen nachfolgende Geschichte wirklich ans Herz und Sie können die Zusätze in Ihren AGBs mit einbauen, welche Sie vor Provisionseinbußen schützen werden – sollten Sie ebenfalls mal mit einem solchen Menschen ins Geschäft kommen.
Obwohl sich der Käufer einen sehr guten Plan einfallen ließ, das Objekt seiner Begierde noch viel günstiger zu erwerben und noch zusätzlich mich als Maklerin einzusparen, war er schlussendlich dennoch der Verlierer, denn wir – Verkäuferin, Gläubiger-Ehepaar und ich – hatten anscheinend himmlischen Beistand, sodass diese Geschichte ein wundervolles Happy End für uns hatte. Theoretisch hätte sein Plan klappen können, war er kaufmännisch und juristisch sehr gut auf sein Ziel vorbereitet.
Denken Sie also immer an meine Geschichte, wenn Ihnen ein Unternehmer eine Provisionsbestätigung über seine Privatadresse gibt und

er im Kaufvertrag unbedingt ein Rücktrittsrecht eingetragen haben möchte.

Ich inserierte ein Wohn- und Geschäftshaus und bekam sofort eine telefonische Interessensbekundung, ich mailte ein ausführliches Exposé, vom Vorstand der Gesellschaft wurde ein Besichtigungstermin schriftlich und telefonisch abverlangt. Es wurde gleich am nächsten Morgen besichtigt und schon teilte man mir mit, dass „sofort" gekauft werden möchte.
Da der Gläubiger im ersten Rang einen Zwangsversteigerungsvermerk im Grundbuch hatte eintragen lassen und befreundete Gläubiger dringend nun Ihr Geld brauchten, übten beide Parteien also Druck auf mich aus: die Verkäuferin und die Gläubiger.
Ich bekam sodann von diesem Unternehmer eine Provisionsbestätigung. Dieser Unternehmer war sozusagen der Vorzeigebürger in dieser Stadt und mit viel Ruhm und Ehre bekleckert. So habe ich mir in keinster Weise etwas dabei gedacht, als ich von ihm – mit seiner Privatadresse – die Provisionsbestätigung vorab per E-Mail bekam und im Nachhinein auf dem Postweg im Original.
Das Übliche erfolgte. Ich bereitete die Unterlagen für den beurkundeten Notar vor, lieferte alle relevanten Objektunterlagen der Käuferin, wir bekamen einen Kaufvertragsentwurf und schon ein paar Tage später saßen wir beim Notar des Käufers und verbrieften. Verkäuferin und Gläubiger waren sehr zufrieden.
Na, da hatten wir aber die Rechnung ohne den Wirt gemacht, d. h. dem Unternehmer, denn sein Plan hatte im ersten Anlauf schon geklappt, hat er mir über seine Privatadresse die Provision bestätigt und wurden wir auch nicht misstrauisch, dass er ein Rücktrittsrecht im Kaufvertrag haben wollte. Seine Erklärung hierfür war, dass er nur lastenfrei kauft und wir haben sieben Gläubiger im Grundbuch zzgl. den ZV-Vermerk. Einer der Gläubiger war eine ausländische Limited, aber auch hier wussten wir, dass die Abwicklung zügig verlaufen würde. Die Gläubiger waren mit der höchsten Summe im Grundbuch eingetragen. Für eine anstehende Zwangsversteigerung war noch nichts Relevantes passiert. Es gab noch kein Gutachten über das Ob-

jekt und dann folglich noch keinen ZV-Termin. Wir hatten also genügend Zeit für die Abwicklung – dachten wir!
Der Notar forderte die Löschungsbewilligungen von den Gläubigern ab. Da eine andere Limited vorher gekauft hatte, nie aber den Kaufpreis belegte, war diese noch in der Auflassungsvormerkung zu löschen.

Da das gesamte Procedere zu dem Thema bzw. Kapitel wichtig ist, fasse ich es kurz zusammen:

- Limited wird angeschrieben zur Abgabe der Löschungsbewilligung in der Auflassungsvormerkung.
- Registerauskunft des Gläubigers der ausländischen Limited und den Vertretungsnachweis der Direktoren (Gläubiger) – übersetzt und beglaubigt nebst Vorlegung der Apostille – wurden abverlangt.
- Löschungsbewilligungen allen Gläubigern zur Unterschrift zugeschickt vom Notar.
- Gläubigerbank im ersten Rang hat Löschungsbewilligung unterschrieben und Treuhandauftrag an den Notar vergeben. Antrag auf Aufhebung der ZV wurde gegeben. Der Notar darf aber über alles nur verfügen, wenn die Summe xy auf deren Konto eingeht.
- Alle anderen Gläubiger gaben die Löschungsbewilligung zur Freigabe der Grundpfandrechte und einen Treuhandauftrag zzgl. der Angabe, der ZV nicht beizutreten, an den Notar.
- Apostille der ausländischen Limited liegt vor – amtlich übersetzt und notariell beglaubigt

Innerhalb von 4 Wochen lagen alle Löschungsbewilligungen vor (beurkundet wurde Anfang Februar 2009).
Verkäuferin, Gläubiger und ich frohlockten und freuten uns, dass die Abwicklung so reibungslos verlief. Natürlich gaben die Gläubiger sofort die Löschungsbewilligung, will doch jeder endlich sein Geld zzgl.

Zinsen haben. Nichts anderes hätten wir erwartet. Aber es kam anders, ganz anders – als wir dachten.
Der Rechtspfleger vom Grundbuchamt verlangte für jede Löschung und für jeden Eintrag einen Kostenvorschuss. Die Überweisung geht dann bei der Justizkasse ein, dem Rechtspfleger wird im Grundbuchamt Bescheid gegeben, dass bezahlt wurde. Er holte erst wieder unsere Akte aus seinem Stapel hervor, als er mit der Abarbeitung der obenliegenden Akten fertig war. Es vergingen in der Regel ca. sieben bis acht Wochen für eine Zwischenverfügung und eine Löschung. Auch die Verbindlichkeiten von der vorherigen Käuferin (Limited) mussten an die Justizkasse von der Verkäuferin bezahlt werden, wurde von diesem Käufer keine Gebühr seinerseits für die Eintragung der Vormerkung gezahlt.

<u>Erste Probleme:</u>

- Zwischenverfügung des Amtsgerichts Nürnberg hinsichtlich der Bezahlung des Kostenvorschusses i.S. Eintragung Löschungsvormerkung für Hauptgläubiger für die Grundschuld zu xxx €
- Für ALLE Eintragungen der Löschungsvormerkung musste ein Vorschuss von der Verkäuferin an die Justizkasse gezahlt werden, weil eine ZV eingetragen war.
- Zwischenverfügungen für die Löschungsvormerkungen erfolgten für alle Gläubiger, nebst der Löschung der vorherigen Limited in der Auflassungsvormerkung im Schnitt alle 7 bis 8 Wochen.
- Im Sommer erfolgte eine lange Pause und es passierte gar nichts mehr.
- Anrufen beim Grundbuchamt: Lange Belehrung über das Grundbuchrecht, er, der Rechtspfleger, sagt jedoch nur dem Notar, woran es hakt. Dieser sagte mir aber auch nichts. Es ging nicht weiter. Ich drohte mit Unterlassung.
- Erst dann erfuhren wir, dass Gebühren von der Erstkäuferin für Eintragung in die AV, auch die Gebühren für Mahnungen etc. nicht bezahlt wurden und diese Kosten nun von der

Verkäuferin auch noch bezahlt werden mussten – vorher geht es nicht weiter.

- Bis alles bezahlt war, vergingen mindestens 10 Wochen, da erst eine Überweisung zur Justizkasse folgte und diese gaben den Eingang dann ans Grundbuchamt – und die Akte lag wieder ganz unten, Weiterbearbeitung erst nach Wochen.
- AUGUST: 7 Monate nach Beurkundung war eine letzte Löschungsbewilligung eines Gläubigers immer noch nicht vom Rechtspfleger im Grundbuchamt bearbeitet worden. Verkäuferin und ich bekamen keine Auskunft, warum.

Der Unternehmer muss sich täglich die Hände gerieben haben, ginge sein Plan langsam auf und näherte er sich der Ziellinie.

- Der Treuhandauftrag wurde Mitte August von der Gläubigerin im ersten Rang wegen Nichterfüllung für ungültig erklärt. Die Fortsetzung des derzeit eingestellten Zwangsversteigerungsverfahren wurde gemäß § 31 ZVG beim zuständigen Gericht beantragt.
- Ende August drohte ich dem Notar mit einer Dienstaufsichtsbeschwerde gegen den Rechtspfleger. Durch die Nichtbearbeitung entstand der Verkäuferin ein erheblicher finanzieller Schaden.
- Der Notar versprach eine Woche später, er hake beim Rechtspfleger nach.

Ich flippte aus und hüpfte um meinen Schreibtisch wie einst Rumpelstilzchen. Ich dachte, ich bin in einem Irrenhaus gelandet, anders kann es gar nicht sein.
Das Gläubiger-Ehepaar rief mich jeden Tag an, auch spät in der Nacht und ich musste trösten und die Angelegenheit holten wir immer und immer wieder hoch. Wir schimpften auf den Rechtspfleger, den Notar – und bekamen komische Gedanken.

Sie ließen nichts unversucht und besuchten den Rechtspfleger im Grundbuchamt und bettelten, dass er doch zügiger abarbeiten soll – aber keine Chance. Er verwies die Eheleute des Raumes und meinte, er arbeitet alles ordentlich, von oben nach unten, in genau dieser Reihenfolge ab. Sein Schreibtisch war leer, es waren keine Akten zu sehen. Welchen Stapel arbeitet er ab?
Auch ich habe zweimal versucht, mit dem Rechtspfleger zu reden und musste mir dann mit jedem Telefonat eine 45-minütige Belehrung über das Grundbuchrecht anhören.
Ich dachte wirklich, ich habe es nur mit Wahnsinnigen zu tun. Wir waren völlig hilflos und mussten uns dem Amtsschimmel beugen.
Anmerkung: Direkt nach dieser Abwicklung war der Rechtspfleger im Grundbuchamt nicht mehr tätig. Wohin er versetzt wurde, weiß ich nicht – das Grundbuchamt gab hierüber keine Auskunft.

Durch meine Dienstaufsichtsbeschwerden-Drohung erfolgte dann ein Telefonanruf des Vorstandes des Käufers.

- Der Vorstand teilte mir mit, dass der Notar heute ein langes Gespräch mit dem Rechtspfleger hatte. Wiederholt erzählte er ausführlich, dass er von unbefugten Telefonaten Abstand nimmt und er „eines nach dem anderen“ abarbeite.
- **Der Rechtspfleger teilte dem Notar „etwas“ mit, was dieser nicht weitergeben dürfe und für sich behalten solle!** Inhaltlich ist gemeint, es soll „etwas im Argen“ liegen und „heiß“ sein. Ich solle dies auch für mich behalten. Der Notar versuche, die Abwicklung dennoch hinzubiegen.
- Ich solle ruhig bleiben und nicht eine Beschwerde gegen den Rechtspfleger anstreben, da dies nur noch komplizierter wird und dieser sich dann stur stelle, was die Sache nur noch mehr verzögert.
- Der Notar wolle nun am Freitag uns mitteilen, was der Rechtspfleger noch benötigt!

Zu diesem Zeitpunkt kam mir langsam in den Sinn, dass wir in dieser Stadt richtig verscheißert werden, denn NORMAL ist anders. Ich war

mir sicher, dass der Notar, der Rechtspfleger und der Käufer abends am Stammtisch saßen und sich krummlachten, denn langsam kam der Käufer dem Ziel immer näher.
Was dann passierte, war nicht mehr lustig. Meine Nerven lagen blank, die Verkäuferin flippte aus, das Gläubiger-Ehepaar hatte keine ruhige Nacht mehr, hing von der Kaufpreisbelegung Ihre Existenz ab. Sie waren darauf angewiesen, Ihre Forderungen zurückzubekommen, andernfalls könnten sie im hohen Alter zum Sozialfall werden. Wir hatten natürlich panische Angst vor dem Zwangsversteigerungstermin, hatte der Gutachter schon zwei Besichtigungstermine hinter sich, um das Gutachten zu erstellen. Hat das Amtsgericht erst einmal das Gutachten, so ist in einer Kleinstadt zeitnah ein Termin zur Versteigerung terminiert. Vielleicht wird es dann für viel weniger versteigert, als der derzeitige Kaufpreis verbrieft wurde – und was dann? Dann gibt es aufseiten der Verkäuferin und der Gläubiger eine Katastrophe.

Natürlich hatte ich im Übrigen auch schon in der Zwischenzeit eine Rechnung geschrieben und meine Provision von dem Unternehmer abgefordert. Mündlich hat mich dieser dann immer vertröstet, konnte er mich auch auf der anderen Seite gut ablenken, verkaufte ich ihm zeitgleich, d. h. seiner Holding, ein großes Gewerbeobjekt in Berlin. Der Deal verlief in vier Wochen sehr zügig, war die Immobilie sensationell günstig und die Abwicklung unkompliziert. Meine Provision bekam ich ordentlich 14 Tage nach Beurkundung von ihm.
Also ließ ich mich in der anderen Sache vertrösten, dachte mir auch nichts dabei, war ich viel zu beschäftigt, den Anforderungen des Rechtspflegers gerecht zu werden. Ich muss hier erwähnen, dass ich die Verkäuferin als Maklerin voll vertreten habe und in diesem Prozess zu 100 % eingebunden war.

Wenn mir mal jemand erzählen will, der Makler verdient sein Geld leicht, indem er nur ein Exposé verschickt, dem haue ich meine prall gefüllten drei Aktenordner um die Ohren. Von den ca. 60 von mir geschriebenen Briefen per E-Mail ganz abgesehen – einzig allein für diese Abwicklung.

Nun kam das Finale:

- Am 30.08.2009 erfolgte die nochmalige Aufforderung – vom Notar mündlich mitgeteilt, aber nicht vom Grundbuchamt – an die ausländische Limited, die Apostille NOCHMALS notariell im Ausland beglaubigen und übersetzen zu lassen, nebst Nachweisung der Vertretungsbefugnis, notariell beglaubigt.
  Bedenke: die Apostille wurde 4 Wochen nach Beurkundung an den Notar beglaubigt und übersetzt gereicht, nun wollte das Grundbuchamt eine neuerliche (es fehle und solle nachgereicht werden: aktuelle Vertretungsbescheinigung der Direktoren, amtlich übersetzt und beglaubigt zzgl. „überbeglaubigt").
- Dies erfolgte nur durch mündliche Aussage der Käuferin.
- Dann erfolgte schriftlich – endlich offiziell vom Notar – die Aufforderung, wie oben beschrieben, abverlangt vom Rechtspfleger.

Mitte **September** kam dann die Aufforderung vom Grundbuchamt betreffend den bekannten Vorschusszahlungen:

Löschung der Buchgrundschuld der ausländischen Ltd., eine Zwischenverfügung wurde angeordnet zur Zahlung eines Kostenvorschusses. „Es ist die Vorlage einer aktuellen Vertretungsbescheinigung der Ltd. inkl. Apostille und deutscher Übersetzung erforderlich. Es muss nachgewiesen werden, dass Herr … aktuell noch berechtigt ist, für die Ltd. die beantragte Löschung zu bewilligen."

- Es wurde uns hierfür 14 Tage Zeit gelassen, ansonsten hätte der Rechtspfleger den Antrag zurückweisen – und dann wäre alles wieder von vorne losgegangen.

Zur Erinnerung: Die angeforderten Unterlagen wurden bereits 4 Wochen nach Beurkundung ordentlich dem Notar vorgelegt!

- Kosten für alles trägt natürlich die Verkäuferin.
- Erst 8 Tage nach Frist wurde alles Relevante dem Grundbuchamt gereicht.
- Fristverlängerung wurde dann endlich vom Notar beantragt

Es war mittlerweile Oktober und die anderen Gläubiger verlangten die zu treuen Händen dem Notar gegebenen Löschungsbewilligungen zurück!
Es kam regelrecht Panik auf bei der Verkäuferseite und mir. Ich kam mir vor, als ob ich Seite an Seite mit Verkäuferin und dem Gläubiger-Ehepaar in einem Dschungelkrieg kämpfe, welche Regeln und Gefahren wir nicht kannten.

Es ging gnadenlos weiter:
- Mittlerweile hatten drei Begehungen vom Sachverständigen des Amtsgerichtes im Objekt stattgefunden, zum Zwecke der Erstellung des Gutachtens für die Zwangsversteigerung. Damit wir Zeit gewannen, wurde dreimal von der Verkäuferseite Einspruch gegen die Gutachten eingelegt. Das war richtig teuer, wurde hierfür ein Anwalt beauftragt.
- Anfang November: Die Unterlagen der Ltd. lagen im Grundbuchamt angeblich nicht vor. Der Rechtspfleger gab keine Auskunft und war nicht zu erreichen. Diese Löschung war die letzte Aktion, dann wäre endlich Kaufpreisbelegung.
- Grundschuld der Käuferin wurde in das Grundbuch eingetragen!
- Zwangsversteigerungstermin wurde im April 2010 angeordnet.
- 2. Woche im November: Wir brauchten eine neue Löschungsbewilligungen von den Gläubigern und die Treuhandaufträge.
- 3. Woche: Treuhandaufträge wurden dem Notar zugestellt, sie wurden jedoch nicht bearbeitet.
- 2. Dezemberwoche: Alle neuen Treuhandaufträge lagen nun vor.
- **Ende Januar 2010: Kaufpreisbelegung soll erfolgen – aber:**

- Der Notar hat ein Gutachten beauftragt vom DNI (Deutsches Notar Institut), weil es einen Überhang gab und er nicht wusste, an wen er diesen auskehren soll. Der Notar wollte sich rechtlich absichern. Das Gutachten wurde Anfang nächster Woche erwartet.
- 1. Februarwoche 2010: Es soll einen Nachtragsentwurf in der Urkunde geben (die Gläubiger nehmen den ZV-Antrag nicht zurück, erst nach Zahlungseingang). Der Gläubiger hat dies schon im Treuhandauftrag festgelegt. Wir konnten gegen diesen Irrsinn nichts tun.
- Am 21.2.2010 sollte die Kaufpreisbelegung erfolgen.
- Es fehlte noch der Termin zu diesem Nachtragsentwurf. Hierzu mussten noch einmal Käufer und Verkäufer zum Notar zum Beurkunden.
- 2. Februarwoche: Dem Notar fiel ein, von einem Gläubiger – welcher auch schon längst einen Treuhandauftrag gab – die Bestätigung abzuverlangen, dass dieser nicht der ZV beitritt (?!). Dieser Gläubiger war angeblich nicht auffindbar und das Notarbüro beauftragte **mich** mit dieser Aufgabe, (kleine Grundbuchschuld von „nur" 12.000 €). Ich habe ihn gefunden: Gläubiger war im Krankenhaus wegen Herzinfarkt, ich konnte dies über seine Schwester ermitteln.
- 15.2.2010: Nachdem ich den Gläubiger ermittelte, konnte ich das Bestätigungsschreiben zum Nichtbeitritt der ZV der Schwester zur Unterschrift mailen. Schwester teilte mir mit, dass nach diesem Herzinfarkt derzeitig der Bruder nicht ansprechbar sei.
- Zeitdruck: Kaufpreisbelegung am 21.2.2010.
- Einen Termin zur Beurkundung des sinnfreien Nachtragsentwurfes bekamen wir nicht.
- Endlich: Der Nachbeurkundungstermin wurde am 17.2. (!) angesetzt.
- **Am Donnerstag, den 16.2., erhielt ich die Mail, dass die Käuferin vom Kaufvertrag zurücktritt. (Nicht vergessen, am Montag sollte Kaufpreisbelegung sein. Der Gläubiger**

befand sich mit einem Herzinfarkt im Krankenhaus. Wie kann er da dem Zwangsversteigerungsverfahren beitreten, hätte er am Freitag auch keinen Antrag stellen können. Warum auch, wenn es doch am Montag Geld geben soll (Kaufpreisbelegung). Ein absoluter Irrsinn.

Das Rücktrittsrecht der Käuferin wurde ausgeübt mit folgender Begründung:

„Sehr geehrte Frau Ostermeier, sehr geehrter Herr ... (Notar),

mit Bedauern teile ich Ihnen im Namen von ... (Käuferin) mit, dass sie unter den gegenwärtigen Voraussetzungen keine Möglichkeit sieht, die vorgesehene Nachtragsurkunde zu unterzeichnen. Nicht zuletzt die bis zum heutigen Tage nicht vorliegende Verpflichtungserklärung (nicht dem Zwangsversteigerungsverfahren beizutreten. Anmerkung der Autorin) des Herrn ... (Gläubiger) lässt eine ordnungsgemäße Abwicklung des Kaufvertrages fraglich erscheinen."

Versteigerungstermin war 6 Wochen später!

Wir waren fassungslos. Mein Onkel hatte recht, hatte er mir immer gesagt, dass dieser Unternehmer plane, das Objekt nicht zu kaufen, die Transaktion so lange hinauszuzögern, um bei der Versteigerung als Bieter anwesend zu sein.

Er ist 6 Wochen vor dem Versteigerungstermin zurückgetreten. Er war in der Vormerkung eingetragen sowie die Grundschuld der finanzierenden Bank.

Ich konnte nun nicht mehr freihändig verkaufen, blockierte er das Grundbuch. Außerdem hätte ich zeitlich nie beides aus dem Grundbuch löschen können bis zur Versteigerung. Natürlich ließ ich nichts aus und fragte nach, ob er mir die Löschungsbewilligungen für beide Einträge gibt.

Natürlich gab er sie mir nicht, auch wollte er Geld für seinen Notar und dessen Beurkundung (Sie wissen ja, normalerweise hat der Käufer für die Beurkundung zu zahlen).

(Zum Verständnis: Ich rede deswegen immer in der „Ich-Form", da ich die Verkäuferin in Vollmacht vertreten habe.)
Wie konnte ich denn nun in 6 Wochen einen bonitätsstarken Käufer finden? Das Kunststück war, einen Kaufinteressenten den Prozess der Objektprüfung durchlaufen zu lassen und dieser musste sich erst einmal um eine Finanzierung bemühen. Selbst wenn der Käufer eine Hausbank hat, dauert eine Finanzierungsanfrage und Bearbeitung für solch ein Objekt in der Regel acht Wochen. Die nächste Hürde wäre zu nehmen, den Käufer zu überzeugen, dass er den Verkehrswert zu zahlen hat und nicht niedriger bieten darf. Völlig unrealistisch.
Aber noch schwieriger war es, in dieser kurzen Zeit überhaupt einen Käufer zu finden, war es ein schwieriges Objekt mit hohem Gewerbeanteil – auch wenn in einer 1A-Lage. Hierfür braucht ein Käufer immer viel Eigenkapital und es ist viel schwerer zu finanzieren, als reines Wohnen.
Das Geheule der Gläubiger hatte sich erheblich gesteigert, ich telefonierte mittlerweile wirklich jeden Tag zu diesem Thema und nur meine guten Gene hinderten meine Haare daran, grau zu werden. Ich gab nicht auf. Mir fiel ein Kaufinteressent aus der Vergangenheit ein. Es war ein älteres Ehepaar, und nachdem ich ehemals von dem städtischen, anerkannten, prominenten und honorierten Unternehmer ein Kaufangebot bekam, vergaß ich schnell diese ebenfalls interessierten Eheleute.
Ich rief die betagten Herrschaften an. Der Senior teilte mir mit, dass er sofort kaufen kann – ohne Bank – wenn ich das Grundbuch (Eintragung in der Auflassungsvormerkung) freibekomme. Natürlich konnte ich nicht zaubern und so waren wir gezwungen, den ZV-Termin abzuwarten. Ich regelte in der Zwischenzeit alles Relevante zum Technischen und Kaufmännischen bezüglich des Objektes und der Tag X kam immer näher.
Umso näher er kam, um so mehr wurde bei mir gejammert und mein Druck war extrem hoch. Nun versuchte auch noch die Gläubigerbank, ein paar Interessenten zu finden und wir wurden noch nervöser.

Der Tag des ZV-Termin war da und ich flog extra in diese Kleinstadt, um dem Termin beizuwohnen und meine Klienten – Käufer und Verkäufer – zu begleiten.
Schon vor dem Gericht traf ich auf den Unternehmer. Er war sehr erstaunt, mich zu sehen.
„Hallo Frau Ostermeier-Schwaneberg, Sie sind heute ja auch da?"
„Na klar, ich lasse mir doch das Finale nicht entgehen! Schauen wir mal, wie es ausgehen wird, nicht wahr? Aber: Wir sehen das alles doch sportlich, oder?", meinte ich augenzwinkernd zu ihm. „Aber eines habe ich von Ihnen gelernt: Das Fernmeldeabsatzgesetz kannte ich bisher nicht, das ist neu für mich."
„Ja, dass Sie das nicht wissen, ist nicht verwunderlich, aber Ihr Anwalt hätte davon wissen müssen", meinte er und wir gingen zusammen die Treppen hinauf zum Gerichtsaal. Ich war in Kampfform und ließ mir meine Gefühle nicht anmerken. All diese Schmach in den letzten 14 Monaten, der Stress, die Sorgen, die schlaflosen Nächte. Ich war cool. Als ich die ganze Familie des Unternehmers am Gang vor dem Richterzimmer sah, grüßte ich lachend, als ob nichts wäre, ließ ich mir auch kein Erstaunen anmerken. Eigentlich war ich auch nicht überrascht, wie gesagt, prophezeite mir mein Onkel bereits dieses Szenario. Die Unternehmerfamilie saß in der ersten Reihe, ich saß mit meiner Seniorenfamilie (Käufer) seitlich rechts vor dem Richtertisch. Somit sah ich links von mir den gesamten Gerichtssaal – nebst der ersten Reihe. Ich war fürchterlich nervös, der Saal war voll und ich wusste nicht, wer alles mitbieten würde.
Die Bieter kamen nun nach und nach zur Richterin ans Pult und legten den Scheck vor und den Ausweis. Ich hörte, wie die Richterin zu meinem Klienten sagte, dass der Handelsregisterauszug für seine Firma, welche kauft, notariell beglaubigt sein muss – was er nicht war. Ich glaubte, mich verhört zu haben, ging ich mit ihm vor der Versteigerung alle relevanten Unterlagen durch. Mir wurde schlecht. Um den Ganzen noch die Krone aufzusetzen, konnte mein Klient auch seinen Ausweis nicht finden. Er kramte alle Taschen durch, wieder und wieder, aber er fand seinen Ausweis nicht. Konnte er auch nicht, weil dieser Schussel ihn zu Hause vergessen hatte.

Ich konnte es nicht glauben. Ich fühlte mich wie in einer schlechten Komödie. Ich schwitzte enorm und versuchte dennoch, cool zu bleiben, es durfte keiner im Saal diesen Vorfall mitbekommen.
Alle unsere Schutzengel standen jedoch bereit und sind eingeschritten. Ich glaube, selbst dem Himmel war das Drama nun zu viel. Mein Klient schickte seinen Sohn nach Hause, um den Ausweis zu holen. Kaufen würde er über sich privat, somit brauchte er auch nicht den beglaubigten HR-Auszug. Bezahlen konnte er das Objekt auch, war auch er ein Millionär – wie mein Unternehmer – und brauchte keine Liquiditätsengpässe befürchten.
Wie viel Glück muss der Mensch haben, nochmals einen Millionär zu finden? Hab ich Glück oder habe ich Glück? Mir fiel ein Stein vom Herzen, trotzdem schwitzte ich immer noch und mein Magen wollte sich nicht beruhigen.
Nachdem die erste Hürde genommen war, fing das Bieterverfahren an. Es war kaum zu glauben, aber der Unternehmer bot nun als Erstes die Hälfte der Summe, welche er beurkundet hatte. So ein Mistkerl. Es war ansonsten nur noch ein weiterer Bieter anwesend. So vergingen ca. 2,5 Stunden, in denen sich die Beteiligten in kleinen Summen überboten – mit langen Pausen dazwischen. Wir kamen dann zu einem Betrag, bei dem der Unternehmer ausstieg, 100.000 € weniger, als er beurkundete.
Es ist schon verrückt. Dieser Unternehmer ist steinreich und veranstaltet so eine aufwendige Show – nur um 100.000 € zu sparen zzgl. Maklerhonorar?
Der fremde Bieter war jedoch nicht abzuschütteln und bot immer mehr. War ich schon sehr froh, dass die größte Gefahr ausgestiegen war, war ich immer noch sehr angespannt, da ich auch nicht wusste, wo das Limit meines Klienten war. Wie weit würde er mitgehen?
Stur und beharrlich bot mein Klient immer weiter und immer weiter – im Gefecht mit dem Zweitbieter, als schlussendlich dieser Bieter nicht mehr wollte, war der Betrag mittlerweile über den Verkehrswert und somit überstieg die Summe den vorherigen Kaufvertrag mit dem Unternehmersohn um ganze 120.000 €. Der Zuschlag ging an meinen Klienten.

Sie können sich gar nicht vorstellen, wie die Endorphine sich in meinem Körper entluden. All die Mühen waren nicht umsonst. Ich hatte gewonnen, die Unternehmerfamilie verließ mit gesenktem Kopf in Schildkrötenformation schnell den Gerichtssaal und wir konnten uns umarmen und beglückwünschen. Nicht nur, dass das Schicksal auf unserer Seite war und es nicht zuließ, dass der Unternehmer uns so vorführte, hatte die Verkäuferin noch 120.000 € mehr als bei dem vorigen Verkauf und ich hatte mir meine Courtage verdient.
Natürlich wurde ich von dem alten Ehepaar großzügig honoriert, so wie vereinbart.

Nun komme ich endlich zu dem Punkt, welcher für Sie als Makler von großer Bedeutung ist. Ich musste hier etwas ausführlicher schreiben, damit inhaltlich alles zu verstehen ist:
Ich versuchte natürlich nun, meine Fee bei dem Unternehmer zu fordern, indem ich eine Mahnung schrieb, hatte ich ja bereits am Anfang des Prozesses eine Rechnung geschrieben. Ich ließ mir von meinem Anwalt die Ansprüche prüfen und vereinbarte hierfür eine Pauschale von 250 €.
Ich lasse dieses Anwaltsthema kurz mit einfließen, denn zeigt es wieder, wie vorsichtig Sie mit Anwälten umgehen müssen – welche Sie nicht gut kennen.
Der Anwalt meinte, dass meine Ansprüche in jedem Falle gültig sind, auch wenn im Kaufvertrag ein Rücktrittsrecht vereinbart wurde.
Um der Angelegenheit eine Ernsthaftigkeit zu verleihen, verblieben wir so, dass er als mein Anwalt meine Mahnung zur vorangegangenen Rechnung aus der Vergangenheit zustellt.
Als Antwortschreiben kam vom Anwalt des Unternehmers Folgendes zu meinem Maklervertrag:

„ ... aufgrund der überaus belasteten Grundbuchsituation, welche Ihrer Mandantschaft wohl bekannt war, und der damit im Zusammenhang stehenden Unsicherheit eines möglichen lastenfreien Erwerbs, dessen beabsichtigter Erfolg jedoch außerhalb der Macht unsere Mandantschaft stand, wurde im Grundstückskaufver-

trag unter Ziff. 19 zudem ein zusätzliches vertragliches Rücktrittsrecht aufgenommen.
Dem Zweck und Inhalt dieser Rücktrittsklausel, im Zusammenhang mit dem angesprochenen Beweggrund für deren Aufnahme, lässt sich eindeutig entnehmen, daß der Grundstückskaufvertrag im Sinne einer anfänglichen Unvollkommenheit in der Schwebe bleiben soll, so daß das vereinbarte Rücktrittsrecht einer aufschiebenden Bedingung nach § 652 Abs. 1S. 2 BGB gleichsteht.
Demnach entstand eine mögliche Provisionspflicht unseres Mandanten auch nicht, solange das Rücktrittsrecht bestand, und wurde schließlich durch den wirksam erklärten Rücktritt gänzlich hinfällig.
Unabhängig vom Vorgesagten weisen wir ergänzend darauf hin, daß der streitgegenständliche Maklervertrag zwischen den Parteien lediglich via Fernkommunikationsmittel nach § 312 b BGB abgeschlossen wurde.
Dementsprechend steht unserem Mandanten als Verbraucher gemäß § 312 BGB auch ein Widerrufsrecht nach § 355 BGB zu. Von diesem Widerrufsrecht machen wir im Namen unseres Mandanten vorsorglich Gebrauch und widerrufen hiermit die auf den Abschluss des Maklervertrages abgegebene Willenserklärung unseres Mandanten.
Mangels Zugang einer ordnungsgemäßen Widerrufsbelehrung in Textform erfolgt der Widerruf auch fristgemäß (§ 355 Abs. 4 BGB).
Abschließend machen wir darauf aufmerksam, daß Ihrer Mandantschaft mangels entsprechenden Hinweises vor Vertragsschluss (vgl. § 312 d Abs. 6 BGB) auch kein Anspruch auf Wertersatz zusteht.“

Mit diesem Textinhalt konnte ich gar nichts anfangen, insbesondere nicht mit dem Teil der erklärten Widerrufsbelehrung. Ich fragte meinen Anwalt, was das zu bedeuten hat, und er meinte genervt, er liest sich den Brief in Ruhe durch und meldet sich dann.
Na ja, „dieses Lesen“ hat mich wieder 1.000 € gekostet, obwohl ich darüber von ihm nicht informiert wurde und dies nicht vereinbart war. Die Rechnung bekam ich dann im Anschluss seines folgenden Schreibens an mich, bezugnehmend auf das gegnerische Anwaltsschreiben. Im Prinzip hat mein Anwalt eine Pauschalgebühr genommen, um meine Ansprüche zu prüfen, konnte er anscheinend aber nicht, da er wohl keine Kenntnisse bzgl. des Maklerrechts hat, und

schrieb mir dann nachfolgende Mitteilung, mit welcher ich zum nächsten und von mir schon längst angekündigten Kapitel komme.

9. Tricks und Fallen beim Rücktrittsrecht und der Widerrufsbelehrung durch den Fernabsatzvertrag

„Sehr geehrte Frau Ostermeier-Schwaneberg,
in vorbezeichneter Angelegenheit kommen wir zurück auf die gewünschte Prüfung der Erfolgsaussichten einer Klage gegen Herrn ... (Unternehmer) wegen Ihres offenen Maklerhonoraranspruchs. Leider müssen wir Ihnen hierzu mitteilen, daß wir nach Sichtung der Unterlagen der Auffassung sind, daß ein Klageverfahren gegen Herrn ... nach unserem jetzigen Kenntnisstand mit erheblichen rechtlichen Risiken belastet wäre. Maßgeblich sind für diese Einschätzung zwei Umstände. Zum einen das im Grundstückskaufvertrag geregelte Rücktrittsrecht der Käuferin. Zum andern die Tatsache, daß der Abschluss des Maklervertrages mittels Fernkommunikationsmitteln zu Stande gekommen ist und der Vertrag daher als Fernabsatzvertrag nach § 312 b BB gewertet werden kann, der mangels Widerrufsbelehrung widerrufen wurde. Im Ergebnis wäre die Erhebung einer Klage daher nur mit geringen Erfolgsaussichten möglich.

Hierzu im Einzelnen:

1. Vereinbarung eines vertraglichen Rücktrittsrechts
Es besteht die Gefahr, daß die Vereinbarung des vertraglichen Rücktrittsrechts im notariellen Grundstückskaufvertrag (Hauptvertrag) und dessen Ausübung durch den Käufer zum Entfallen des Anspruchs auf Maklerprovision führen. Dies ist dann der Fall, wenn das vereinbarte Rücktrittsrecht in der Sache dem Abschluss eines Kaufvertrages unter einer aufschiebenden Bedingung gleichkommt und die Voraussetzungen für die Ausübung des Rücktrittsrechtes vorliegen.

Ob das vereinbarte Rücktrittsrecht vorliegend einer aufschiebenden Bedingung gleichkommt, ist durch Auslegung des Rücktrittsrechtes zu ermitteln. Entscheidend ist dabei, ob nach Beweggrund, Zweck und Inhalt der Rücktrittsklausel der

Hauptvertrag i.S. einer anfänglichen Unvollkommenheit in der Schwebe bleiben sollte, so daß das Rücktrittsrecht einer aufschiebenden Bedingung gleich steht. Dies ist insbesondere bei Unsicherheiten der Fall, deren Behebung außerhalb der Macht der Vertragspartner liegt. Der Makleranspruch entsteht in einem solchem Fall erst dann, wenn die Bedingung eingetreten ist bzw. der Rücktritt nicht mehr erklärt werden kann. Hierauf beruft sich Herr ...
Das OLG Koblenz (vgl. Urteil vom 16.5.2002) hat für vorliegende Konstellation eine aufschiebende Wirkung des Rücktrittvorbehalts verneint. Allerdings steht dieses Urteil gegen eine Entscheidung des BGH aus dem Jahr 1997 (BGH NJW 1997, 1583) und eine Entscheidung des OLG Düsseldorf aus dem Jahr 1998 (NZM 1998, 1018).

Die Frage nach dem Entstehen des Makleranspruchs in Ihrem Fall ist daher bestenfalls in der Rechtsprechung umstritten, nach unserer Auffassung spricht einiges dafür, dass der Makleranspruch mit Ausübung des Rücktrittsrechtes erloschen ist. Hierauf kommt es jedoch aufgrund des Vorliegens eines widerrufenen Fernabsatzvertrages nicht an.

2. Vorliegen eines Fernabsatzvertrages gemäß § 312b BGB
Der vorliegende Maklervertrag ist als Fernabsatzvertrag zu werten, der widerrufen werden kann, wenn der Vertrag mit einem Verbraucher abgeschlossen wird. Herr ... ist dann als Verbraucher im Sinne der Vorschrift anzusehen, wenn der Maklervertrag zu privaten Zwecken abgeschlossen wurde, die nicht der gewerblichen oder beruflichen Tätigkeit zugeordnet werden können. Nachdem uns keine Informationen bekannt sind, die darauf schließen lassen, daß das konkrete Geschäft der gewerblichen oder beruflichen Tätigkeit des Herrn ... zuzuordnen ist, gehen wir im Folgenden davon aus, dass Herr ... (Unternehmer) in diesem konkreten Fall als Verbraucher anzusehen ist. Unerheblich ist dabei, ob Herr ... ansonsten als Unternehmer tätig ist.

Die Regelungen zum Fernabsatzvertrag umfassen auch Maklerverträge. Zwar sind in der neueren juristischen Literatur Stimmen zu finden, die dies ablehnen (z.B. Staudiger, Kommentar zum BGB, Auflage 2010, § 653 Rn. 73 f). Die herrschende Meinung fasst auch den Maklervertrag unter die möglichen Vertragsarten eines Fernabsatzvertrages. Unter einem solchen Fernabsatzvertrag ist ein

Vertrag zu verstehen, der unter ausschließlicher Verwendung von Fernkommunikationsmitteln zustande gekommen ist. Ist dies der Fall, besteht grundsätzlich ein Widerrufsrecht des Kunden, wenn er über dieses nicht ausreichend belehrt wurde. Für die Anwendbarkeit des § 312b BGB und das damit verbundene Vorliegen eines Widerrufsrechts nach § 355 BGB muß der Maklervertrag unter ausschließlicher Verwendung von Fernkommunikationsmitteln (hier E-Mail und Telefon) abgeschlossen worden sein. Das ist der Fall, wenn sowohl für den Antrag als auch die Annahmeerklärung zum Vertragsabschluss Fernkommunikationsmitteln eingesetzt worden sind.
Im konkreten Fall ist der Antrag auf Abschluss eines Maklervertrages in Ihrer E-Mail vom xxx an Herrn ..., der ein Exposé des zu verkaufenden Grundstücks beigefügt wurde, zu sehen. Dieses Angebot nimmt der Kaufinteressent – wie hier – konkludent an, wenn er telefonisch mit der Maklerin einen Besichtigungstermin vereinbart, ohne deutlich auf seine fehlende Bereitschaft zur Zahlung der Courtage hinzuweisen.

Vorliegend wurde nach den uns vorliegenden Unterlagen noch am Tag der Zusendung des Exposees telefonisch ein Besichtigungstermin für das Objekt mit Herrn ... vereinbart. Dadurch kam der Maklervertrag unter ausschließlichem Einsatz von Fernkommunikationsmitteln zu Stande.
Folglich handelt es sich bei dem vorliegenden Maklervertrag um einen Fernabsatzvertrag gemäß § 312 Abs. 1 BGB, der grundsätzlich gemäß §§ 355, 357 BGB widerrufbar ist. Da dieser Widerruf erfolgt ist, besteht kein wirksamer Maklervertrag mehr, aus dem Honoraransprüche geltend gemacht werden könnten.
Ein Anspruch nach § 312 d. Abs. 6 BGB auf Wertersatz besteht vorliegend nicht, da auf diese Rechtsfolge bei Abschluss des Vertrages nicht hingewiesen wurde.

Im Ergebnis ist nochmals festzuhalten, daß eine Klage nur auf Mindermeinungen in der juristischen Literatur und der Rechtsprechung gestützt werden kann. Vor diesem Hintergrund kann bei Erhebung einer Klage auf Zahlung des Maklerhonorars nicht mit einem Erfolg gerechnet werden. Aufgrund dieser überwiegend negativen Erfolgsaussichten raten wir von einer Klageerhebung ab."

Wenn Sie nun denken, lieber Leser, das haben Sie ja noch nie gehört und das kann ja gar nicht sein, dann kann ich Ihnen sagen, dass sich dieses Thema schon langsam herumspricht, denn am 13.1.2011 hat Rechtsanwalt Jan Mohr von Hogan Lovells in Frankfurt am Main ausführlich in der Immobilienzeitung über dieses Thema berichtet.
Sollte sich der Fernabsatzvertrag beim Verbraucher herumsprechen, so sind dem trickreichen Käufer theoretisch Tür und Tor legal geöffnet, denn bekommt der Kunde ein Exposé von Ihnen, hat er alle relevanten Daten, kann diese für sich verwenden und in Ruhe den Maklervertrag widerrufen.
Nützt also der Kaufinteressent die Informationen für sich und kontaktiert selbst den Verkäufer, so können Sie zwar Schadensersatzansprüche geltend machen, was wohl laut Aussage des RA Jan Mohr schwierig ist. Auch der Wertersatz ist schwer nachzuweisen.
Dieses Thema habe ich ausführlich mit Frau Meike Bechlars, Abt. Wirtschafts- und Steuerrecht der Berliner IHK, durchgesprochen. Das Ergebnis war nicht sehr befriedigend, da wir zu dem Schluss gekommen sind, dass es hierzu noch keine richterliche Rechtssprechung gibt und somit ist das Thema schwer einschätzbar.

10. Der Umgang mit dem Fernabsatzgesetz und dem Fernabsatzvertrag § 312 b BGB

10.1 Widerrufsbelehrung

Zunächst ist es sinnvoll, das Exposé – wie bereits vorgetragen – anonym zu gestalten, d. h. ohne Namen, Adresse oder Telefon des Eigentümers/Objektes.
Auf Nachfragen der Interessenten dann wie folgt vorgehen:
- Maklerauftrag bestätigen lassen.
- Kaufrelevante Objektdaten (Verkäufer, Adresse etc.) sollen erst nach Ablauf der Widerrufsfrist übermittelt werden, um den Anspruch der Courtage (Maklerauftrag) nicht zu gefährden.

Ausnahme: Der Interessent verzichtet schriftlich ausdrücklich auf die zweiwöchige Widerrufsfrist – das kann er im Prinzip auch, denn er muss nur dann Provision zahlen, wenn er tatsächlich kauft – der Makler jedoch verliert seinen Anspruch auf Provision, wenn er die relevanten Daten vor Ablauf dieser Zwei-Wochenfrist überreicht und der Interessent dann fristgemäß von seinem Widerrufsrecht gebraucht macht. Lediglich den sog. Wertersatz kann der Makler dann noch geltend machen, vorausgesetzt, er hatte in der Widerrufsbelehrung darauf hingewiesen. Natürlich wird dieser Wertersatz erst dann fällig, wenn das nachgewiesene Objekt beurkundet wird. Es gestaltet sich dann sicher auch schwierig, den sog. Wertersatz hierfür zu ermitteln bzw. zu erklären, denn wie genau die Überlassung von Objektdaten zu bewerten ist, ist noch unklar.
Die Widerrufsbelehrung nehmen Sie am besten mit in Ihre AGBs auf:

Widerrufsrecht

Sie können Ihre Vertragserklärung innerhalb von 14 Tagen ohne Angabe von Gründen in Textform (z. B. Brief, Fax, E-Mail) widerrufen. Die Frist beginnt nach Erhalt dieser Belehrung in Textform, jedoch nicht vor Vertragsschluss und auch nicht vor Erfüllung unserer Informationspflichten gemäß Artikel 246 § 2 in Verbindung mit § 1 Abs. 1 und 2 EGBGB sowie unserer Pflichten gemäß § 312 e Abs. 1 Satz 1 BGB in Verbindung mit Artikel 246 § 3 EGBGB. Zur Wahrung der Widerrufsfrist genügt die rechtzeitige Absendung des Widerrufs. Der Widerruf ist zu richten an:
Ihr Firmenname:
Inhaber:
Plz, Ort:
Telefax-Nr.:
E-Mail:

Widerrufsfolgen

Im Falle eines wirksamen Widerrufs sind die beiderseits empfangenen Leistungen zurückzugewähren und ggf. gezogene Nutzungen (z. B.

Zinsen) herauszugeben. Können Sie uns die empfangene Leistung ganz oder teilweise nicht oder nur in verschlechtertem Zustand zurückgewähren, müssen Sie uns insoweit ggf. Wertersatz leisten. Dies kann dazu führen, dass Sie die vertraglichen Zahlungsverpflichtungen für den Zeitraum bis zum Widerruf gleichwohl erfüllen müssen. Verpflichtungen zur Erstattung von Zahlungen müssen innerhalb von 30 Tagen erfüllt werden. Die Frist beginnt für Sie mit der Absendung Ihrer Widerrufserklärung, für uns mit deren Empfang.

Besondere Hinweise
Ihr Widerrufsrecht erlischt vorzeitig, wenn der Vertrag von beiden Seiten auf Ihren ausdrücklichen Wunsch vollständig erfüllt ist, bevor Sie Ihr Widerrufsrecht ausgeübt haben.

10.2 Rücktrittsrecht

Ich komme zurück auf das Thema **Rücktrittsrecht**, denn anscheinend gibt es auch hier andere Meinungen:
Der Provisionsanspruch entsteht erst mit Abschluss eines gültigen Hauptvertrages. Seine Nichtigkeit nach §§ 134 oder 138 BGB ist ebenso schädlich wie die Anfechtung gem. §§ 119 ff, 142 BGB. Das vertragliche Rücktrittsrecht wird wie eine Bedingung ebenso behandelt.
Dagegen heben nachträgliche Ereignisse den Provisionsanspruch nicht auf: Kündigung, nachträgliche Unmöglichkeit, gesetzliches Rücktrittsrecht, Aufhebung des Vertrages. Die gilt auch für ein vertragliches Rücktrittsrecht im Falle der Leistungsstörung (Verzug).

Rücktritt vom Kaufvertrag:
Rücktritt – BGH 11.11.1992 NJW-RR 1993, 248: Verkäufer hatte sich ein Rücktrittsrecht für den Fall vorbehalten, dass der Käufer nicht rechtzeitig vereinbarte Bürgschaften beibringt. Als der Fall eintrat, übte der Verkäufer das Rücktrittsrecht aus.
Der Rücktritt beruht auf späteren Erfüllungsproblemen, sodass die Provision davon unberührt bleibt.

Provision bei Rücktritt vom Hauptvertrag:
Ist der Provisionsanspruch einmal entstanden, kann ihn auch die Ausübung eines gesetzlichen Rücktrittsrechtes nicht mehr beseitigen. Ausnahmsweise soll dies dann möglich sein, wenn eine Vertragspartei an sich zur Anfechtung des Vertrages wegen arglistiger Täuschung berechtigt ist. Wählt die Partei dann statt der Anfechtung den Rücktritt, soll der Provisionsanspruch entfallen. Dies wird damit begründet, dass im Falle einer Anfechtung die Provision ebenfalls hätte zurückbezahlt werden müssen.
Häufig wird in notariellen Kaufverträgen die Möglichkeit eines Rücktritts vereinbart, etwa für den Fall, dass dem Käufer die Finanzierung des Kaufpreises nicht gelingt. Übt eine der Vertragsparteien dann das vertraglich vereinbarte Rücktrittsrecht aus, ist das Schicksal des Provisionsanspruchs in der Rechtsprechung umstritten (vgl. hierzu BGH 1997, 1581, 1582). Einige Gerichte vertreten die Auffassung, dass der vertragliche Rücktrittsvorbehalt einer **aufschiebenden Bedingung** gleichstehe. Der Provisionsanspruch entstehe erst und nur dann, wenn von dem Rücktrittsrecht **kein** Gebrauch gemacht wird. Andere Gerichte vertreten die Auffassung, dass die Vereinbarung und auch die Ausübung eines vertraglichen Rücktrittsrechts den mit Abschluss des Vertrages entstandenen Provisionsanspruch grundsätzlich unberührt lassen. Für diesen Fall verstieße allerdings die Geltendmachung des Provisionsanspruchs unter Umständen gegen die Grundsätze von Treu und Glauben, wenn der Makler seine ihm obliegende Aufklärungs- und/oder Hinweispflicht verletzt habe. Eine solche Pflichtverletzung soll bspw. dann vorliegen, wenn es der Makler unterlassen hat, den Kunden darauf hinzuweisen, dass seine Verpflichtung zur Zahlung der Provision bei Ausübung eines vertraglichen Rücktrittsrechts nicht entfällt.

Zum Thema Rücktritt können Sie in Ihre AGBs folgenden Zusatz mit aufnehmen:
Die Courtage ist fällig nach notarieller Beurkundung oder eines wirtschaftlich gleichwertigen Vertrages.

Der Provisionsanspruch entsteht auch, wenn der Vertrag zu Bedingungen abgeschlossen wird, die vom Angebot abweichen, oder der angestrebte wirtschaftliche Erfolg durch einen Vertrag über ein Objekt des von uns nachgewiesenen Vertragspartners erreicht wird; schließlich, wenn und so weit im zeitlichen und wirtschaftlichen Zusammenhang in einem ersten Vertrag vertragliche Erweiterungen und Ergänzungen zustande kommen.
Der Provisionsanspruch entsteht z. B. auch bei Kauf statt Miete und umgekehrt, Erbbaurecht statt Kauf, Share Deal, wie auch beim Erwerb im Wege der Zwangsversteigerung[6] oder das Objekt vom Konkurs- bzw. Vergleichsverwalter erwirbt oder direkt von der Gläubigerbank.
Ein Provisionsanspruch steht ***Maklerfirma*** auch dann zu, wenn im zeitlichen und wirtschaftlichen Zusammenhang mit dem ersten durch die ***Maklerfirma*** vermittelten bzw. nachgewiesenen Vertrag weitere vertragliche Vereinbarungen zustande kommen.
Der Anspruch auf Provision bleibt bestehen, wenn der zustande gekommene Vertrag aufgrund auflösender Bedingungen erlischt. Das Gleiche gilt, wenn der Vertrag aufgrund eines Rücktrittsvorbehaltes des Auftraggebers aufgelöst oder aus anderen in seiner Person liegenden Gründen rückgängig gemacht bzw. nicht erfüllt wird. Wird der Vertrag erfolgreich angefochten, so ist derjenige Vertragspartner, der den Anfechtungsgrund gesetzt hat, zum Schadenersatz verpflichtet.
Maklerfirma *** hat Anspruch auf Anwesenheit beim Vertragsabschluss. Erfolgt ein Vertragsabschluss ohne Anwesenheit der Firma ***, so ist dieser vom Auftraggeber unverzüglich Auskunft über den Vertragspartner und die Vertragskonditionen zu erteilen.
Der Auftraggeber ist verpflichtet, *** auf Verlangen eine Vertragsabschrift zu überlassen. Nimmt der Auftraggeber von seinen Vertragsabsichten Abstand, ist er verpflichtet, *** unverzüglich schriftlich zu informieren.

6 Erwerb im Wege der Zwangsversteigerung: Provisionszahlung vom Käufer ist gesondert zwischen Makler und Erwerber schriftlich zu vereinbaren und fällig bei Zuschlag.

Vertragswidriges Verhalten des Auftraggebers, welches das mögliche Entstehen eines Provisionsanspruchs verhindert, berechtigt die Maklerfirma *** insbesondere zum Ersatz ihres sachlichen Aufwandes gegen Einzelnachweis.[7]

Fazit:

Weisen Sie also unbedingt den Investor darauf hin, dass die Courtage fällig ist – auch wenn er vom beurkundeten Kaufvertrag zurücktritt.

Zusammenfassung:

Ich habe 14 Monate umsonst gearbeitet, weil ich den Fernabsatzvertrag nach § 312 b BGB nicht kannte. Hätte ich davon gewusst, dann hätte ich eine Provisionsbestätigung von Privatadresse sofort abgelehnt oder einen Verzicht zum Widerruf abverlangt. Hätte ich gewusst, dass ein Rücktrittsvorbehalt im Kaufvertrag vor Gericht nicht eindeutig ist, betreffend meiner Courtagezahlung, dann hätte ich darauf bestanden, dass mir der Unternehmer die Fee zusichert – auch mit seinem erfolgten Rücktritt.

Dass in meinem Falle sein Rücktritt nicht berechtigt war, hilft mir überhaupt nicht, da die Verkäuferin hier hätte klagen müssen.

Ich selbst hatte keine Lust, mich auf eine langwierige Klage einzulassen – warum auch, gab es schlussendlich für mich ein gutes Ende. Jedoch hat mir wieder diese Unwissenheit Geld gekostet. Eigentlich hatte ich schon mit der Beurkundung des Unternehmers meine Fee verdient.

Ich nehme es dem Unternehmer nicht krumm, spielt er nur das Spiel, was ihm das Gesetz erlaubt und welche Spielvarianten er für sich nutzen kann. Seine Handlung hatte nichts mit mir persönlich zu tun. Wie schon einmal erwähnt: Man spart ja, wo man kann, nicht wahr? Ob dies moralisch vertretbar ist und kein Benehmen eines hanseatischen Kaufmanns, ist hier völlig unerheblich. Was stört es den Baum, wenn die Sau sich daran reibt?

7 HAFTUNGSAUSSCHLUSS: Der Inhalt dieses Buches zum Maklerrecht ersetzt keine rechtlichen verbindlichen Hinweise oder Beratung im Einzelfall. Der Inhalt dieses Buches über das Maklerrecht ist ohne vorherige Beratung nicht als Entscheidungsgrundlage für Streitigkeiten geeignet. Eine Haftung im Einzelfall übernehme ich daher nicht.
Verantwortlich für den Inhalt: Doris Ostermeier-Schwaneberg

Aber Sie wissen jetzt, worauf Sie achten müssen und erleiden somit keine Bauchlandung.

11. Windige Anwälte und Schutz vor Ihren Abmahnungen

Da Sie als Makler nicht umhinkommen, öffentlich aufzutreten, wie z. B. mit Ihrer Webseite oder Inseraten im Internet und Zeitung, befinden Sie sich in der Schusslinie von gewerbsmäßigen Abmahnern. Es handelt sich hier meist um Anwälte, welche sich auf das Wettbewerbsrecht spezialisiert haben und den ganzen Tag nichts anderes tun, als Abmahnungen zu verschicken. Hier wird ein vorgeschobener Mandant benannt, für welchen er die Abmahnung schickt – natürlich gibt es oftmals nur einen Mandanten. Die Abmahnung erfolgt meist über Fax, da er über den Faxbericht nachweisen kann, dass Sie die Abmahnung auch erhalten haben. Hoffentlich sind Sie da nicht gerade im Urlaub oder Sie übersehen dieses Fax, denn dann kann es teuer werden. Natürlich sind Abmahnungen nicht erlaubt, welche nur dem Zweck des Geldverdienens dienen. Ich versuche mich an diesem schwierigen Thema nun schon viel zu lange, da es so umfangreich und auch kompliziert ist und ich werde nun dieses Kapitel „schlank" halten. Sie können im Internet bei Interesse Einzelheiten googeln und sich hineinlesen und staunen. Für einen Nicht-Juristen ist das Thema sehr heikel und auch nur spezialisierte Rechtsanwälte bearbeiten Fälle zum Wettbewerbsrecht.
Ich kenne kaum einen Makler aus meinem Kreis, welcher bisher noch nicht abgemahnt wurde. Die Abmahnungen betrafen meist Bagatellverstöße und wer weiß, ob sie überhaupt berechtigt waren. Zuerst ist man von einer Abmahnung beeindruckt, weiß man nicht, was eine strafbewährte Unterlassungserklärung ist und zahlt zunächst die geforderte Kostenerstattung des Abmahners.
Es wird jedoch von Fachleuten geraten, bei Erhalt einer Abmahnung diese von Ihrem Anwalt auf deren Wirksamkeit prüfen zu lassen, was zunächst natürlich auch wieder Kosten produziert. Ärgerlich und zeit-

aufwendig – eben was man im Alltagsgeschäftsleben überhaupt nicht gebrauchen und einem den Tag so richtig vermiesen kann.
Ich habe bisher „nur" eine Abmahnung von einem Gerichtsbekannten Serienabmahners per Fax erhalten. Ob diese Abmahnung berechtigt war, habe ich von meinem Juristen nicht prüfen lassen und es war mir auch egal. Dieser Abmahner hatte lange Jahre sein Geld mit windigen Abmahnungen als Rechtsanwalt verdient, bis ihm die Lizenz entzogen wurde. Nun mahnt der Herr unter dem Deckmantel einer Immobilienfirma ab.
Sollten Sie das Thema „Abmahnungen bei Immobilienmakler" googeln, dann stoßen Sie unweigerlich auf entsprechende Pressemitteilungen zu diesem Herrn und noch vieles mehr.

Inhaltlich sollte eine Abmahnung Folgendes enthalten:

- Rechtlicher Vorwurf und rechtliche Ausführungen
- Sachverhaltsschilderung
- strafbewehrte Unterlassungserklärung
- Frist für die Abgabe der Unterlassungserklärung:
  5-10 Tage (in Eilfällen auch kürzer)
- Androhung gerichtlicher Schritte
- Kostenrechnung (Fehlen berührt die Wirksamkeit aber nicht)
- Unterschrift

Die Abmahnung in meinem Falle war wie ein Rundbrief geschrieben und enthielt nicht annähernd o.g. Inhalte. Aber dafür wollte er viel Geld: 2.500 €!
Ich habe diesen Herrn per Fax geantwortet wie folgt:

„Sehr geehrter Herr ...,
in obiger Angelegenheit wurde ich bereits von der Firma xy abgemahnt und habe dieser bereits eine strafbewährte Unterlassungserklärung unterschrieben. Ihren Abmahnungsgrund werde ich zukünftig nicht mehr verwenden."
Tja, wie das Leben so spielt, habe ich ausgerechnet einen Tag vorher eine Abmahnung zur gleichen Angelegenheit bekommen. Was für ein Zufall ...

Ich habe dann nie mehr etwas von diesem Serienabmahner gehört. Aber Vorsicht: Sollten Sie von einem ernstzunehmenden Mitbewerber oder Verein/Anwalt mit berechtigten Gründen abgemahnt werden, dann könnte es sein, dass dieser Zweizeiler nicht mehr reicht. In jedem Falle müssten Sie dann die Kopie der strafbewährten Unterlassungserklärung von Ihrem „Erstabmahner" vorlegen können – oder Sie lassen die Angelegenheit von einem Fachanwalt prüfen.

Dass man nie **zweimal** in derselben Angelegenheit abgemahnt werden kann, lesen Sie wie folgt und bezieht sich auf mein Antwortschreiben an den Abmahner:
Jeder Wettbewerber, auch Verbände zur Förderung gewerblicher Interessen, Verbraucherverbände und Industrie – und Handelskammern, können sich nach §8 UWG mit Abmahnung, Antrag auf Erlass einer einstweiligen Verfügung nach §§935, 940 ZPO oder durch Unterlassungsklage gegen Verstöße von Maklern gegen §§ UWG wenden (BGH, NJW 1987, 3196 = GRUR 1987, 748 – Getarnte Werbung II).
Absichtlich unwahre und zur Irreführung geeignete Angaben gegenüber der Öffentlichkeit können auch nach §§ 16 ff. UWG strafbar sein. Wird ein Makler wegen eines angeblichen Wettbewerbsverstoßes abgemahnt, dann empfiehlt es sich zunächst, sachkundigen Rat bei einem in Wettbewerbssachen erfahrenen Anwalt einzuholen, um festzustellen, ob die Abmahnung begründet ist. Erweist sich die Abmahnung als begründet oder als mit hoher Wahrscheinlichkeit begründet, sollte die Unterlassungserklärung mit angemessenen Vertragsstrafenversprechen (1.500 € bis 3.000 € für Normalfälle) innerhalb der Frist abgegeben werden, um die Wiederholungsgefahr zu beseitigen. Angemessene Kosten sollten übernommen werden, die Kostenübernahme hat aber mit der Beseitigung der Wiederholungsgefahr nichts zu tun. ***Oft kommt es vor, dass wegen den und desselben Verhaltens zwei- oder mehrmals abgemahnt wird. Hat sich der Makler bereits einem Unterlassungsgläubiger gegenüber rechtswirksam und mit ausreichender Vertragsstraße unterworfen, dann braucht er keine weitere Unterlassungserklärung dem zweiten Gläubiger gegenüber abzugeben (BGH, WRP 1983, 264).*** *Der Abgemahnte ist aber verpflichtet, den Abmahnenden darüber aufzuklären, dass eine Unterwerfung wegen desselben Verstoßes bereits einem Dritten*

gegenüber erfolgt ist (BGH, WRP 1989, 672/673). Jedenfalls ausreichend ist die Vorlage des Abmahnschreibens des Erstabmahners und Kopie der ersten Unterwerfung (BGH, WRP 1987, 557). Unrichtig ist zu schweigen. Durch die Neufassung des § 13 UWG vom 25.7.1994 (seit dem 8.7.2004: §8 UWG) wurde die Berechtigung von Verbänden zur Geltendmachung von Unterlassungsansprüchen auf Wettbewerbsverstöße beschränkt, die geeignet sind, den Wettbewerb auf diesem Markt wesentlich zu beeinträchtigen. Damit sollen die Serienabmahnungen von Bagatellverstößen verhindert werden.

(Quelle: Rechtsanwalt Prof. Dr. Holger Heinbuch)

Damit Ihnen so etwas Unangenehmes gar nicht erst passiert, habe ich Ihnen die wichtigsten Abmahngründe und die Vermeidung dessen aufgeführt, welche jedoch keinen Anspruch auf Vollständigkeit erheben. Die von mir aufgeführten Punkte mögen Ihnen lediglich eine erste Orientierung in unserem Abmahndschungel und dem Wettbewerbsrecht im Bereich Immobilien bieten.
Es gibt natürlich umfangreiche Fachliteratur, sollten Sie sich für das Thema Wettbewerbsrecht interessieren.

<u>Falsche Angaben im Internet, Zeitungsanzeigen und im Exposé</u>

- Bitte geben Sie im Exposé immer die Courtage inkl. MwSt. an!
- Sollten Sie beispielsweise angeben: Kaufpreis 650.000 € zzgl. 6 % Courtage, zzgl. 19 % MwSt., dann können Sie eine Abmahnung riskieren.
- Richtig ist also: 7,14 % inkl. MwSt. anzugeben.
- Bei Vermietung dasselbe: Es muss heißen: Maklercourtage: 2,38 % Nettokaltmieten inkl. MwSt.
- Bei Objektanzeigen im Internet oder Zeitung muss erkenntlich sein, dass es sich um eine Immobilienfirma handelt. Sie können also nicht „nur“ Firma Mustermann schreiben, sondern es muss der Zusatz „Immobilien(vermittlung) dazugeschrieben werden. Dasselbe gilt für eine Kapitalgesellschaft. Falsch ist zu schreiben: „Firma Mustermann GmbH“, richtig ist: „Firma Mustermann GmbH, Immobilien(vermittlung).“ Ist Ihr Firmenname „Mustermann

Grundbesitz GmbH“, dann muss der Zusatz zur Provision angegeben werden: 3,57% Käufer-Maklerprovision.

- Erlaubt sind auch keine Sammelanzeigen wie z.B.:
  15 Mietwohnungen zu vermieten, 1- bis 3-Zimmer-Whg., Kaltmieten von 210 € bis 600 € + NK. Sie dürfen nur Einzelbeispiele mit voller Angabe benennen wie beispielsweise:
  1-Zimmerwohnung, 29 qm, Miete € 210€ + NK
  2-Zimmerwohnung, 65 qm, Miete € 455 € + NK
- Sollten Sie eine Tiefgarage oder Stellplatz zu der Wohnung anbieten, dann müssen Sie schreiben:
  2-Zimmerwohnung, Miete 489 € + NK,
  TG-Stellplatz 35 € *möglich*
- Angabe „Warmmiete“ ist nicht erlaubt. Sie müssen immer differenzieren und schreiben:
  Kaltmiete 380 € + NK *oder*
  Warmmiete 520 € inkl. Nebenkosten
- Bei Wohnflächenangaben reicht es nicht, nur „350 qm Wnfl.“ zu schreiben. Hier ist nur erlaubt: „350 qm Wohn- und Nutzfläche“.
- Bei Verkäufen von Grundstücken ist die Angabe:
  KP 340€/qm nicht erlaubt. Auch eine allgemeine Angabe bzgl. Renditeobjekten, wie beispielsweise bei einem Zinshaus ist nicht erlaubt (Kaufpreis 13,5-fach). Bitte hier immer die genauen Kaufpreise angeben.

<u>Pflichtangaben im E-Mailaccount und Briefbogen:</u>

- Name, Firmenname, Adresse. Vorsicht: Es reicht nicht aus, ein Postfach anzugeben!
- Bei einer Kapitalgesellschaft müssen Sie immer den Eintragungshinweis zum Handelsregister angeben.
- Bei einem Einzelunternehmen muss der Firmeninhaber immer mit Vorname und Zuname genannt werden.

Pflichtangaben: § 5 TMG, Impressum im Internet:

- Auch hier gilt: komplette Angabe zur Firma mit HR-Angabe bei Kapitalgesellschaft zzgl. Angabe zur Aufsichtsbehörde mit Adressangabe. Vor- und Zuname des Firmeninhabers bei Einzelunternehmen mit vollständiger Adresse.
- Angabe und Anschrift der Aufsichtsbehörde der Erlaubnis zum 34c GewO im Impressum. Ich denke, jedes Maklerunternehmen gibt dies an, jedoch soll diese Angabe streitig sein. Durch die Nichtangabe der Anschrift der zuständigen Aufsichtsbehörde darf hier (angeblich) nicht abgemahnt werden, da hierin kein Verstoß gegen das Gemeinschaftsrecht zu sehen ist. (DL-InfoVO).

Kapitel V
Hinweise für Käufer und Makler

1. Schrottimmobilien und ihre Vertriebe

Vielleicht lernen Sie in Ihrer Maklerlaufbahn Strukturvertriebe kennen, vielleicht auch nicht. Vertriebe sind nicht zu verwechseln mit den gängigen Immobilienfirmen, Immobilienvertriebsgesellschaften und dem Immobilienmakler als Einzelunternehmer. „Vertriebler" verdienen nicht mit dem Verkauf von Villen, Baugrundstücken, Miethäusern oder der Vermittlung eines Supermarktes ihr Geld. „Vertriebler", oder auch „Strukkis" genannt, verdienen ausschließlich ihr Geld mit dem Verkauf von Eigentumswohnungen an Privatkäufer – mit der nachfolgend von mir beschriebenen Methode:
Die Vermittler werden von den Strukturvertrieben mit Aussicht auf hohe Provisionen, d. h. einem fünfstelligen monatlichen Einkommen, geködert und verhökern dann völlig überteuerte Wohnungen an ahnungslose Verbraucher.
Diese Vermittler sind meist Quereinsteiger und kommen aus den verschiedensten Berufszweigen. Aus meinen Erinnerungen war da der Glasbläser, der Versicherungsvertreter, der erfolglose Amateurboxer – bis hin zum Karatetrainer. Alle hatten das gleiche Ziel: Viel Geld verdienen ohne großen Aufwand. Dass sie im höchsten Maße unseriös und oft kriminell arbeiten, dessen sind sie sich anfänglich nicht bewusst, sind sie ja nicht aus der Immobilienbranche und können dies nicht sofort erkennen. Die Neueinsteiger werden dann durch die Vertriebsgesellschaft, für welche sie arbeiten, in dem Bereich ETW-Verkauf zweckgebunden geschult – und mehr nicht.
Ich möchte jedoch auch differenzieren: Ich weiß von manchen Vermittlern aus der Vergangenheit, dass diese sich im Laufe der Jahre ernsthaft mit dem Immobilienverkauf beschäftigt haben, sich weiter-

bildeten und heute erfolgreich und seriös im Geschäft sind. Alle anderen Strukkis sind längst Geschichte.

Wie von mir bereits angesprochen, brauchen Sie für den Beruf des Immobilienmaklers zwingend keine Ausbildung. Es reicht, wenn Sie beim Wirtschaftsamt ein Gewerbe anmelden und die Erlaubnis zum Makeln (§ 34 c GeWo) beantragen. Diese Erlaubnis bekommen Sie nach Zahlung einer Gebühr in Höhe von 180 € (in Berlin) und Vorlage Ihres polizeilichen Führungszeugnisses, der Unbedenklichkeitsbescheinigung Ihres Finanzamtes, des Auszugs aus dem Gewerbezentralregister und einem Auszug aus dem Zentralschuldnerverzeichnis innerhalb weniger Wochen. Die Auszüge sollten im Übrigen alle negativ sein. Das heißt, solange Sie nicht wegen Betrugs vorbestraft oder insolvent sind, können Sie sich ab sofort „Immobilienmakler" nennen.
Es gibt keine Fachkundeprüfung, und wie gut das die Immobilienverbände, Maklerkollegen, Käufer und Verkäufer finden, hat sich ja mittlerweile schon herumgesprochen. Man sollte schon denken, dass der Makler in diesem Berufszweig eine Verantwortung trägt, ist er doch im Geldgeschäft tätig. Warum hier von unserer Politik nicht nachgebessert wird, weiß nur der liebe Gott.
Über „so etwas" macht man sich im Strukturvertrieb keine Gedanken. Natürlich fahren die Chefs dieser Strukturvertriebe die heißesten Autos, wohnen in den schönsten Villen und den Vertrieblern werden zum Wochenende auch schon mal zum Ansporn die Ferraris zur Verfügung gestellt – wenn der Umsatz entsprechend ausfiel, denn am Umsatz des Strukkis verdient der Chef mit. Immer wieder werden diese Statussymbole angepriesen, auf welche junge Männer frequentieren. Provisionsvorauszahlungen, um den Strukki an den Vertrieb zu binden, sind Alltag. Merkwürdigerweise habe ich bisher keine Frau aus dem Immobilien-Vertriebsgeschäft kennengelernt.
Es wird psychologisch auf die Vermittler eingewirkt wie bei einer Sekte oder einer Drückerkolonne. Sie werden angeheizt mit Vergleichen zu anderen Kollegen und deren hohen Umsätzen und mental unter Druck gesetzt. Die Vetriebler werden mit gemeinsamen Events

und Partys bei Laune gehalten und dem Umsatzstärksten winkt eine Reise für ein paar Tage nach Ibiza – Zuckerbrot und Peitsche. Die Chefs gehen mit ihnen auch schon einmal in die Spielbank und prahlen mit dem schnöden Mammon. Motivationsseminare, die einer Gehirnwäsche gleichkommen, werden in kurzen Abständen regelmäßig gehalten.
Die Firmeninhaber solcher Strukturvertriebe haben immer einen charismatischen Auftritt und blenden so die unerfahrenen Vermittler. Labile Charaktere werden so oft Opfer – sowie auch die ahnungslosen Verbraucher. Beide Parteien werden von den Chefs solcher Strukturvertriebe ausgenutzt und nur der gewissenlose Strukki versteht die Aufregung um das Thema nicht – zählt hier einzig und allein sein Verdienst.
Ein Beispiel, wie großspurig Partys vom Firmenchef veranstaltet werden: Ich wohnte persönlich einer Weihnachtsfeier solch einem Strukturvertriebs bei. Kurzerhand wurde ein Bordell für einen Abend gemietet und noch zusätzlich hübsche Damen aus dem horizontalen Gewerbe eingeladen – wenngleich auch schon „Damen“ anwesend waren. Geladene Gäste waren hier neben den Vertrieblern und den Angestellten der Firma auch die Geschäftskontakte des Vertriebes, wie beispielsweise die geschätzten Anwälte, Architekten, Bauträger und Notare. Ehefrauen, Buchhalterinnen oder Sekretärinnen wurden nicht eingeladen. Meine Erklärung, warum nun gerade ich anwesend war, würde den Rahmen sprengen. Die Party war ausschweifend und blieb allen Anwesenden in bester Erinnerung – die Römer wären vor Neid erblasst. Bunga-Bunga-Partys gibt es halt auch bei uns, nicht nur bei Herrn Berlusconi. So war es und so wird es immer sein. Nichts kann eine Männerfreundschaft oder einen Geschäftspartner so sehr binden, vereinen und festigen, wie eine ausschweifende Feier im Bordell. Der junge und unerfahrene Vertriebler ist dann natürlich sehr beeindruckt, was von den Chefs auch so beabsichtigt war. Hochmotiviert wird der Strukki dann wieder seine Arbeit aufnehmen.
Achten Sie als Berufsanfänger also bitte darauf, keinem Strukturvertrieb auf den Leim zu gehen. Die Folgen sind für die Käufer verheerend – wie nachfolgend erklärt – und Sie haben definitiv auch keine

ordentliche Zukunft in dieser Branche, denn der Markt ist überschaubar klein, in Berlin wie auch in Buxtehude.
Man erkennt den Strukturvertrieb daran, dass die Eigentumswohnungen meist von einem Eigentümer bzw. dessen Gesellschaft (Initiator) zum Verkauf zur Verfügung gestellt werden und oft befinden sich die Immobilien nicht in Ihrem Wohnort, sodass eine kurzfristige Besichtigung für Sie (als Kunde) nicht möglich ist.
Es sind Immobilienhändler, welche zum Tiefstpreis Miethäuser ankaufen, diese einzeln aufteilen und dann dem Vertrieb zum Verkaufen an Kapitalanleger übergeben. Es erfolgt eine Pinselsanierung und vom Vertrieb wird ein ausführliches Exposé zur Einwertung für die Bank auf Hochglanzprospekten erstellt, welches mit der Realität jedoch nicht viel zu tun hat.
Weiteres bedarf keiner großartigen Aktion, wird hier vom Architekten eine Abgeschlossenheitsbescheinigung gefertigt und beantragt, der Notar fertigt die zu den Wohnungen dazugehörende Teilungserklärung an. Dann werden einzelne Grundbuchblätter zu den Wohnungen vom Grundbuchamt erstellt und schon kann der Initiator sowie der Vertrieb – theoretisch – viel Geld verdienen mit ahnungslosen Verbrauchern als Melkkuh.
Die „Vertriebler" akquirieren nun Ihre zukünftigen Opfer mit fadenscheinigen Gewinnspielen, wobei erklärt wird, sie hätten eine kostenlose Finanzberatung gewonnen. Immer wird mit dem Türöffner „Steuern sparen" und „Rentenvorsorge" geworben und wie man viel Geld verdienen kann.
Die Masche ist im Prinzip immer dieselbe. Der Käufer wird mit gutem rhetorisch geschultem Schwachsinn besprochen und die Gier nach Geld wird geweckt. Die Vertriebler geben sich meist als Finanzberater aus und werfen mit Schlagwörtern aus der Finanzwelt um sich, um einen kompetenten Eindruck beim Verbraucher zu hinterlassen. Dass das Entrèegespräch inhaltlich absoluter Blödsinn ist, fällt dem Verbraucher zunächst nicht auf.
Der Vertrieb setzt nun auf Zeit. Der Kunde soll keine Gelegenheit bekommen, sich bei Bekannten oder dem Steuerberater zu erkundigen. Ihm wird erzählt, dass dies nun die einzigartige Gelegenheit ist,

so günstig „genau diese Immobilie“ kaufen zu können. Es gibt schon unzählige Reservierungen und er, der Kunde, müsse sich beeilen. Schnell ist ein Termin beim Kunden gemacht, oft aber auch wird er ins Büro eingeladen – und ihm wird dann eine 150%ige Wertsteigerung der Immobilie in 10 Jahren vorgerechnet zzgl. der Steuerersparnis und die zukünftig ansteigenden Mieten.
Dem Kunden wird gesagt, dass faktisch die Immobilie anhand der Steuerersparungen und den Mieteinnahmen „sich von selbst“ finanziert, und da man die Wohnung nur als Kapitalanlage kauft und nicht selbst einziehen will, braucht man diese auch nicht zu besichtigen (!).
Ich frage mich immer, von welcher großartigen Steuerersparnis geredet wird. Es ist schon so, dass die (Darlehens-)Zinsen als Aufwand steuerlich abgesetzt werden können. Der Zinsaufwand wird aber der Einnahme aus der Miete gegenübergestellt. Also gibt es hier keine oder kaum Steuerersparnis – je nachdem, wie hoch die Mieteinnahme ist. Je nach Einkommen zahlen Sie trotzdem, gerechnet nach der Höhe Ihres Steuersatzes, bares Geld aus Ihrer eigenen Tasche. Dann gibt es noch die Möglichkeit der Gebäudeabschreibung (Gebäude-AfA). Diese wird berechnet ausschließlich auf den Gebäudewert, d. h. heißt ohne Einbeziehung des Grund und Bodens und dem derzeitigen Zeitwert des Gebäudes. Sie beträgt durchschnittlich 2 % jährlich (ab dem Baujahr 1920), gerechnet auf den Miteigentumsanteil Ihrer Wohnung. Dies alles wird von Ihrem Finanzamt ermittelt (ausgehend vom Anschaffungswert), wenn Ihr Steuerberater den Antrag zur AfA beim Finanzamt stellt. Da Sie als Käufer nur eine Wohnung kaufen, ist die Gebäudeabschreibung proportional auf den gesamten Baukörper und dessen Zeitwert gerechnet so minimal, dass Sie am Abend beim Stammtisch schon mehr Geld ausgeben. Die Steuerersparnis durch die AfA erhalten Sie auch nur, wenn die Wohnung immer vermietet ist. Steht die Wohnung viele Jahre leer, dann kann es sein, dass das Finanzamt zickig wird.
Vorgerechnet wird Ihnen die Steuerersparnis immer vom Vertriebler anhand von jährlichen Beträgen, als ob sie diese bar in die Hand bekommen – was so ja gar nicht stimmt. Die endgültige Wahrheit wird sich zeigen, wenn Ihr Steuerberater sich der Angelegenheit annimmt.

Beim Immobilieneinkauf gilt immer die goldene Regel: Im Einkauf liegt der Gewinn! Günstig eingekauft werden Schrottimmobilien eher nicht – sonst würde man sie ja nicht „Schrottimmobilien“ nennen.
Das Wort „Schrottimmobilien“ ist übrigens kein juristischer Begriff, sondern ist allgemein bekannt für Immobilien, welche sich in einem nicht oder schlecht sanierten Zustand befinden, sodass auf den Neueigentümer erhebliche Zusatzkosten zukommen. Es fallen aber auch gut sanierte Immobilien unter diesen Begriff, wenn sie deutlich überteuert den Besitzer wechseln.
Am liebsten wird hier der Klein- und Mittelverdiener vom Vermittler vom Kauf überzeugt, denn dieser ist am leichtesten zu überreden, hinterfragt der Kleinverdiener nicht, sondern glaubt, was ihm der „Finanzberater“ erzählt und vorrechnet – auch wenn es kaufmännisch und rechnerisch noch so haarsträubend falsch ist. Ich weiß, dass der Vertriebler es immer und immer wieder schafft, überteuerte Wohnungen so an ahnungslose Verbraucher zu verhökern. Überteuert deswegen, da die Vertriebe sich hier vom Verkäufer eine Innenprovision von bis zu ca. 30 % auszahlen lassen. Der Gewinn des Verkäufers muss natürlich auch noch zusätzlich berücksichtigt werden.
In der Regel steuert der Strukturvertrieb den kompletten Abverkauf. Dies beinhaltet die Schulungen der Vermittler, die Aufbereitung der Bonitätsunterlagen der Käufer und des Verkaufsobjektes, die Abwicklung mit der finanzierenden Bank und die Vorbereitung mit dem beurkundenden Notar. Für diese Leistung nimmt der Vertrieb ca. 12 % Innenprovision und der Rest geht an die Vertriebler und/oder an Untervermittler. Dass 30 % Provision sittenwidrig sind, versteht sich von selbst. Außerdem ist es in diesem Falle eine versteckte Provision. Würde der Käufer davon erfahren, wie viel der nette „Finanzberater“ an ihm verdient, würde seine Entscheidung wohl anders ausfallen.
Es gilt für den Strukki also kurzfristig, d. h. in der Regel in zwei bis drei Tagen, Folgendes zu beschaffen: Bonitätsunterlagen des Käufers, wie beispielsweise Selbstauskunft, Einkommensnachweis, Darlehensvertrag und Notar-Termin zur Beurkundung.

Geworben bzw. gelockt wird der Kunde auch mit dem Argument, dass beim Kauf keinerlei Kosten entstehen, d. h., alle Erwerbsnebenkosten werden mitfinanziert.

Wenn ein komplettes Objekt (Mehrfamilienhaus, Wohnanlage) abgewickelt, d. h. im Teileigentum verkauft wird, dann wird immer nur EIN Notar genommen – nämlich der Notar der Vertriebsgesellschaft oder des Immobilienhändlers. Dieser Notar hat alle Teilungserklärungen vorliegen und steht im Thema, die Kaufverträge sind inhaltlich immer gleich, eine Beurkundung kann daher kurzfristig durchgeführt werden.

Um den Verbraucher zu schützen, muss der Kaufvertragsentwurf dem Privatkäufer (der kein Vollkaufmann ist) mindestens 14 Tage vor der Beurkundung vorliegen, sodass dieser vom Käufer ohne Zeitdruck geprüft werden kann – handelt es sich bei dem Verkäufer um einen Immobilienhändler.[8]

Bei den Strukturvertrieben verzichtet man auf die 14-tägige Frist. Das funktioniert auch, denn beim Notar muss der Käufer nur bekanntgeben, dass er den Vertrag verstanden hat und dies auch nur, wenn der Notar anstandshalber fragt. Aber für diesen Fall wird der Käufer entsprechend vom Vertriebler „geimpft“. Auch werden dem Kunden nicht zum Objekt prüfungsfähige Unterlagen, wie Teilungserklärung, Eigentümerprotokolle, Bewirtschaftungskosten etc., vorgelegt. Der Notar weiß, dass er für einen Strukturvertrieb arbeitet und die Käufer ahnungslose Opfer sind – und auch, dass der Kaufvertrag von Laien nicht verstanden wurde, sodass der Käufer auf die 14-tägige Vorlagepflicht verzichten könnte. Keiner hat dem Käufer den Inhalt des Kaufvertrags erklärt, auch hat man ihm keine Zeit gelassen, den Kaufvertrag von seinem juristischen Berater überprüfen zu lassen. Der Vertrieb erzählt dem Käufer, der Notar sei unparteilich und arbeite für beide Parteien, sodass niemand mit dem Inhalt des Kaufvertrags übervorteilt werden kann.

In jedem Falle hat der Kunde als Käufer das Recht, den Notar selbst auszuwählen. Den Notar bestimmt also im seriösen Immobilienge-

8 Anmerkung: Verkauft ein Eigentümer an einen Privatkäufer und der Verkäufer ist kein Immobilienhändler, entfällt die 14-tägige Prüfungspflicht.

schäft IMMER der Käufer. Damit schläft es sich natürlich gut, arbeitet also der Notar für Sie als Käufer, und somit können Sie auf eine ordentliche Abwicklung vertrauen, auch wenn Sie vom Grundbuchrecht und einer Beurkundung keine Ahnung haben. Dafür haben Sie ja den Notar Ihres Vertrauens gewählt – den SIE ja auch schlussendlich, als Käufer, bezahlen. Somit haben Sie wenigstens die Chance, sich noch einmal zu überlegen, ob Sie diesen Kauf tätigen wollen oder nicht. Sie haben auch noch die Chance, das Angebot in Ruhe prüfen zu lassen, sei es von einem Bekannten aus der Branche oder Ihrem Steuerberater, Ihrem Banker oder wem auch immer. Mit dieser 14-tägigen Frist überkommt Sie hoffentlich auch die Neugierde zu der vermeintlich schönen Wohnung und Sie möchten diese nun doch vor dem Kauf besichtigen. Bei dieser Gelegenheit werden Sie auch gleich Ihren zukünftigen Mieter kennenlernen.
Bei der Abwicklung von Schrottimmobilien will man von dem 14-tägigen Prüfungsrecht zum Kaufvertrag nichts wissen. Die Notare der Strukturvertriebe schalten Ihr Denken um, nach dem Affen-Motto: Nichts sehen, nichts hören, nichts sagen. Moralisch und juristisch ist diese Einstellung für den Beruf Notar eigentlich ein NO GO. Aber die Geldgier macht auch vor Notaren nicht halt und aus diesem Grunde funktioniert der Verkauf von Schrottimmobilien immer noch.

In den Großstädten wird es aufgrund der fehlenden günstigen Immobilienangebote und den möglichen Einkäufen für den Initiator langsam schwierig, jedoch gibt es immer noch genug interessante Einkaufsmöglichkeiten für den Aufteiler in den neuen Bundesländern. Mein Kollege hat mir erst vor Kurzem von einem Bauträgerangebot an seine Immobilienfirma erzählt. Die aufgeteilte Wohnanlage befindet sich außerhalb von Leipzig. Anhand der Zahlen und der hohen Provision ideal für einen Strukturvertrieb.
Wie schon gesagt, sind die Kaufverträge inhaltlich gleich, so müssen lediglich die Angaben zum Käufer sowie zur gekauften Wohnung eingetragen werden. Dies bereitet die Notariatsangestellte in Minuten vor und die Beurkundung kann jederzeit stattfinden – auch am Wo-

chenende und auch nach 19 Uhr. So eine Urkunde hat vielleicht 30 Seiten, welche der Notar so schnell vorliest, dass man sich wundert, dass er sich an den Buchstaben nicht verschluckt. In 30 Minuten ist der Spuk vorbei und der Käufer ist nun hoch verschuldet und stolzer Eigentümer einer Immobilie, von welcher er nicht weiß, wie viel Schwierigkeiten sie noch bereiten wird.
Wenn hier für den Vertrieb eine Innenprovision von 30 % gerechnet veranschlagt ist, der Initiator auch noch viel verdienen muss – und das wird er mit Sicherheit, der Banker, welcher so kurzfristig den Darlehensvertrag ausfüllt, ebenfalls mit einem Schmankerl bedient werden will, dann können Sie sich vorstellen, wie überteuert nun die Eigentumswohnung den Besitzer wechselt. Ich möchte behaupten, dass der Kaufpreis doppelt so hoch ist als der eigentliche Wert.
Dass diese Wohnungen von den finanzierenden Banken so hoch eingewertet werden, ist nicht nur dem Verbraucherschutz ein Rätsel. Die Banker wissen, dass die Wohnung viel zu überteuert ist, dass die Bonität des Käufers die Unterdeckung auf Dauer wahrscheinlich nicht überlebt – erst recht nicht, wenn er arbeitslos wird – und trotzdem finanziert er den Kunden. Gnadenlos wird hier wieder die Provision bevorzugt, egal welche Schicksale hier von ihm geschaffen werden. Es kann natürlich auch sein, dass der Banker nicht die leiseste Ahnung von Immobilien hat. Kam immer vor, kommt immer vor und wird immer vorkommen.
Auch gibt es viele verschiedene Finanzierungsmodelle und ich wette, der Kunde ist vom Banker nicht eine Sekunde hierzu beraten worden. Der Kunde bekommt einfach den Darlehensvertrag vom Vermittler zur Unterschrift vorgelegt. Die lukrativsten (Zins-)Konditionen für die Bank werden von dieser bestimmt. Wen interessiert schon das Wohl des Kunden/Verbrauchers!
Ich möchte nicht den Bankangestellten die Schuld geben, welche die Finanzierung stattgeben, ist es doch von der Seite seiner Vorgesetzten so gewollt, würde es sonst der Bankangestellte gar nicht genehmigt bekommen.
Also setzt man hier wieder auf satte Provisionen und Zinseinnahmen – wenigstens eine Zeit lang. Bei Zahlungsrückständen des Bankkun-

den wird der Darlehensvertrag gekündigt, die Forderung der Bank wird in einem Einmalbetrag fällig und abgefordert, und da der Bankkunde diesen hohen Schuldbetrag nicht einmalig zurückzahlen kann, wird die Eigentumswohnung eben versteigert. Der ZV-Vermerk ist schnell im Grundbuch eingetragen und beim Amtsgericht ein Antrag zur Zwangsversteigerung gestellt.
Ganz gemein ist es, wenn der Banker den mittlerweile gut bekannten Vermittler informiert und dieser die Wohnung des insolventen Eigentümers direkt von der Bank dann sehr günstig kaufen kann. Eine Löschungsbewilligung von der Gläubigerbank ist schnell unterschrieben, nachdem der Eigentümer genervt dem freihändigen Verkauf zugestimmt hat – wenngleich er auch einen Verlust einfährt. Der Banker hat die Wohnung aus seinen Büchern und der Dumme ist der nun völlig überschuldete Verbraucher. So schickt die Bank dem Kunden eine vorbereitete notarielle Verkaufsvollmacht zu und nährt die Hoffnung, einen „guten Preis" zu erzielen, damit die Restschuld angeblich so gering wie möglich ausfällt.

Nun kommen wir zu den angepriesenen Eigentumswohnungen, welche ja so werthaltig sind und eine so hohe und sichere Miete generieren: Im seltensten Falle sind die Wohnungen so werthaltig, wird für den Verkauf oftmals nur eine „Pinselsanierung" vorgenommen. Nur für das Auge und den Verkaufskatalog wird entsprechend bei der Bausubstanz ausgebessert, wie einen billigen Fassadenanstrich, welcher in ein paar Monate wieder beginnt abzubröckeln.
Ich habe schon einen Bauträger kennengelernt, welcher tatsächlich die Regenrinne hat neu streichen lassen. Niemals hätte er eine neue Regenrinne gekauft. Diese „Pinselsanierung" ist natürlich nicht nachhaltig und gewährleistet keine werthaltige Bausubstanz, für die der Zeitwert so wichtig ist. In der Regel kommen auf die Eigentümergemeinschaft (d. h. SIE) dann zukünftig satte Zuzahlungen zu, wie Beseitigung der Instandhaltungsrückstände zum Dach, Fassade, Fenster, Heizungsanlage, Fallleitungen, Tiefgarage etc. – und bei großem Pech feuchte und schimmlige Keller. Oftmals wird dann zusätzlich von der Eigentümergemeinschaft angespart, um die Mängel baldmöglichst zu

beseitigen, was zusätzliche Zahlungen für Rücklagenbildung bedeutet. Können Sie den Zusatzzahlungen nicht Folge leisten, wird der Hausverwalter Sie so schnell wie möglich pfänden lassen.
Hoffentlich müssen Sie nicht auch noch die Wohnung renovieren, damit Sie einen ordentlichen Mieter finden. Damit meine ich nicht, dass Sie die Zimmer weiß streichen und die Türen lackieren. Nein, damit meine ich, dass Sie erst einmal den Altbestand in der Wohnung entrümpeln müssen und für alles – angefangen von der Neuverlegung des Fußbodens, neue Fenster, bis hin zur Badsanierung – Rechnung tragen müssen. Haben Sie eine Altbauwohnung unsaniert gekauft, kommt hier oftmals noch eine Grundrissveränderung auf Sie zu, um die Toilette und das Badezimmer nebst der Küche auf den neuesten Stand zu bringen.
Wenn vom Vermittler angegeben wird, dass die Wohnung gut vermietet ist, stimmt dies manchmal nicht. Es ist kein Problem, eine Wohnung mit einem getürkten Mieter zu verkaufen. Dieser Mieter ist meist mittellos und gibt sich mit ein paar Euro für diese Leistung zufrieden. Ein Mietvertrag ist käuflich in jedem Schreibwarenladen erhältlich und schnell ausgefüllt. Die Miete wird vom vermeintlichen Mieter auch die nächsten drei Monate überwiesen. Dann kündigt dieser und Ihr Bankkonto verzeichnet zunächst einmal keine Mieteinnahme mehr.
Auch versprochene Mietgarantien sind das Papier nicht wert, auf dem sie stehen. Mietgarantien sind für Sie als Käufer nur brauchbar, wenn diese über eine Bankbürgschaft hinterlegt und über eine längere Laufzeit abgesichert ist. Alles andere ist Schall und Rauch.
Um die Neuvermietung müssen Sie als neuer Eigentümer sich schon selbst kümmern. Das übernimmt die Hausverwaltung nur mit guter separater Zusatzbezahlung.
Grämen Sie sich nicht, denn nun haben Sie endlich einmal Gelegenheit, Ihr Eigentum kennenzulernen. Ich drücke Ihnen dann die Daumen, dass die Eigentumswohnung und das Gemeinschaftseigentum nicht das ist, was Ihnen schlaflose Nächte bereiten wird.

Sollten Sie also als Berufsanfänger von solchen Strukturvertrieben angeworben werden, dann lehnen Sie den Job und die hohen Provisionszusagen von bis zu 20 % – für Sie als Vermittler – dankend ab, auch wenn das Angebot noch so verlockend erscheint. Wenn Sie auf solch einem kriminellen Niveau Ihr Geld verdienen wollen, dann haben Sie in dieser Branche, d. h. in diesem Beruf, keine Zukunft. Auf langer Sicht sind Sie immer der Verlierer.

Für den Verbraucher noch ein paar Worte: Sollte so ein windiger „Finanzberater" einmal bei Ihnen anrufen und Ihnen von gewonnenen Gewinnspielen erzählen und einer kostenlosen Beratung - und wie man Steuer spart, dann rate ich Ihnen eines: Legen Sie den Hörer auf! Dieser Anrufer will nicht Ihr Glück, sondern nur an Ihnen verdienen – auch wenn er noch so vermeintlich schlau daherredet und er noch so nett ist. Bitte fallen Sie nicht auf diese Masche herein!

Immobilienkäufe sind immer eine vorteilhafte Wertanlage – das stimmt. Aber nur, wenn die Immobilie in einem manierlichen baulichen Zustand, die Mikrolage gut ist und somit die Vermietbarkeit und ein zukünftiger Verkauf wieder gewährleistet sind, kein wesentlicher Instandhaltungsrückstau vorhanden ist, die Miteigentümer nicht kurz vor der Pleite stehen oder schon zahlungsunfähig sind, der Gewerbeanteil nicht zu hoch und unvermietet ist – und, last but not least, die Verwaltung einen guten Eindruck macht.
Lassen Sie sich zur Prüfung immer alle prüfungsfähigen Objektunterlagen geben, wie Teilungserklärung, die drei letzten Protokolle der Eigentümerversammlung, den Hausverwaltervertrag, die letzte Betriebskostenabrechnung, Bewirtschaftungskosten, den Mietvertrag, Hinweis zur Kaution oder Mietrückstände, Bescheinigung des Finanzamtes zur Grundsteuerbezahlung etc., einen bemaßten Grundriss, den Lageplan etc – und: Besichtigen Sie unbedingt die Wohnung selbst!

Natürlich gibt es nicht nur unerfahrene Berufsanfänger, welche dieses Geschäft frönen, sondern auch „alte Hasen", die ganz genau wissen,

was sie tun, und denen einzig allein nur das Geld wichtig ist, was es schnell zu verdienen gibt.
Der Berliner Senator für Justiz- und Verbraucherschutz, Herr Thomas Heilmann (CDU), mag sich dieses Drama wohl nicht länger mit ansehen und hat eine Zehn-Punkte-Checkliste ausgearbeitet, in welcher der Verbraucher die wichtigsten Prüfkriterien beim Ankauf einer vermieteten Immobilie ersehen kann (siehe Anhang Seite 219). Diese Checkliste stellt Herr Thomas Heilmann freundlicherweise meinen Lesern zur Verfügung. Die Liste ist inhaltlich so gut ausgearbeitet, dass es nichts mehr hinzuzufügen gibt, interessant nicht nur für den Verbraucher, sondern ebenso für den Berufsanfänger im Maklergewerbe.

2. Cash-Back-Geschäfte

Oftmals geht das Cash-Back-Geschäft mit solchen unseriösen Strukturvertrieben Hand in Hand. Erst recht in diesem Geschäftsbereich sollten Sie als Berufsanfänger nicht auf den schnöden Mammon hereinfallen. Natürlich werden auch hier Eigentumswohnungen zu überhöhten Preisen verkauft. Nur verläuft dieses Geschäft etwas anders, denn hier wird die Not der Verbraucher ausgenutzt, um unproblematisch jede Problemimmobilie zu Höchstpreisen zu verkaufen und als Vermittler bzw. Strukturvertrieb zeitnah viel Geld abzukassieren.
Vor 15 Jahren sagte einmal ein Unternehmer zu mir, dass das Geschäft ja gar nicht mehr funktionieren könne und der Vergangenheit angehöre. Ich weiß es besser, denn es wird immer noch praktiziert und funktioniert wie eh und je. Solange die Banken Eigentumswohnungen so hoch einwerten und diese finanzieren, wird das Geschäft immer gegenwärtig bleiben.
Nun fragen Sie sich, wie es denn funktioniert, dass man als Käufer beim Kauf einer Immobilie Geld bekommen kann?
Leider gibt es massenhaft Menschen, welche durch die verschiedensten Umstände Liquiditätsschwierigkeiten haben. Da sind die Raten vom Haus fällig, eine große Reparatur vom Auto steht an, es müssen drin-

gend die Schulden bei der Schwiegermutter bezahlt werden – die Gründe für die finanziellen Engpässe sind so verschieden wie die Menschen selbst. Meist handelt es sich um nicht sehr hohe Beträge, doch manchmal geht es auch um Menschen, welche kurz vor dem finanziellen Aus stehen und denen die Abgabe der eidesstattlichen Versicherung bevorsteht. Gerade aus diesem Grunde müssen solche Menschen von unseriösen Vermittlern nicht lange überzeugt werden, um ein Cash-Back-Geschäft zu tätigen.

<u>Die Vorgehensweise:</u>
Der Strukturvertrieb inseriert in den lokalen Zeitungen oder im Internet, dass ein Darlehen bzw. Kredit schnell und unbürokratisch in 48 Stunden zu günstigen Zinskonditionen kostenlos vermittelt werden kann. Die Interessenten, welche sich auf das Inserat melden, werden zunächst einmal von den Mitarbeitern des Vertriebs mit allen persönlichen Daten registriert, Bonitätsunterlagen, wie Steuerbescheid, Selbstauskunft, Lohnbescheinigung etc., werden abverlangt. Hat der Vertrieb alle persönlichen Daten, dann wird dem Interessenten ein Angebot gemacht: Er kauft eine Eigentumswohnung und bekommt dafür beispielsweise 10.000 €. Diesen Betrag bekommt er beim Notar nach Unterzeichnung der Urkunde und des Darlehensvertrages. Es folgt das übliche Überzeugungsgespräch betreffend des Vorteils zum Kauf einer Eigentumswohnung: Sachwert, Wertsteigerung, Mieteinnahme, Steuerersparnis usw.
Normalerweise stimmen diese Argumente auch – aber nur, wenn man zu einem guten Preis einkauft, und nicht mit ca. 50%igen Aufschlag, wie bereits schon erwähnt.
Die Not des Kunden für seinen dringenden Geldbedarf wird hier dreist ausgenutzt und umso größer und dringlicher die Geldnot ist, umso schneller sitzen alle Beteiligten beim Notar.
Selbstverständlich funktioniert das Cash-Back-Geschäft nur, wenn der Kunde keinen Schufa-Eintrag hat. Jedoch wird er diesen bald bekommen, denn die Unterdeckung (Tilgung und Zinszahlung zzgl. nicht umlagefähiger Kosten wie Hausverwaltung, Instandhaltungs-

rücklage) ist so hoch, dass alle Käufer als Verlierer dann und wann aus der Sache herausgehen.

Es kommt jedoch nicht selten vor, dass der Kunde noch einen Kredit abzulösen oder andere Schulden zu begleichen hat. Um die Finanzierung für die Eigentumswohnung zu bekommen, müsste der Kunde jedoch schuldenfrei sein. Ist der Betrag oder sind die Beträge nicht zu hoch, dann löst die Vertriebsgesellschaft diese Schulden bei den Gläubigern ab, d. h., der Vertrieb geht hier in Vorleistung. Dies tut er natürlich nur, wenn sichergestellt ist, dass dann der Kunden auch finanziert wird. Damit sichergestellt ist, dass der Vertrieb nicht anderer Leute Schulden bezahlt ohne Eigenverdienst, verringert dieser das Risiko, indem er dem Kunden die Wohnung zunächst einmal beurkunden lässt. Der Vertrieb bekommt in der Regel nach Unterzeichnung des Darlehensvertrages seine Innenprovision vom Initiator und somit können alle Beteiligten, wie Vertrieb, Vermittler und Käufer, den erlegten Bären endlich aufteilen.

Es gibt aber auch andere Geschichten von ganz gierigen Vermittlern. Ohne jegliches Mitleid wird hier der Kunde betrogen und der Kunde kann dies noch nicht einmal anzeigen, denn eigentlich ist dieses Geschäft des Cash-Backs ein Kreditbetrug und Sie können als Beweis keine schriftlichen Zusagen/Vereinbarungen vom Vermittler vorlegen. Selbstredend, dass alles zwischen Ihnen und dem Vermittler nur mündlich besprochen wird. In jedem Falle punkten Sie weder beim Richter noch beim Staatsanwalt, wenn Sie betrogen werden und dies versuchen einzuklagen oder anzeigen.

Es ist noch nicht lange her, da hörte ich folgende Geschichte: Ich habe einen langjährigen Bekannten, welcher Immobilienhändler ist – d. h. er kauft günstig Immobilien, optimiert diese und verkauft sie dann weiter. In diesem Fall hatte er sehr günstig in einer Zwangsversteigerung zwei Wohnungen ersteigert. Die Wohnungen befanden sich zwei Straßen von meinem Wohnort entfernt und er fragte mich, ob ich diese für ihn verkaufen könne. Ich sagte nicht zu, wurden die Wohnungen fehlerhaft gebaut und waren zu teuer. Die Wohnungen waren aufgesetzte Dachgeschosse auf einer Wohnimmobilie mit Flachdach und die Ausführungen der Arbeiten ließen zu wünschen übrig. Sie lagen auf einer Etage nebeneinander und konnten bei Interesse zusammengelegt werden. Ich lehnte also den Auftrag ab, jedoch traf ich beim Einkaufen einen Makler, welcher mir bekannt ist, da er eben auch in meinem Umfeld wohnt und man sich daher oft im Supermarkt trifft. Ich fragte ihn, ob er Kunden für Eigentumswohnungen in dieser Lage hätte, er bejahte und ich vermittelte den Kontakt zu meinem Bekannten, dem Verkäufer. So weit – so gut. Ich hörte lange nichts mehr und bei Gelegenheit fragte ich aus Neugierde bei meinem Bekannten nach, wie oder ob ein Verkauf nun über den lokalen Vermittler erfolgen konnte. Als er den Namen hörte, fluchte er Zetermordio, er wolle mit diesem Betrüger nie mehr etwas zu tun haben. Der Makler fand einen Kunden über einen Strukturvertrieb, welcher an beiden Wohnungen interessiert war und Geld brauchte. Die rechte Wohnung war sehr klein – ca. 50 qm – und leer, die Nebenwohnung war vermietet und verfügte über ca. 100 qm Wohnfläche. Die Idee war, zunächst mit Frau und zwei Kindern in die 50-qm-Wohnung einzuziehen und dann den Mieter in der Nachbarwohnung mit der schönen 100-qm-Wohnfläche aufgrund von Eigenbedarf zu kündigen, die Wohnungen zusammenzulegen und somit eine ziemlich großflächige Wohnung sein Eigentum zu nennen und mit der Familie zu beziehen. Vom Makler wurde ihm eine Cash-Back-Zahlung von 55.000 € (!) versprochen. Von dieser Summe sollten auch der Notar und die Grunderwerbssteuer bezahlt werden. Die Provision für den Makler ist hier noch zuzüglich zu beachten und war auch im Kaufpreis mit eingerechnet! Die Beurkundung erfolgte über den gut bekannten Notar des Maklers. Die finanzierende Bank überwies nach Verbriefung und nach der Grundschuldbestellung – und nach den erfolgten Auszahlungsbedingungen – den Kaufpreis direkt auf das Konto des Verkäufers. Die Parteien fertigten dann einen gefakten Vertrag mit Aufzeichnung von angeblichen Mängeln vom Objekt und einer damit einhergehenden Kaufpreisreduzierung und legten dieses Schriftstück dem Notar – kurz nach der Beurkundung – vor. Die Differenz der Cash-Back-Summe und die Provision des Maklers wurden dem beurkundenden Kaufpreis abgezogen. Das Finanzamt bekam vom Notar die Mitteilung, dass der Kaufpreis nach Beurkundung um

– in diesem Falle 70.000 € – reduziert wurde wegen Abzugs erheblicher Mängel. Der Verkäufer trat den Betrag in Höhe von 55.000 € (die Summe für den Käufer als Cash-Back) zzgl. Provision in Höhe von (in diesem Falle) 15.000 € an den Vermittler ab. Nun hätte es für den Käufer fast ein Happy End gegeben – außer dass er natürlich die mit Mängel behafteten Wohnungen zu einem völlig überhöhten Preis gekauft hatte, denn nicht vergessen: Finanziert wurde der Kaufpreis für alle Beteiligten, den Käufer, Verkäufer und Vermittler – und, last but not least, die Nebenkosten, wie Notar, Löschungen, Grunderwerbssteuer etc. Der Makler war gierig. Sehr gierig. Er gab dem Käufer keinen Cent von dem vereinbarten Cash-Back und behielt somit 70.000 €. Die Grunderwerbssteuer und die Notarkosten musste der Privatkäufer dann aus eigener Tasche bezahlen. Der Mieter in der großen 100-qm-Wohnung zog nicht aus, die Klage auf Eigenbedarf hielt der Käufer nicht durch. Auch mit zwei Kindern und zwei Personen auf engstem Raum zu wohnen, schaffte er nicht lange. Die Unterdeckung war viel zu hoch – und schlussendlich war er pleite.
Wie es mit dem armen Käufer weiterging, weiß keiner. Ich weiß lediglich, dass der lokale Makler bzw. Vermittler nun auch insolvent ist, derzeitig eine Räumungsklage zu erwarten hat, er keine Wohnung zur Miete bekommt, da er schon Schufa-Einträge hat – kaufmännisch gesehen ist dieser Vermittler tot. Karma lässt grüßen.

Ich will niemanden belehren – aber: Man kann immer Geld verdienen, auch sehr viel Geld ist natürlich erlaubt, jedoch ist dies sehr verwerflich, wenn jemand oder etwas dadurch geschädigt wird.

Kapitel VI
Zusammenfassung

1. Gute Vorbereitung – keine Klagen!

Bieten Sie zuerst Ihr Objekt anonymisiert an, d. h. ohne Angabe der Objektadresse bzw. Angabe der Straße. Geben Sie nur den Bezirk und die Lage an.
Das Exposé sollte ordentlich gestaltet und im Überblick für den ersten Eindruck aussagekräftig sein.
Die Fotos der Immobilie sollen nicht erkennen lassen, um welches Objekt es sich genau handelt.
Sichern Sie sich immer Ihre Daten auf einer externen Festplatte.
Aufgrund unserer heutigen Technik können Sie in WORD hervorragend mit den schönsten Fotos und Einarbeitung des Textes ein Factsheet erstellen, welches professionell auf den Kunden wirkt. Wandeln Sie dann das Factsheet in PDF-Format um und versenden sie dieses per E-Mail mit einem netten Anschreiben. Im Factsheet bitte auf keinen Fall vergessen, Ihre AGBs anzugeben.
Provisionshinweis im Factsheet angeben wie nachfolgend empfohlen (die angegebene Höhe der Fee wie von Ihnen gewünscht einsetzen):

Courtage:
Der Käufer zahlt beim Abschluss des Kaufvertrags an den Makler eine Provision in Höhe von 3,57 % des Kaufpreises inkl. 19 % MwSt.

Hinweis zur Käuferprovision:
Der Maklervertrag mit uns kommt entweder durch schriftliche Vereinbarung oder auch durch die Inanspruchnahme unserer Maklertätigkeit auf der Basis des Objekt-Exposees und seiner Bedingungen zustande (siehe unsere beigefügten AGBs).

Interessiert sich der Kunde aufgrund Ihres Exposees und möchte nun mehr wissen, empfehle ich folgende Vorgehensweise:
Geben Sie erst die Adresse bekannt, wenn der Kaufinteressent von Ihnen (nochmals) schriftlich aufmerksam gemacht wurde, dass Ihre Leistung provisionspflichtig ist, und lassen Sie sich kurz bestätigen, dass der Kunde dies so akzeptiert. Da Sie auch persönlich mit Ihrem Kunden sprechen, sagen Sie ihm einfach, dass Sie „der Ordnung halber noch einmal darauf hinweisen, dass Ihre Leistung provisionspflichtig ist und er (der Kunde) Ihnen bitte kurz schriftlich bestätigen möge, dass die Courtage nach Beurkundung durch ihn zahlbar ist". Erklären Sie Ihrem Kunden, dass bei einem Immobilienankauf auch Kaufnebenkosten entstehen, wie Grunderwerbssteuer, Notarkosten und Maklercourtage – und er diese Kosten entweder mitfinanzieren oder dies noch zusätzlich von seinem Eigenkapitaleinsatz tragen muss.

Vorsicht:
Widerspricht dann der Kunde der Zahlung der Courtage, kommt *kein* Maklervertrag zustande! Somit ist dieser Kunde für Sie kein Kunde mehr, denn Sie werden mit ihm nichts verdienen – außer Sie überzeugen Ihren Verkäufer, dass er Ihnen bei erfolgreicher Vermittlung die Courtage zahlt. Bitte geben Sie erst nach Klärung Ihrer Courtage die komplette Objektanschrift bekannt.

Achtung:
Mailen (oder faxen) Sie einem Kunden *unaufgefordert* ein Objekt als Kaufangebot – mit Adressangabe –, kommt *kein* Maklervertrag zustande. Der Kunde kann also den Eigentümer selbst finden und Sie übergehen. Sie öffnen mit dieser Vorgehensweise Tür und Tor für Schlitzohren und könnten leicht Ihr Objekt und somit auch Ihren Verkaufsauftrag verlieren.

Wenn der Kunde nach einer (Innen-)Besichtigung – durchgeführt zusammen mit Ihnen als Makler – interessiert ist und weitere Unterlagen zur Prüfung von Ihnen abfordert, bitten Sie ihn um eine schriftli-

che Interessensbekundung – welche Sie Ihrem Verkäufer vorlegen werden. Sagen Sie dem Kaufinteressenten, dass der Verkäufer wissen will, wem er vertrauliche, prüfungsfähige Unterlagen gibt und somit ist eine schriftliche Interessensbekundung mit vollständiger Angabe der Kontaktdaten unerlässlich. Ohne diese Interessensbekundung empfehle ich Ihnen keinesfalls weitere Objektdaten, geschweige denn Unterlagen, weiterzugeben.
Handelt es sich um ein großvolumiges Objekt, wie ein Hotel, Bürohaus, Nahversorgungszentrum etc., dann reicht eine Interessensbekundung nicht mehr aus. Hier sollte dann eine Verschwiegenheitsvereinbarung bzw. ein NDA (non-disclosure agreement) unterschrieben werden. Mustervertrag hierzu entnehmen Sie bitte dem Anhang auf Seite 235 ff.
Nach Erhalt dieser Interessensbekundung (oder NDA) – an Sie adressiert – können Sie ihm dann weitere prüfungsfähige Unterlagen wie Mieterliste, Bewirtschaftungskosten, Grundrisse etc. übergeben.

Niemals vernachlässigen:
Halten Sie immer alles Wichtige in Ihrer Verkaufsangelegenheit schriftlich fest! Fixieren Sie längere Verhandlungen mit dem Kunden in einem Protokoll schriftlich und lassen Sie dieses dem Kunden per E-Mail zukommen. Für Ihr Erinnerungsvermögen erstellen Sie bitte Aktennotizen. Auch diese können Sie Ihrem Kunden zusätzlich zur Verfügung stellen. Im Geschäftsverkehr (unter Kaufleuten) gilt dies auch als kaufmännisches Bestätigungsschreiben. Im Falle einer gerichtlichen Auseinandersetzung wird Ihnen diese Vorgehensweise sehr hilfreich sein. Zur Übersicht immer einen eigenen Objekt-Ordner anlegen.

Eigentümerbekanntgabe:
Nach Reichung der prüfungsfähigen Unterlagen ist aus diesen sowieso ersichtlich, wer der Eigentümer/Verkäufer ist. Im Schriftverkehr trotzdem unbedingt den Verkäufer benennen, z. B.: „Verkauf Wohn- und Geschäftshaus in der Ziggertstraße 11 in Bochum. Verkäufer/Eigentümer: Hans und Gretel Strohmann, Angabe der Adresse und Te-

lefonnummer: ..." Somit geben Sie dem Käufer Gelegenheit, direkt mit dem Verkäufer in Verhandlung zu treten, was nach dem BGB so sein sollte.

Fazit:

Vergessen Sie niemals, auf Ihre Käuferprovision am Beginn des Geschäfts – am besten mehrmals – hinzuweisen!

Doppeltätigkeiten sind immer anzugeben! Wechselt Ihr Vertragspartner, dann sollten Sie nochmals schriftlich darauf hinweisen, dass Ihre Fee bei Beurkundung fällig wird. Beispiel: Die Firma xy GmbH wollte ursprünglich Ihr Objekt kaufen, nun kauft eine andere Kapitalgesellschaft dieser Gesellschafter ihr Objekt. Dies gilt auch, wenn die Immobilie in eine KG oder ausländische BV/Ltd. gebunden ist, und die Möglichkeit besteht, Anteile zu kaufen (Share Deal) anstatt des Grundstücks.

Lieber einmal mehr auf Ihre Fee hinweisen als zu wenig!

Sie dürfen sich hier nicht genieren, denn im Grunde möchte ja der Kaufinteressent etwas von Ihnen, nämlich ein interessantes Objekt kaufen, welches Sie im Bestand haben. Dies ist ein kaufmännischer Vorgang gemäß dem Maklerrecht.

Es ist Ihr Job, entsprechend Liegenschaften zu vermitteln. Sie als Kaufmann haben entsprechende monatliche hohe Kosten als Selbständiger. Das beginnt mit Bürokosten, den Inseratskosten, den Krankenkassenbeiträgen und endet mit dem Unternehmerrisiko. Sie vermitteln dem Kunden sein Traumhaus oder eine gewinnbringende Kapitalanlage. Ohne Sie könnte der Kunde weder das eine noch das andere für ihn so wichtige Objekt kaufen.

Warum denkt oftmals der Kunde, dass es legitim sei, wenn man versucht, den Makler zu umgehen und somit die Mehrkosten beim Ankauf sparen kann? Alle wollen auf dem Fest tanzen, aber keiner will die Musiker bezahlen. Den Makler um seinen Lohn zu bringen und ihn auszutricksen, ist für mich kein Kavaliersdelikt.

Dennoch gilt vor Gericht nur das Eine: Haben Sie den Maklerkunden auf Ihre Provision im Erfolgsfalle hingewiesen und war der Kunde zur Zahlung einverstanden – oder nicht?

Der Beruf Makler ist ein Dienstleistungsgewerbe. Warum werden alle anderen Dienstleister, wie Heizungsinstallateur, Kellner, Verkäufer, Friseur, Taxifahrer etc., ohne Vorbehalt bezahlt – nur beim Makler möchte der Kunde dies am liebsten vermeiden? Der Anwalt wird nach dem Streitwert bezahlt, auch das Gericht hat die Gerichtskosten nach Höhe des Streitwertes berechnet. Da wird auch ohne zu murren bezahlt. Keiner würde auf die Idee kommen, Leistungen seines Anwaltes in Anspruch zu nehmen und im Nachhinein zu behaupten, von einem Honorar nichts gewusst zu haben. Zeigen Sie also Selbstbewusstsein und geben Sie unmissverständlich bei Ihren Kaufinteressenten an, dass Ihre Leistung kostenpflichtig ist. Sie machen einen guten Job und das muss honoriert werden.
Kein Makler zwingt Käufer oder Verkäufer zu deren Diensten. Wenn Käufer oder Verkäufer der Meinung sind, auch ohne Makler Geschäfte zu tätigen, dann steht es ihnen frei, das zu tun.
Aus Erfahrung kann ich jedoch sagen, dass ein Immobilienverkauf sich nicht präjudizieren lässt, wenn man inseriert und denkt, das wäre es nun – nächste Woche ist Beurkundung.
(Privat-)Verkäufer engagieren spätestens nach drei Monaten einen kompetenten Makler für deren Objektverkauf, weil sie nicht weiterkommen und überfordert sind mit Besichtigungsterminen, Exposéversendungen, Verhandlungen, Reichung von Objektunterlagen an viele interessenten, Abwehr von Maklern usw.
Hat der Makler die Chance, mit seinem Beruf Millionär bzw. wohlhabend zu werden: Meine Antwort ist JA!
Wie realistisch ist diese Aussicht? Nicht jeder Makler wird dies wohl schaffen. Wenn es so einfach wäre, dann würde es sicherlich jeder tun. Einfach ist anders.
Wie können Sie die Chance massiv erhöhen, wohlhabend und erfolgreich zu werden? Machen Sie keine Fehler im Vorfeld betreffend der Vertragsgestaltung und beachten Sie meine Empfehlungen und Hinweise in diesem Buch. Wie schon anfänglich erwähnt, vermeiden Sie somit viel Ärger und Geldverluste.
Natürlich wird es immer Menschen geben, welche Sie zu umgehen versuchen. Machen Sie es diesen Menschen wenigsten schwer. Be-

merken diese Menschen Ihre professionelle Arbeitsweise, werden diese sich sowieso von Ihnen abwenden und nach unerfahrenen Opfern suchen.
Ich habe mit vielen Anwälten gesprochen und alle erzählten mir, dass Jungjuristen in der Zusatzausbildung Immobilienrecht Hochkonjunktur haben. Es spricht also einiges dafür, dass Forderungsklagen der Makler sich massiv erhöht haben. Es scheint so, dass nunmehr den Immobilienkäufern das Maklerrecht nicht unbekannt ist und Fehler und Unwissenheit bei Jungmaklern ausgenutzt werden (siehe Seite 164).
Für eine detaillierte Ausführung zum Maklerrecht empfehle ich Ihnen das Buch von Seydel/Heinbuch: „Maklerrecht – Ein Leitfaden für Makler und ihre Kunden“
Last but not least: Überprüfen Sie immer im Vorfeld den neu akquirierten oder empfohlenen Investor. Wenn in der Homepage dieses Investors angegeben ist, dass dieser „alles“ kauft, von der Sozialimmobilie angefangen bis hin zum Logistikzentrum, Hotel, Wohnanlage, Baumärkte etc., dann ist Vorsicht geboten. Selten bzw. nie kauft ein Investor querbeet alle Arten des Immobilieninvestments, sondern ist meist spezialisiert. Gibt dieser Investor in der Homepage an, dass er für Ihr Objektangebot ALLE Unterlagen – zur Erstsichtung – vorab haben möchte, wie auch das Grundbuch, sämtliche Mietverträge etc., dann sollten Sie noch vorsichtiger werden.
Prüfen Sie dann bitte diesen Investor im Internet unter „Unternehmensregister“. Schauen Sie sich die letzte Bilanz dieser Firma an. Unzählige Male habe ich erlebt, dass es entweder diese Firma nicht mehr gibt, diese Firma keinerlei Gewinne verbuchen konnte, sondern auch noch Verluste einfährt, oder dass diese Firma weniger verdient als eine Reinemachefrau.
Meist sind diese Firmen auch keine Investoren, sondern die GmbH ist als Immobilienvermittler im Handelsregister eingetragen. Dies können Sie alles im Unternehmensregister eruieren.
Aktuell habe ich hierzu eine Firma direkt angerufen und die „Einkaufsleiterin“ auf ihr Ankaufsprofil angesprochen. Sie teilte mir mit, dass ihre Unternehmung für einen Investor sucht (!), man aber

auch selbst kauft. Als ich der Dame sagte, dass die Bilanz ihrer Unternehmung aber sehr mager aussieht und ich auch nicht an Vermittler meine Objektangebote geben will, fragte sie mich, warum ich dann überhaupt anrufe und ob ich einen „Knall" habe. Sie hat dann aufgelegt.

2. Schlusswort

Ich bin seit 1988 im Immobiliengeschäft selbstständig tätig und kann daher auf viele ereignisreiche Jahre zurückblicken. Kein Tag ist wie der andere und so unterschiedlich, wie die Menschen sind, so unterschiedlich verlaufen die Arbeitstage und die Geschäfte. Ich arbeite bestimmt bis ins hohe Alter – einfach weil es mir Spaß macht. Ich liebe meinen Job und bin froh, diesen Beruf für mich gewählt zu haben.

Wie war das doch gleich mit der Prophezeiung aus dem alten arabischen Buch 1978 in meiner Nürnberger Disco?
Reichtum durch Immobilien!
Na ja, ich bin im Laufe meines Lebens stark mit Immobilien in Berührung gekommen. Ob ich dadurch reich geworden bin?
Nun, ich habe alle mir bis jetzt gesetzten Lebensziele erreicht. Dies wäre wohl mit einem Beruf im Angestelltenverhältnis nicht zu verwirklichen gewesen. Ich bin dem damaligen Generalstaatsanwalt noch heute dankbar, dass er mich gefeuert hat. Wäre er nicht schon längst in Pension, hätte ich ihm ein Dankschreiben geschickt.
Es kommt jedoch darauf an, was sich jeder Einzelne unter „Reichtum" vorstellt, die Meinungen dazu sind sehr unterschiedlich. Für einen Milliardär ist ein Millionär ein armer Schlucker. Für einen Hartz-IV-Empfänger bin ich ein Millionär, für einen Menschen aus Sierra Leone ist jeder, der fließend Wasser und zu Essen hat, ein König.
Reichtum bedeutet aber auch, dass man mit sich selbst im Einklang ist und ein glückliches Leben führt. Um wirklich glücklich zu sein, be-

darf es keine Luxusgüter. Der Seelenfrieden, die Familie und Freunde haben absolute Priorität.
Seinem Leben einen Sinn zu geben und die kostbare Zeit nicht mit Unwichtigen zu verschwenden, ist maßgeblich. Andere Menschen an seinem Erfolg teilhaben zu lassen und zu helfen, wo Sie können, sollte im Vordergrund stehen. Lachen, Humor und Frohsinn sind oberstes Gebot.
Somit ist die Vorhersage in diesem arabischen Buch für mich eingetroffen. Zufall?

Ich wünsche Ihnen, liebe Leser, alles Gute auf Ihrem Lebens- und Berufsweg und hoffe, dass ich Ihnen einige nützliche Informationen und Gedankenanstöße liefern konnte.

Kapitel VII
Anhänge zum Buch

1. Ausführungen zum Maklerrecht von RA Lehner

„Ausgewählte Fragen des Maklerrechts"
von *Wolfgang Lehner*, Rechtsanwalt und Fachanwalt für Bau- und Architektenrecht[9]

Inhalt:

9 Veranstaltung der Arbeitsgemeinschaft Baurecht im Anwaltsverein Heidelberg e. V. am 22.07.2008 im Hause der Industrie- und Handelskammer Rhein-Neckar Hans-Böckler-Straße 4, 69115 Heidelberg

V. Das Exposé

VI. Der Alleinauftrag

1. Der allgemeine Alleinauftrag
2. Der qualifizierte Alleinauftrag

VII. Häufig auftretende Probleme bei der Durchsetzung des Provisionsanspruchs

1. Der Vorkenntniseinwand
2. Die Unterbrechung der Kausalität
3. Die unzulässige Doppeltätigkeit
4. Die Verflechtungsproblematik
5. Die wirtschaftliche Gleichwertigkeit
6. Erwerb durch Dritte

VIII. Das selbständige Provisionsversprechen

IX. Die *„Maklerklausel"* im notariellen Kaufvertrag

X. Gefährdung oder Verlust des Provisionsanspruchs

1. Verwirkung des Provisionsanspruchs
2. Provision bei Rücktritt vom Hauptvertrag
3. Provision bei Anfechtung des Hauptvertrages
4. Provision bei Erwerb in der Zwangsversteigerung
5. Provision bei wirtschaftlichem Scheitern des Hauptvertrages

XI. Der Auskunftsanspruch des Maklers

XII. Schadenersatzansprüche des Maklers bei Weitergabe erhaltener Informationen an Dritte

I. Der Maklervertrag

1. Zustandekommen des Vertrages

Der Maklervertrag kommt zustande wie jeder andere Vertrag: Die eine Vertragspartei muss das Angebot der anderen Vertragspartei auf Abschluss des Vertrages **annehmen**.
Der Abschluss des Maklervertrages bedarf keiner bestimmten Form. Er kann - mündlich - schriftlich - durch Zeichen oder - durch konkludentes Verhalten abgeschlossen werden. **Schweigen** auf ein Vertragsangebot bedeutet grundsätzlich nicht dessen Annahme.
Ausnahme: Das Schweigen auf ein sog. kaufmännisches Bestätigungsschreiben *(gilt nur im geschäftlichen Verkehr)*.

2. Laufzeit des Vertrages

Der einfache Maklervertrag läuft grundsätzlich **unbefristet**. Er endet entweder mit der erfolgreichen Tätigkeit des Maklers *(der Hauptvertrag wird abgeschlossen)* oder durch Erklärung einer der Vertragsparteien. Für den **Alleinauftrag** gelten besondere Regelungen

3. Rechtlicher Charakter des Vertrages

Der Maklervertrag ist kein gegenseitiger Vertrag. Er verpflichtet den Makler nicht zum Tätigwerden *(anders: Alleinauftrag)*. Der Maklerkunde ist zur Zahlung der Provision erst und nur dann verpflichtet, wenn aufgrund der Tätigkeit des Maklers der Hauptvertrag zustande kommt. Endet der Maklervertrag, ohne dass der Hauptvertrag abgeschlossen wurde, erhält der Makler keine Provision. Der Maklervertrag ist **kein** Dienstvertrag. Der Makler erhält keine Vergütung für seine erbrachte Tätigkeit. Vergütet wird ausschließlich der Erfolg und zwar unabhängig davon, wie umfangreich die vom Makler hierfür erbrachte Tätigkeit war.

II. Inhalt des Maklervertrages

Der Inhalt des Maklervertrages ist in **§ 652 BGB** wie folgt geregelt:
„Wer für den ***Nachweis*** *der Gelegenheit zum Abschluss eines Vertrages oder*

*für die **Vermittlung** eines Vertrages einen Maklerlohn verspricht, ist zur Entrichtung des Lohnes nur verpflichtet, wenn der Vertrag in Folge des Nachweises oder in Folge der Vermittlung des Maklers zustande kommt.*" Gegenstand des Maklervertrages ist nicht, wie häufig angenommen wird, der Nachweis oder die Vermittlung eines *„Objektes"*, sondern **der *„Nachweis der Gelegenheit zum Abschluss eines Vertrages"* oder die *„Vermittlung eines Vertrages"***.
Gegenstand der Nachweis- und/oder Vermittlungstätigkeit des Maklers ist mithin die **Vertragsgelegenheit**.

1. Tätigkeit des Maklers

Die Tätigkeit des Maklers besteht also entweder in dem ***„Nachweis der Gelegenheit zum Abschluss eines Vertrages"*** *(Nachweistätigkeit)* oder in der ***„Vermittlung eines Vertrages"*** *(Vermittlungstätigkeit)*. Für sonstige Tätigkeiten erhält der Makler **keine Provision**!

a) Nachweistätigkeit

Der BGH hat in seinem Urteil vom 06.07.2006 *(BGH NJW 2006, 3062 m. w. N.)* die Nachweistätigkeit wie folgt definiert: *„Die dem Nachweismakler obliegende Maklerleistung besteht gemäß § 652 Abs. 1 BGB in dem ‚Nachweis der Gelegenheit zum Abschluss eines Vertrages'.*
Nach der Rechtsprechung des BGH ist damit eine Mitteilung des Maklers an seinen Kunden gemeint, durch die dieser in die Lage versetzt wird, in konkrete Verhandlungen über den von ihm angestrebten Hauptvertrag einzutreten. Da der Kunde derartige Verhandlungen nur einleiten kann, wenn er auch erfährt, an wen er sich wegen des angestrebten Vertrags wenden muss, wird der Immobilienmakler seinem am Kauf oder an der Anmietung interessierten Kunden im Allgemeinen nicht nur das konkrete Grundstück zur Kenntnis bringen, sondern auch den Namen und die Anschrift des möglichen Verkäufers oder Vermieters nennen."
Dies ist folgerichtig, da nicht das *„Objekt"*, sondern die *„Vertragsgelegenheit"* nachzuweisen ist.
Ausnahmsweise reicht die Benennung des Objektes dann aus, wenn der Maklerkunde Name und Anschrift des potentiellen Vertragspartners mit der Benennung des Objekts ohnehin erfährt *(wenn der Verkäufer beispielsweise selbst in dem Objekt wohnt)* oder wenn es dem Makler-

kunden zunächst auf die Nennung des Namens des Verkäufers und dessen Anschrift nicht ankommt *(weil er sich etwa zunächst nur darüber informieren will, ob das Objekt für ihn überhaupt geeignet ist) (vgl. hierzu BGH a. a. O. Ziff. 14).*

In diesen Fällen ist es nicht provisionsschädlich, wenn der Makler den Namen des Verkäufers oder Vermieters nicht nennt, weil durch den gegebenen *(unvollständigen)* Nachweis das Interesse des Auftraggebers – jedenfalls zu-nächst – voll befriedigt wird.

b) Vermittlungstätigkeit

*„**Vermitteln**"* im Sinne des § 652 BGB verlangt Verhandeln mit **der anderen Seite**, mit dem Ziel, einen Vertrag mit dem eigenen Auftraggeber zustande zu bringen. Es ist weder notwendig noch ausreichend, dass der Makler **seinem Auftraggeber** mit Rat und Tat zur Seite steht *(Schwerdtner/Hamm, Maklerrecht, 5. Auflage, Rd.-Nr. 225 m. w. N.).*

Erforderlich ist, dass er Verbindung **zum Dritten** aufnimmt und **auf diesen** einwirkt, einen Vertrag mit seinem Auftraggeber abzuschließen. In seinem Urteil vom 19.09.1991 hat das Oberlandesgericht Koblenz *(OLG Koblenz NJW-RR 1992, 891, 892)* dies wie folgt formuliert: *„Entscheidend ist die Aufnahme des Kontaktes mit der **Gegenseite**. Auf sie muss der Makler einwirken mit dem Ziel, das Geschäft mit dem Auftraggeber zustande zu bringen."* *Vermitteln* setzt mithin eine Einwirkung auf die Willensentschließung des vorgesehenen Vertragspartners des Auftraggebers voraus *(BGH NJW-RR 1987, 1108; BGH BB 1968, 148; Dehner, NJW 1997, 18, 21, Fischer, NJW 2008, 183).*

Vermittlungstätigkeit in diesem Sinne ist die bewusste finale Herbeiführung der Abschlussbereitschaft des Vertragspartners *(BGH NJW 1976, 1844; Mächle, Maklerrecht von A-Z, 2. Auflage Stichwort „Vermittlungsmakler").* Dabei reicht nicht jede Tätigkeit aus. Die Einwirkung auf die Willensentschließung des anderen Teils muss vielmehr eine *„gewisse Stärke"* haben *(Zopfs, Das Maklerrecht in der neueren höchstrichterlichen Rechtssprechung, 3. Auflage, Rd.-Nr. 31 m. w. N.).*

2. Arten des Maklervertrages

a) Der einfache Maklervertrag

Wird nichts anderes vereinbart, kommt zwischen dem Makler und seinem Kunden ein **einfacher Maklervertrag** zustande. Der Makler ist in der Regel nicht zum Tätigwerten verpflichtet. Bleibt er untätig, wird er vermutlich auch keine Provision verdienen. Der Makler wird also schon im eigenen Interesse eine Erfolg versprechende Tätigkeit entfalten. Beim einfachen Maklerauftrag ist der Kunde berechtigt, weitere Makler einzuschalten oder eigene Verkaufs- oder Erwerbsbemühungen zu unternehmen. Es besteht deshalb die Möglichkeit, dass sich der Maklerauftrag erledigt, bevor der Makler seine Nachweis- und/oder Vermittlungstätigkeit erfolgreich abschließen konnte. Für diesen Fall erhält der Makler trotz der erbrachten Tätigkeit keine Provision. Der einfache Maklervertrag stellt deshalb für den Makler keine befriedigende Lösung dar.

b) Der allgemeine Alleinauftrag

Vereinbart der Makler mit seinem Kunden einen allgemeinen Alleinauftrag, ist es dem Kunden während der Laufzeit des Vertrages untersagt, weitere Makler zu beauftragen oder sich die Dienste anderer Makler gefallen zu lassen. Da der Begriff des allgemeinen Alleinauftrages gerade in Verbraucherkreisen nicht als bekannt vorausgesetzt werden kann, empfiehlt es sich in jedem Fall formularmäßig auf das Wesen des Alleinauftrages hinzuweisen. Als Gegenleistung ist der Makler – anders als beim einfachen Maklervertrag – zum Tätigwerden verpflichtet.

c) Der qualifizierte Alleinauftrag

Im Gegensatz zum allgemeinen Alleinauftrag ist der qualifizierte Alleinauftrag dadurch gekennzeichnet, dass es dem Maklerkunden während der Laufzeit des Vertrages nicht nur untersagt ist, andere Makler zu beauftragen und/oder sich die Dienste anderer Makler gefallen zu lassen. Der Maklerkunde ist darüber hinaus verpflichtet, eigene Verkaufsbemühungen zu unterlassen und eigene Interessenten an den Makler zu verweisen. Ferner verpflichtet er sich in der Regel, den

Makler zu etwaigen Vertragsverhandlungen mit eigenen Interessenten hinzuzuziehen *(sog. Hinzuziehungs- und Verweisungsobliegenheit)*. Hierdurch ist sichergestellt, dass der Makler während der Laufzeit des Alleinauftrages eine Gewähr dafür hat, dass es allein seinem Geschick obliegt, eine Vertragsgelegenheit nachzuweisen und/oder zu vermitteln. Ein Makler wird deshalb stets bestrebt sein, mit seinem Auftraggeber *(in der Regel dem Verkäufer)* einen qualifizierten Alleinauftrag abzuschließen. Als Gegenleistung ist der Makler auch hier – anders als beim einfachen Maklerauftrag – zum Tätigwerden verpflichtet.

3. Die Provision *(§ 652 BGB: Der „Maklerlohn")*

a) Die Voraussetzungen für die Entstehung des Provisionsanspruchs

aa) Es muss ein wirksamer Maklervertrag abgeschlossen worden sein.

bb) Der Makler muss eine Maklertätigkeit *(Nachweis und/oder Vermittlung)* erbracht haben.

cc) Der Hauptvertrag *(in der Regel notarieller Kaufvertrag)* muss abgeschlossen worden sein.

dd) Die Maklertätigkeit muss für den Abschluss des Hauptvertrages kausal *(= ursächlich)* gewesen sein.

ee) Der Hauptvertrag darf nicht nachträglich wegen eines immanenten Mangels unwirksam geworden sein.

b) Höhe der Provision

aa) Gesetzliche Regelung *(§ 653 Abs. 2 BGB)*: Die Höhe der Provision ist frei verhandelbar. Wird die Höhe der Provision nicht ausdrücklich vereinbart, gilt § 653 Abs. 1 BGB: Danach gilt eine Provision als stillschweigend vereinbart, *„wenn die dem Makler übertragene Leistung den Umständen nach nur gegen eine Vergütung zu erwarten ist"*. Diese gesetzliche Regelung wird sehr einschränkend ausgelegt. In der Regel muss eine Provision stets ausdrücklich vereinbart werden. Vereinbaren die Parteien zwar eine Provision, nicht aber deren Höhe, gilt § 653 Abs. 2 BGB: Für diesen Fall ist *„der übliche Lohn als vereinbart anzusehen"*. Was dem üblichen Lohn entspricht, richtet sich nach den regionalen Ge-

pflogenheiten. In den meisten Bundesländern beträgt die übliche Provision jeweils 3% zzgl. Mehrwertsteuer vom Verkäufer und Käufer. In Hessen zahlt üblicherweise nur der Käufer 5% des Kaufpreises zzgl. Mehrwertsteuer. Diese Regelung hat sich auch im nördlichen Landesteil von Rheinland-Pfalz eingebürgert. Da es Grenzfälle gibt, ist es stets sinnvoll, die Höhe der Provision ausdrücklich zu vereinbaren.
bb) Verschiedene Arten der Provisionsvereinbarung - Prozentsatz vom Kaufpreis - Festbetrag - Höchstbetrag - Übererlösklausel - Sonstiges

c) Das Provisionsverlangen

Ein Provisionsanspruch steht dem Makler nur und ausschließlich dann zu, wenn mit dem Kunden eine entsprechende Provisionsvereinbarung abgeschlossen wurde *(Ausnahme: § 653 Abs. 1 BGB)*. Häufig fehlt es an einer solchen Vereinbarung.
Zahlreiche Prozesse werden um die Frage geführt, ob der Makler mit seinem Kunden eine Provisionsvereinbarung abgeschlossen hat. Der Bundesgerichtshof hat hierzu in ständiger Rechtssprechung folgenden Grundsatz entwickelt *(BGH NJW-RR 2007, 400, 401)*: *„Derjenige, der sich an einen Makler wendet, der mit ‚Angeboten' werbend im geschäftlichen Verkehr auftritt, erklärt damit noch nicht schlüssig seine Bereitschaft zur Zahlung einer Maklerprovision für den Fall, dass ein Vertrag über das angebotene Objekt zustande kommt."*
Die Begründung des BGH für diese vielfach gegeißelte Rechtsprechung ist folgende: *„Der Interessent darf nämlich, soweit ihm Gegenteiliges nicht bekannt ist, davon ausgehen, dass der Makler das Objekt von dem Verkäufer an die Hand bekommen hat und deshalb mit der angetragenen Weitergabe von Informationen eine Leistung für den Anbieter erbringen will. Ohne Weiteres braucht der Kaufinteressent in einem solchen Fall nicht damit zu rechnen, dass der Makler auch von ihm eine Provision erwartet."*
Es ist deshalb **unabdingbar**, dass der Makler den Kaufinteressenten vor Beginn seiner Tätigkeit unmissverständlich und – nach Möglichkeit nachweisbar – darauf hinweist, dass er **von ihm** – dem Kaufinteressenten – eine Provision verlangt. Nimmt der Kaufinteressent daraufhin in Kenntnis dieses Provisionsverlangens sogenannte mak-

lertypische Leistungen in Anspruch, kommt der Maklervertrag **konkludent** zustande. Hierzu der BGH *(a. a. O.)*: *„Nach der genannten Rechtsprechung ist die Situation aber anders, wenn der Makler den Kaufinteressenten unmissverständlich auf eine von ihm im Erfolgsfall zu zahlende Käuferprovision hingewiesen hat. Ein Kaufinteressent, der in Kenntnis des eindeutigen Provisionsverlangens die Dienste des Maklers in Anspruch nimmt, gibt damit grundsätzlich in schlüssiger Weise zu erkennen, dass er den in dem Provisionsbegehren liegenden Antrag auf Abschluss eines Maklervertrages annehmen will."*

Diese Rechtsprechung hat schon viele Provisionsansprüche gerettet, vorausgesetzt, dem Makler gelang es, sein *„unmissverständliches"* Provisionsverlangen zu beweisen. *„Unmissverständlich"* bedeutet in diesem Zusammenhang, dass der Kaufinteressent das Provisionsverlangen tatsächlich zur Kenntnis nehmen konnte. In einer Nachweisbestätigung versteckte Provisionsverlangen genügen dieser Anforderung möglicherweise nicht.

Dasselbe gilt für ein im Exposé an unauffälliger Stelle untergebrachtes Provisionsverlangen. Gerichte haben gelegentlich argumentiert, in einer Nachweisbestätigung erwarte ein Kunde die Bestätigung eines Nachweises, im Exposé die Beschreibung eines Objektes, nicht aber ein Provisionsverlangen.

Hier gilt also der Grundsatz: **Je deutlicher, umso besser**.

Dies bedeutet: Die bloße Entgegennahme maklertypischer Leistungen ohne vorheriges ausdrückliches Provisionsverlangen seitens des Maklers führt nicht zum Abschluss eines Maklervertrages. Danach reicht beispielsweise auch die Besichtigung des Verkaufsobjektes zusammen mit dem Makler für einen schlüssigen Vertragsabschluss nicht aus, wenn der Makler nicht **zuvor** ausdrücklich auf sein Provisionsverlangen hingewiesen hat *(st. Rspr. BGH NJW-RR 1999, 361; BGH NJW-RR 1996, 114 m. w. N.; OLG Koblenz NJW-RR 1997, 75; OLG Düsseldorf MDR 1998, 1341; BGH NJW 2002, 817; OLG Rostock NJW-RR 2006, 857; BGH NJW-RR 2007, 400, 401).*

Erforderlich ist stets, dass der Maklerkunde **in Kenntnis des Provisionsverlangens des Maklers** maklertypische Leistungen in Anspruch nimmt *(Schwerd-tner/Hamm, Maklerrecht, 5. Auflage, Rd.-Ziff. 98 ff.; Wegener/Sailer/Raab, Der Makler und sein Auftraggeber, 5. Auflage, Rd.-*

Ziff. 36; Mächle, a. a. O., Stichwort „Maklervertrag"; Palandt BGB, 66. Auflage, § 652 Rd.-Ziff. 4).

Erbringt der Makler beispielsweise durch die Übergabe eines Exposés maklertypische Leistungen, ohne dass er zuvor auf seinen Provisionsanspruch hingewiesen hat, kommt kein Maklervertrag zustande. Die bloße Entgegennahme des Exposés, in dem ein Hinweis auf das Entstehen einer Provisionsforderung zu Lasten des Käufers enthalten ist, führt – für sich allein – nicht zum Abschluss eines Maklervertrages. Nutzt der Kunde die im Exposé enthaltenen Angaben aus und schließt – ohne weitere Hinzuziehung des Maklers – den Kaufvertrag ab, steht dem Makler ein Provisionsanspruch nicht zu *(OLG Rostock NJW-RR 2006, 857, 858).*

4. Der Aufwendungsersatzanspruch

Da der Provisionsanspruch nur und erst im Erfolgsfall *(Abschluss des Hauptvertrages)* entsteht, hat der Makler bei einem erfolglosen Abschluss seiner Tätigkeit keinen Anspruch auf irgendeine Vergütung oder auf Kostenersatz gegen seinen Auftraggeber, wenn er mit diesem nicht ausdrücklich etwas anderes vereinbart hat. Er bleibt mithin auf sämtlichen Kosten sitzen. Etwas anderes gilt, wenn der Makler mit seinem Kunden ausdrücklich die Erstattung der ihm entstandenen Auslagen vereinbart hat. Eine solche Vereinbarung ist grundsätzlich möglich. § 652 Abs. 2 BGB lautet wie folgt: *„Aufwendungen sind dem Makler nur zu ersetzen, wenn es vereinbart ist. Dies gilt auch dann, wenn ein Vertrag nicht zustande kommt."*

Trifft der Makler mit seinem Auftraggeber eine entsprechende Vereinbarung, kann er mithin die ihm bei der Ausführung des Auftrages tatsächlich entstandenen Aufwendungen ersetzt verlangen. Aufwendungsersatz ist **Kostenersatz**.

Der Makler kann also im Gewande des Aufwendungsersatzes keine erfolgsunabhängige Provision berechnen, etwa Zeitaufwand für Besprechungen, Besichtigungen o. ä.. Zum Aufwendungsersatz gehören nur die tatsächlich entstandenen Kosten wie Inseratskosten, Fahrtkosten, Telefonkosten, Kopierkosten u. a. *(vgl. OLG Karlsruhe NJW-RR 2003, 1426).* Der Aufwendungsersatz kann auch in Allgemeinen

Geschäftsbedingungen vereinbart werden. Auch eine Pauschalierung ist möglich. Die Rechtsprechung akzeptiert hier einen *„mäßigen Höchstbetrag"*, der allerdings maximal bei 8 bis 9% des im Erfolgsfall entstehenden Provisionsanspruchs liegen sollte. Alles darüber hinaus ist kritisch. Es kann auch eine Pauschalierung der jeweiligen Positionen erfolgen. Diese Pauschalierung muss sich jedoch an den tatsächlichen Kosten orientieren *(BGH NJW 1987, 1634)*.

Auf keinen Fall darf versucht werden, im Gewande des Aufwendungsersatzes in Allgemeinen Geschäftsbedingungen eine erfolgsunabhängige Provision durchzusetzen. Solche Klauseln sind stets unwirksam.

III. Die Bedeutung Allgemeiner Geschäftsbedingungen

In Allgemeinen Geschäftsbedingungen kann grundsätzlich nur geregelt werden, was den Vertragspartner nicht entgegen den Geboten von Treu und Glauben unangemessen benachteiligt. Eine solche unangemessene Benachteiligung ist im Zweifel anzunehmen, wenn eine Bestimmung mit wesentlichen Grundgedanken der gesetzlichen Regelung, von der abgewichen wird, nicht zu vereinbaren ist oder wenn wesentliche Rechte oder Pflichten, die sich aus der Natur des Vertrages ergeben, so eingeschränkt werden, dass die Erreichung des Vertragszwecks gefährdet ist. Grundsätzlich bedeutet dies für den Makler, dass in Allgemeinen Geschäftsbedingungen nichts wirksam vereinbart werden kann, was von dem gesetzlichen Leitbild des Maklervertrages abweicht. Damit kann in Allgemeinen Geschäftsbedingungen insbesondere keine erfolgsunabhängige Provision vereinbart werden, gleich wie sie bezeichnet wird.

Ferner kann nicht vereinbart werden, dass die Provision – auch bei Eintritt des Erfolgs – unabhängig davon bezahlt werden muss, ob der Makler eine für den Erfolg wesentliche und kausale Maklerleistung *(Nachweis und/oder Vermittlungstätigkeit)* erbracht hat.

Dies bedeutet aber nicht, dass nicht doch zahlreiche wichtige Punkte in Allgemeinen Geschäftsbedingungen geregelt werden können. So

können die Pflichten des Kunden bei Abschluss eines **allgemeinen Alleinauftrages** in Allgemeinen Geschäftsbedingungen geregelt werden.
Dasselbe gilt für eine **Schadenersatzpflicht** bei Weitergabe der vertraulich erteilten Informationen an Dritte.
Auskunftsansprüche des Maklers gegen seinen Auftraggeber können in Allgemeinen Geschäftsbedingungen ebenso wirksam geregelt werden *(BGH NJW-RR 2006, 496, 498; Schwerdtner/Hamm, a. a. O. Rd.-Ziff. 640 ff.)* wie das **Recht auf Grundbucheinsicht** *(Schwerdtner/Hamm, a. a. O. Rd.-Ziff. 639 m. w. N.)*.

Allgemeine Geschäftsbedingungen sind alle für eine Vielzahl von Verträgen vorformulierten Vertragsbedingungen, die eine Vertragspartei *(Verwender)* der anderen Vertragspartei bei Abschluss eines Vertrages stellt *(§ 305 abs. 1 BGB)*.

Individuelle Vereinbarungen im Einzelfall sind mithin **keine** Allgemeinen Geschäftsbedingungen. Häufig ist schon an der äußeren Form erkennbar, ob es sich um Allgemeine Geschäftsbedingungen oder individuelle Vereinbarungen handelt.

Die äußere Form ist jedoch lediglich ein Indiz für den Charakter der Vereinbarung. Auch handschriftliche oder sogar mündliche Vereinbarungen können Allgemeine Geschäftsbedingungen sein, genauso wie es sich bei einem gedruckten Text um eine Individualvereinbarung handeln kann.
Verwendet der Makler Allgemeine Geschäftsbedingungen, können auch diese zu einer Individualabrede werden. Voraussetzung ist allerdings, dass der Makler bereit war, die betreffenden Klauseln ernsthaft zur Disposition zu stellen.

In einem Aufsatz von Schwerdtner *(NJW 1990, 369, 370)* heißt es hierzu kritisch: *„Wie führt man den Beweis, dass man ‚ernsthaft' bereit war, die einzelnen Klauseln zum Gegenstand von Verhandlungen zu machen? Nötigt dies die Maklerunternehmen nicht dazu, ein Beschäftigungsprogramm aufzulegen,* *in dessen Rahmen Angestellte neu eingestellt werden, um mit dem Kunden die einzelnen Punkte zwei- oder dreimal durchzugehen, um mehrfach Verhandlungsbereitschaft kund zu tun?"* Letztlich sollten sich deshalb Allgemeine Geschäftsbedingungen stets im Rahmen des rechtlich Zulässigen bewegen. Alles andere führt im Streitfall zu unkalkulierbaren Prozessrisiken.

IV. Besonderheiten bei Maklerverträgen mit Mietinteressenten

Für den Makler, der für einen Wohnungs-Mietinteressenten provisionspflichtig tätig ist, gilt das **Wohnungsvermittlungsgesetz** *(WoVermittG)*. Danach unterliegt die provisi-onspflichtige Tätigkeit des Maklers einigen Einschränkungen. Die näheren Einzelheiten sind in § 2 des Gesetzes geregelt.

Danach besteht ein Provisionsanspruch nicht, wenn *- durch den Mietvertrag ein Mietverhältnis über dieselben Wohnräume fortgesetzt, verlängert oder erneuert wird, - der Mietvertrag über Wohnräume abgeschlossen wird, deren Eigentümer, Verwalter, Mieter oder Vermieter der Wohnungsvermittler ist, - der Mietvertrag über Wohnräume abgeschlossen wird, deren Eigentümer, Verwalter oder Vermieter eine juristische Person ist, an der der Wohnungsvermittler rechtlich oder wirtschaftlich beteiligt ist, oder - der Mietvertrag über öffentlich geförderte Wohnungen oder über sonstige preisgebundene Wohnungen abgeschlossen wird.*

Die Höhe der Provision darf zwei Monatsmieten zzgl. Mehrwertsteuer nicht übersteigen *(§ 3 WoVermittG)*. Ordnungswidrig handelt, wer die Provision nicht *„in einem Bruchteil oder Vielfachen der Monatsmiete angibt" (§ 8 Abs. 1 Nr. 1 WoVermittG)*.

Ordnungswidrig handelt ferner, wer mehr als zwei Monatsmieten Provision zzgl. Mehrwertsteuer verlangt *(§ 8 Abs. 1 Nr. 2 WoVermittG)*, wer Wohnraum anbietet, ohne hierzu einen Auftrag zu haben *(§ 8 Abs. 1 Nr. 3 WoVermittG)* und wer in seiner Werbung oder in seinen Angeboten bestimmte Angaben nicht macht *(§ 8 Abs. 1 Nr. 4 WoVermittG)*.

V. Das Exposé

Ein Exposé ist nirgendwo zwingend vorgeschrieben. Gleichwohl ist es das Aushängeschild des Maklers. Es sollte deshalb nicht nur ansprechend, sondern auch sorgfältig gestaltet sein. Die im Exposé enthaltenen Angaben sind oft maßgeblich für die Kaufentscheidung des Interessenten. Die Angaben müssen deshalb **richtig** sein. In dem Exposé gibt der Makler Informationen weiter, die er zuvor vom Eigentümer er-halten hat. Eigene Erkundigungen stellt der Makler in der Regel nicht an. Dies muss er grundsätzlich auch nicht, wie die Rechtsprechung bereits mehrfach entschieden hat.
In einem Urteil des Bundesgerichtshofs vom 18.01.2007 *(BGH NJW-RR 2007, 711)* heißt es hierzu: *„Es gilt also für den Makler weiterhin, dass er Informationen, die er von dem Veräußerer erhalten hat, grundsätzlich ungeprüft weitergeben darf. Das setzt allerdings voraus, dass der Makler die betreffenden Informationen – insbesondere wenn er diese in einem eigenen Exposé über das Objekt herausstellt – mit der erforderlichen Sorgfalt eingeholt und sondiert hat; dazu gehört, dass der Makler keine An-gaben der Verkäuferseite in sein Exposé aufnimmt, die nach den in seinem Berufsstand vorauszusetzenden Kenntnissen ersichtlich als unrichtig, nicht plausibel oder sonst als bedenklich einzustufen sind. Hiervon abgesehen schuldet der Makler seinem Auftraggeber grundsätzlich keine Ermittlungen; insbesondere darf er im Allgemeinen auf die Richtigkeit der Angaben des Verkäufers vertrauen.“*
Danach ist der Makler lediglich sogenannter Wissensvertreter. Ihm obliegt im Allgemeinen keine eigene Erkundigungs- oder Nachprüfungspflicht.
Ungeachtet dessen kommt es häufig zu Prozessen zwischen Verkäufer und Käufer über die im Exposé enthaltenen Angaben *(die sich nachträglich als unrichtig heraus stellten)*. Verkäufer neigen in dieser Situation gelegentlich zu der Argumentation, die im Exposé enthaltenen Angaben stammten nicht von ihnen, sondern unmittelbar vom Mak-

ler. Der Makler kann dann oft den Gegenbeweis nicht bringen, obwohl er tatsächlich alle Informationen vom Verkäufer erhalten hat.

Es empfiehlt sich daher, im Exposé folgenden Text aufzunehmen: *„Die in diesem Exposé und etwaigen Anlagen und Plänen enthaltenen Angaben und Objektbeschreibungen beruhen ausschließlich auf Angaben des Eigentümers bzw. Auftraggebers. Für die Richtigkeit und Vollständigkeit der Angaben kann daher keine Haftung übernommen werden. Der Makler ist gerne bereit, auf Wunsch des Kunden beim Eigentümer/Auftraggeber weitere Informationen einzuholen."*
Zur eigenen Absichtung empfiehlt es sich unbedingt, das Exposé nach Fertigstellung vom Verkäufer prüfen und dessen inhaltliche Richtigkeit auf einem Belegexemplar unterschriftlich bestätigen zu lassen. Nur so ist der Makler vor späteren unliebsamen Überraschungen sicher. Stellt der Makler eigene Untersuchungen an *(etwa zum Baujahr der Immobilie, zur Bebaubarkeit des Grundstücks, zur Erschließungssituation u. a.)*, ist besondere Vorsicht geboten. Für eigene Angaben haftet der Makler unmittelbar selbst, und zwar, je nach Vertragssituation, gegenüber Verkäufer und Käufer. Da sich der Verkäufer in der Regel die Angaben des Maklers im Exposé zurechnen lassen muss, können fehlerhafte Angaben im Exposé zu einer Anfechtung des Kaufvertrages führen – mit unabsehbaren Schadenersatzforderungen auch gegen den Makler. Hier sind mithin ganz besondere Vorsicht und Sorgfalt geboten.

V. Das Exposé

Fast alle Makler veröffentlichen inzwischen ihre Angebote in entsprechenden Exposés im Internet *(immobilienscout24.de, immowelt.de, immonet.de u. a.)*. Für diese Exposés gelten dieselben Grundsätze wie für alle anderen Exposés auch: Die Angaben müssen richtig sein.

Probleme ergeben sich in der Regel nicht wegen der Inhalte der Exposés, sondern im Zusammenhang mit der Frage, ob ein in dem On-

line-Exposé enthaltenes Provisionsverlangen zum Abschluss eines provisionspflichtigen Maklervertrages geführt hat. Ist in dem Online-Exposé ein deutlich erkennbares Provisionsverlangen enthalten, kommt der provisionspflichtige Maklervertrag zustande, sobald der Maklerkunde in Kenntnis dieses Provisionsverlangens maklertypische Leistungen in Anspruch nimmt.
Um später auch den entsprechenden Beweis führen zu können, ist es **unbedingt** erforderlich, die Online-Exposés zu archivieren, um notfalls in einem viel später stattfindenden Rechtsstreit hierauf zurückgreifen und den entsprechenden Nachweis führen zu können. Da Online-Exposés häufig geändert werden, ist es wichtig, alle Änderungen zu dokumentieren. Es sind Gerichtsverfahren bekannt, in denen es dem Makler nicht gelungen ist, im Einzelnen nachzuweisen, auf welches Exposé sich der Kunde seinerzeit gemeldet hatte.
An diesem Unvermögen kann im Streitfall ein begründeter Provisionsanspruch scheitern. Hier ist also unbedingt Sorgfalt geboten.

VI. Der Alleinauftrag

1. Der allgemeine Alleinauftrag

Der allgemeine Alleinauftrag wird in der Regel durch den Verkäufer erteilt. Es ist zwar auch ein Alleinauftrag durch den Kaufinteressenten denkbar. Ein solcher Vertrag ist in der Praxis jedoch eher selten. Durch den allgemeinen Alleinauftrag verpflichtet sich der Verkäufer, währen der Laufzeit des Vertrages keinen anderen Makler einzuschalten und sich die Dienste anderer Makler nicht gefallen zu lassen *(Schwerdtner/Hamm a. a. O. Rd.-Ziff. 948 ff.).*

Die Laufzeit des Vertrages wird in der Regel zeitlich begrenzt und mit einer Verlängerungsklausel versehen. Dies ist rechtlich nicht zu beanstanden. Will sich der Verkäufer vorzeitig vom Vertrag lösen, weil er etwa seine Verkaufsabsicht aufgegeben hat, sollte der Makler diesem Wunsch nachkommen.

Es ist nicht sinnvoll, wenn der Makler dem Verkäufer weiterhin Kaufinteressenten anbietet, obwohl dieser zum Verkauf nicht mehr bereit ist. Andererseits kommt es vor, dass der Verkäufer hinter dem Rücken des Maklers den Verkauf weiter betreibt und/oder einen anderen Makler einschalten möchte. In diesen Fällen ist also Wachsamkeit geboten. Es hat schon häufig Situationen gegeben, in denen der Verkäufer dann doch mit einem vom Makler nachgewiesenen Kaufinteressenten abgeschlossen hat.

Für diesen Fall steht dem Makler die Provision selbstverständlich auch dann zu, wenn der Vertragsabschluss erst nach dem Ende des Alleinauftrages erfolgt. Dies gilt im Übrigen auch für den einfachen Maklervertrag.

Rechtssprechung und Literatur billigen dem Makler bei unerlaubter Einschaltung eines oder mehrerer anderer Makler durch den Auftraggeber während der Laufzeit des Alleinauftrages einen Schadenersatzanspruch aus positiver Vertragsverletzung zu *(BGH NJW-RR 1996, 1276, 1277).*

Dieser geht jedoch in der Regel nur auf Ersatz der vergeblichen Aufwendungen. Dem Makler ist es im konkreten Fall kaum möglich darzulegen, dass ihm die vereinbarte Provision entgangen ist.

Voraussetzung hierfür wäre nämlich, dass der Makler nachweist, dass der Verkäufer, hätte er keinen anderen Makler eingeschaltet, den Vertrag mit einem von dem ursprünglich beauftragten Makler nachgewiesenen Interessenten abgeschlossen hätte. Dieser Nachweis kann in der Regel nicht geführt werden. Es ist deshalb richtig, stets eine sogenannte *Hinzuziehungs- und Verweisungsobliegenheit* zu vereinbaren.

Eine solche Vereinbarung muss auch im Wege Allgemeiner Geschäftsbedingungen möglich sein, da sie lediglich die sich aus dem ein-fachen Alleinauftrag ergebenden Pflichten beschreibt. Da streitig ist, ob sich die *Hinzuziehungs- und Verweisungsobliegenheit ohne Weiteres* aus dem einfachen Alleinauftrag ergibt, ist eine zusätzliche Regelung in den Allgemeinen Geschäftsbedingungen zu empfehlen. Ist die Hinzuziehungs- und Verweisungsobliegenheit vereinbart, ist der Makler im Wege konkreter Schadensberechnung so zu stellen, wie er stehen würde, wenn die vereinbarte Hinzuziehung oder Verweisung erfolgt wäre. Dann aber wäre die Tätigkeit des Maklers häufig zumindest mitursächlich für den Vertragsabschluss geworden, so dass die Provision angefallen wäre. Auch könnte der Makler eine **Vermittlungstätigkeit** erbracht haben. Dementsprechend ist folgende Formulierung vorzuschlagen:

„Der Auftraggeber wird, während der Dauer des Alleinauftrages keine anderen Makler beauftragen und sich die Dienste anderer Makler nicht gefallen lassen. Beauftragt er entgegen dieser Vereinbarung gleichwohl einen anderen Makler oder lässt er sich die Dienste eines anderen Maklers gefallen, ist er verpflichtet, von diesem Makler zugeführte Interessenten an den beauftragten Makler zu verweisen und/oder diesen zu etwaigen Verhandlungen mit dem Interessenten hinzuzuziehen. Eigengeschäfte des Auftraggebers bleiben hiervon unberührt."

Der allgemeine Alleinauftrag kann im Wege Allgemeiner Geschäftsbedingungen vereinbart werden *(Schwerdtner/Hamm, a. a.O. Rd.-Ziff. 957)*. In dem bereits zitierten Beitrag von Schwerdtner *(NJW 1990, 369)* heißt es zum Wert des – allgemeinen – Alleinauftrages: *„Bedenkt man die mageren Rechtsfolgen eines Verstoßes gegen die Obliegenheit, keine anderen Makler während der Laufzeit eines Alleinauftrages einzuschalten, so erweist sich der Alleinauftrag als ein Papiertiger. Allein die Fehlvorstellungen weiter Bevölkerungskreise über die Pflichtenstruktur eines Alleinauftrages lassen diesen Geschäftstyp für die Makler noch interessant erscheinen."*
Seit der Veröffentlichung dieses Aufsatzes sind mehr als 18 Jahre vergangen. Die Befürchtungen Schwerdtners haben sich **nicht** bewahrheitet: Der Alleinauftrag ist nach wie vor der gängige Vertragstyp der Maklertätigkeit für die Verkäuferseite. In der Tat wird die eingegangene Verpflichtung, währen der Laufzeit des Vertrages keine weiteren Makler zu beauftragen, durchweg eingehalten.
Dieselben Grundsätze gelten auch für den *qualifizierten* Alleinauftrag. Dieser kann jedoch nur im Wege der Individualabrede vereinbart werden *(siehe hierzu VI. 2.)*.

2. Der qualifizierte Alleinauftrag

Der allgemeine Alleinauftrag verpflichtet den Auftraggeber lediglich, während der Laufzeit des Vertrages keine anderen Makler zu beauftragen und sich die Dienste anderer Makler nicht gefallen zu lassen. Der Auftraggeber ist jedoch weiterhin befugt, das Objekt an eigene Interessenten zu veräußern. Soweit der Makler hieran nicht beteiligt ist, erhält er in diesem Fall keine Provision. Der Makler ist deshalb daran interessiert, auch *„Eigengeschäfte"* des Auftraggebers durch eine entsprechende Vereinbarung auszuschließen. Im Gegensatz zum allgemeinen Alleinauftrag spricht man in diesem Fall von einem ***qualifizierten*** Alleinauftrag. Nach herrschender Rechtsprechung kann ein qualifizierter Alleinauftrag nicht im Wege allgemeiner Geschäftsbedingungen vereinbart werden. Erforderlich ist eine *Individualabrede.*

Eine solche Vereinbarung könnte folgenden Wortlaut haben: *„Während der Laufzeit des Alleinauftrages wir der Auftraggeber auch eigene Interessenten an den Makler verweisen. Zu etwaigen Vertragsverhandlungen mit eigenen Interessenten wird der Auftraggeber den Makler hinzuziehen. Der Auftraggeber wird während der Laufzeit des Alleinauftrages den Kaufvertrag nicht mit eigenen Interessenten abschließen, ohne diese zuvor an den Makler verwiesen oder diesen zu Verhandlungen hingezogen zu haben. Verweist der Auftraggeber eigene Interessenten nicht an den Makler und/oder schließt er den Kaufvertrag ohne Hinzuziehung des Maklers ab, wird er dem Makler gleichwohl die vereinbarte Provision zahlen."*

Diese Vereinbarung sollte neben der bereits in den Allgemeinen Geschäftsbedingungen enthaltenen Regelung hinsichtlich des allgemeinen Alleinauftrages abgeschlossen werden. Sowohl beim allgemeinen wie auch beim qualifizierten Alleinauftrag ist dem Makler auch bei entsprechender Hinzuziehung durch den Verkäufer eine Nachweistätigkeit nicht mehr möglich, da sich die Vertragsparteien bereits ohne Mitwirkung des Maklers kennen gelernt haben. Auch das Vertragsobjekt ist bekannt. Es gibt also nichts mehr nachzuweisen.
Der Makler hat allerdings die Chance, noch eine provisionsauslösende Vermittlungstätigkeit zu erbringen.

VII. Häufig auftretende Probleme bei der Durchsetzung des Provisionsanspruchs

1. Der Vorkenntniseinwand

Bei der Geltendmachung der Nachweisprovision behaupten Verkäufer und/oder Kaufinteressent gelegentlich, die Vertragsgelegenheit bereits gekannt zu haben, weshalb es an der Kausalität der Maklertätigkeit für den Abschluss des Kaufvertrages fehle. Es wird damit die Erbringung eines vollwertigen Nachweises bestritten. Im Grunde geht es allerdings um eine Kausalitätsfrage. Auch wenn dem Maklerkunden die Vertragsgelegenheit bereits bekannt gewesen sein sollte, geht der Makler nicht leer aus, wenn seine Tätigkeit jedenfalls **mitursächlich** für den Abschluss des Hauptvertrages ist. Hier kommt es dann auf den jeweiligen Einzelfall an. So stellt beispielsweise nach ganz herrschender Auffassung in Rechtsprechung und Literatur eine früher vorhandene Kenntnis, die dem Auftraggeber keinen Anlass zu Verhandlungen gab und sozusagen *„abgelegt"* war, keine provisionsschädliche Vorkenntnis dar. Wer nach dem Zeitpunkt der Kenntnis der Vertragsgelegenheit eine längere Zeit verstreichen lässt, dokumentiert hierdurch, dass er die Kenntnis im vorzitierten Sinne *„abgelegt"* hatte. Wird dieser Auftraggeber dann erst aufgrund der Maklertätigkeit wieder aktiv, ist die Tätigkeit des Maklers trotz der vorhandenen Vorkenntnis ursächlich für den Abschluss des Hauptvertrages.
Grundsätzlich gilt Folgendes: Die allgemeine Kenntnis von der Erwerbsmöglichkeit eines bestimmten Objektes schließt die Ursächlichkeit eines Nachweises nicht aus, wenn dieser für den Interessenten Veranlassung oder Anstoß war, das Objekt *(erneut)* zu besichtigen und/oder sich die Dienste des Maklers nutzbar zu machen. Damit ist die Tätigkeit des Maklers kausal für den Abschluss des Kaufvertrages, wobei **Mitursächlichkeit** grundsätzlich ausreicht.

Zur Mitursächlichkeit hat das Oberlandesgericht Zweibrücken in seinem Urteil vom 15.12.1998 *(OLG Zweibrücken NJW-RR 1999, 1502)* Folgendes ausgeführt: *„Allerdings muss die Tätigkeit des Maklers nicht die einzige Ursache für den Abschluss des Hauptvertrages gewesen sein; es genügt* *vielmehr Mitursächlichkeit. Für die Mitursächlichkeit einer Nachweistätigkeit wird es als ausreichend erachtet, dass der Kunde durch den Hinweis des Maklers den Anstoß bekommen hat, sich konkret um das nachgewiesene Objekt zu bemühen.“*

Wird der Vorkenntniseinwand erhoben, ist in der Regel noch nicht alles verloren. Häufig erweist sich der Vorkenntniseinwand als unrichtig. Selbst wenn tatsächlich Vorkenntnis vorlag, kann die vom Makler erbrachte Tätigkeit gleichwohl mitursächlich sein. Der Vorkenntniseinwand ist häufig Gegenstand gerichtlicher Auseinandersetzungen.

2. Die Unterbrechung der Kausalität

Häufig wenden Maklerkunden ein, der Makler habe die Vertragsgelegenheit zwar nachgewiesen. Die Erwerbsabsicht sei aber – aus welchen Gründen auch immer – komplett aufgegeben worden. Erst durch einen späteren – vom Makler völlig unabhängigen – Anstoß sei man wieder auf das Objekt aufmerksam geworden. Erst dann sei es – ohne Mitwirkung des Maklers – zum Vertragsabschluss gekommen. Der letztlich erfolgte Abschluss beruhe mithin nicht auf der ursprünglichen Nachweistätigkeit des Maklers.

Dieser – sehr beliebte – Einwand ist ebenfalls häufig unbegründet. Auch hierzu hat sich das Oberlandesgericht Zweibrücken in der bereits zitierten Entscheidung geäußert: *„Mitursächlichkeit ist dabei auch dann zu bejahen, wenn die vom Makler vermittelten Verhandlungen zunächst scheitern, später jedoch unter Ausschaltung des Maklers erfolgreich zu Ende geführt werden. Eine Unterbrechung der Kausalität und damit ein Wegfall des Provisionsanspruchs kommt nur dann in Betracht, wenn der Hauptvertrag völlig unabhängig von der Tätigkeit des ersten Maklers durch die eines anderen Maklers oder aufgrund einer anderen Entwicklung zustande gekommen ist.*

In der Regel ist die Grenzlinie dort zu ziehen, wo die Verhandlungen des Auftraggebers mit dem potentiellen Interessenten **endgültig und absolut gescheitert** *sind und erst* **völlig neue Verhandlungen** *zum Erfolg geführt haben, wobei an die Unterbrechung der Kausalität strenge Anforderungen zu stellen sind.“*

Dabei obliegt dem Auftraggeber die Beweislast für die Tatsache, *„dass der tatsächliche Vertragsabschluss aufgrund neuer Verhandlungen zustande gekommen ist und die Ersttätigkeit des ursprünglich beauftragten Maklers auf den Abschluss des Hauptvertrages nicht mehr fortgewirkt hat." (OLG Zweibrücken a. a. O.)*

In diesem Sinne hat nun auch der Bundesgerichtshof entschieden. Im Urteil vom 13.12.2007 *(BGH NJW 2008, 651, 652)* heißt es wie folgt: *„Die Verkäufer haben ihre Veräußerungsabsicht bis zum Abschluss des Vertrages mit den Kaufinteressenten nicht aufgegeben. Der Nachweis des Maklers bezog sich damit auf eine tatsächlich bestehende Vertragsgelegenheit, die auch nicht später durch eine anderweitige Entschließung der Verkäuferseite gegenstandslos wurde. Mit diesem Nachweis war die Tätigkeit des Maklers erschöpft. Dass der Vertrag schließlich nach dem von den Kaufinteressenten behaupteten* **Abbruch der Verhandlungen** *ohne die weitere Mitwirkung des Maklers zustande kam, steht dessen Provisionsanspruch nicht entgegen. Folgt der Vertragsschluss der Nachweisleistung – wie hier – in angemessenem Zeitabstand nach, besteht kein Anlass, deren Wesentlichkeit für das Zustandekommen des Hauptvertrags infrage zu stellen. Soweit dem gegenüber vertreten wird, die zwischenzeitliche ernsthafte Abstandnahme des Auftraggebers des Maklers von seiner Absicht, das nachgewiesene Objekt zu erwerben oder zu verkaufen, unterbreche ebenfalls den Ursachenzusammenhang zwischen der Nachweisleistung und dem späteren Abschluss des Hauptvertrags, bedarf es hier keiner Entscheidung, ob dies für alle in Betracht kommenden Fälle abzulehnen ist.*

Jedoch kann einem nur vorübergehenden Sinneswandel bei der notwendigen einzelfallbezogenen Gewichtung der Nachweisleistung für das Zustandekommen des Vertrags nur ausnahmsweise die ausschlaggebende Bedeutung zukommen. Es hält sich deshalb im Beurteilungsspielraum des Tatrichters, wenn er in Fallkonstellationen wie der vorliegenden von einem **wesentlichen Kausalitätsbeitrag** *des von dem Makler geleisteten Nachweises für den Abschluss des Kaufvertrages ausgeht und der* **vorübergehenden Aufgabe der Absicht** *des Maklerkunden, das angebotene Objekt zu erwerben,* **nicht das entscheidende Gewicht beimisst.**"

Damit stellt der Bundesgerichtshof in Übereinstimmung mit der Rechtsprechung des Oberlandesgerichts Zweibrücken recht hohe Anforderungen an die zur Unterbrechung der Kausalität führende Aufgabe der Erwerbsabsicht des Kaufinteressenten.

Im Einzelfall eröffnet diese Rechtsprechung dem Makler zahlreiche Möglichkeiten, vor Gericht in seinem Sinne zu argumentieren. Im zitierten Fall lagen zwischen Übersendung des Immobilienangebots und dem Abschluss des Kaufvertrages etwas mehr als 3 Monate. Allein schon dieser kurze Zeitraum sprach nach Auffassung des BGH dafür, dass die Erwerbsabsicht nie ernsthaft aufgegeben worden war. Dies dürfte auch für längere Zeitraume gelten. Dies deshalb, weil die Rechtsprechung die Kausalität zwischen Maklertätigkeit und Abschluss des Hauptvertrages **vermutet**, wenn zwischen Maklertätigkeit und Vertragsabschluss *(nur)* ein *„angemessener Zeitabstand“* liegt. Grundsätzlich gilt Folgendes: Hat der Makler die Gelegenheit zum Vertragsabschluss nachgewiesen und folgt der Abschluss des Hauptvertrages in angemessenem Zeitabstand, ergibt sich daraus der Schluss auf den Ursachenzusammenhang zwischen beiden von selbst. Als angemessener Zeitabstand, der die Schlussfolgerung auf den Ursachenzusammenhang rechtfertigt, sind in der Rechtsprechung des BGH 4 Monate *(BGHZ 141, 40, 43 = NJW 1999, 1255)*, ca. 3-5 Monate *(BGH NJW 1980, 123)* und mehr als ein halbes Jahr *(BGH NJW 2005, 3779, 3781)* angesehen worden.

Im Urteil vom 13.12.2007 *(BGH NJW 2008, 651)* hat der BGH entschieden, dass ein Zeitraum von etwas mehr als 3 Monaten im unteren Bereich des Rahmen liegt, innerhalb dessen ein angemessener Zeitabstand zwischen der Maklertätigkeit und dem Abschluss des Hauptvertrages angenommen wird. In all diesen Fällen streitet eine **Vermutung** für die Ursächlichkeit der Maklertätigkeit für das Zustandekommen des Hauptvertrages. Wo die genaue Grenze liegt, ist noch nicht entschieden. Bei einem Zeitabstand von 15 Monaten hatte das Oberlandesgericht Frankfurt in seinem Urteil vom 12.12.2003 *(24 U 5/02)* eine widerlegbare Kausalitätsvermutung verneint.

3. Die unzulässige Doppeltätigkeit

Gemäß § 654 BGB verliert der Makler seinen Provisionsanspruch, *„wenn er dem Inhalt des Vertrages zuwider auch für den anderen Teil tätig gewesen ist."* Eine sogenannte Doppeltätigkeit liegt vor, wenn der von einer Seite bereits beauftragte Makler mit dem potentiellen Vertragspartner ebenfalls einen Maklervertrag abschließt. § 654 BGB schließt dies nur aus, wenn der Makler *„dem Inhalt des Vertrags zuwider"* auch für die andere Seite tätig wird.

Eine solche Vereinbarung ist allerdings selten. Die Regel ist, dass die Unzulässigkeit der Doppeltätigkeit in dem zuerst abgeschlossenen Maklervertrag nicht geregelt ist.

Der Makler ist deshalb nicht gehindert, auch mit dem anderen Teil eine Provisionsvereinbarung abzuschließen. Allerdings hat die Rechtsprechung hierfür bestimmte Voraussetzungen aufgestellt. Im Urteil des Bundesgerichtshofs vom 26.03.1998 *(BGH NJW-RR 1998, 992, 993)* heißt es wie folgt: *„Grundsätzlich ist dem Makler eine Doppeltätigkeit erlaubt. Zugelassen wird insbesondere, dass der Makler für den einen Vertragsteil als Vermittlungs- und für den anderen Teil als Nachweismakler tätig wird. Doppeltätigkeit im Sinne einer Vermittlungstätigkeit für beide Auftraggeber ist beim Immobilienkauf jedenfalls dann grundsätzlich – abgesehen von einem konkreten Interessenkonflikt im Einzelfall – nicht vertragswidrig, wenn sie dem Makler von beiden Vertragspartnern gestattet oder der Doppelauftrag wenigstens für die jeweils andere Auftraggeberseite eindeutig erkennbar oder absehbar ist."*

In einem weiteren Urteil vom 30.04.2003 *(BGH NJW-RR 2003, 991)* heißt es: *„Der BGH hält bei Immobiliengeschäften eine Tätigkeit des Maklers für beide Seiten nach dem Inhalt des Vertrages für inhaltlich zulässig, sofern er für beide Teile als Nachweismakler oder für den einen als Vermittlungs- und für den anderen als Nachweismakler tätig geworden ist."*

Hier ist jedenfalls eine Einschränkung dahingehend enthalten, dass der Makler nicht für beide Seiten als Vermittlungsmakler tätig werden kann. Für die eine Seite soll der Makler lediglich als Nachweismakler tätig werden dürfen. Der BGH ergänzt wie folgt: *„Das gilt in der Regel* *auch ohne ausdrückliche Gestattung selbst dann, wenn dem Maklerkunden die Doppeltätigkeit des Maklers unbekannt gewesen ist."*

Da Doppeltätigkeit immer wieder zu Misstrauen und Streitigkeiten führt, ist es in jedem Fall zu empfehlen, eine entsprechende Regelung in die **Allgemeinen Geschäftsbedingungen** aufzunehmen. Diese Klausel könnte etwa wie folgt lauten: *„Dem Makler ist eine entgeltliche Nachweis- und/oder Vermittlungstätigkeit auch für die andere Seite gestattet.*

Mit dieser Formulierung ist dem Umstand Rechnung getragen, dass der BGH in dem erstzitierten Urteil eine Vermittlungstätigkeit für beide Seiten jedenfalls dann für zulässig erachtet hat, wenn sie *„dem Makler von beiden Vertragspartnern gestattet oder der Doppelauftrag wenigstens für die jeweils andere Auftraggeberseite eindeutig erkennbar oder absehbar ist."*

Allerdings ist bei einer Doppeltätigkeit stets darauf zu achten, dass der Makler nicht in einen konkreten Interessenkonflikt gerät. Er muss deshalb besonders darauf achten, dass er **neutraler Dritter** bleibt und sich nicht die Interessen der einen oder anderen Vertragspartei zu Eigen macht.

4. Die Verflechtung des Maklers mit einer der Parteien des Hauptvertrages

Der Makler ist grundsätzlich neutraler Dritter. Er soll nicht im Lager einer der Parteien des nachgewiesenen bzw. vermittelten Kaufvertrages stehen. Ist der Makler mit einer der Vertragsparteien wirtschaftlich oder persönlich eng verbunden *(„verflochten")*, steht ihm – auch bei Vorliegen der sonstigen Voraussetzungen – ein Provisionsanspruch nicht zu.

Bereits im Jahre 1986 hat der Bundesgerichtshof entschieden, dass einem Makler ohne besondere Absprache kein Provisionsanspruch gegen seinen Auftraggeber zusteht, wenn dieser das beabsichtigte Geschäft mit seinem eigenen Ehegatten als Vertragspartner des Auftraggebers zustande bringt.

Für diesen Fall hat der BGH ausdrücklich das Vorliegen einer sogenannten *„unechten Verflechtung"* angenommen.
Danach soll ein Provisionsanspruch nicht entstehen, wenn sich der Makler wegen der Nähe zu einer der Vertragsparteien in einer Interessenkollision befindet. In diesem Fall spricht die Rechtsprechung von einem *„institutionalisierten Interessenkonflikt"*.
Ein solcher liegt vor, wenn zwischen dem Makler und der anderen Partei des Hauptvertrages eine Verbindung besteht, die den Makler zur sachgerechten Wahrnehmung der Interessen seines Auftraggebers ungeeignet erscheinen lässt. Derjenige kann nicht Makler sein, der sich aufgrund der geschilderten Beziehung im Falle eines Streits bei regelmäßigem Verlauf auf die Seite des Vertragsgegners stellen wird.

Eine *„echte Verflechtung"* liegt vor, wenn der Makler an einer Partei des Hauptvertrages rechtlich beteiligt ist *(etwa, wenn der Makler Mitglied einer Erbengemeinschaft ist, der das zu veräußernde Objekt gehört).*
Echte und unechte Verflechtung schließen aufgrund des damit einhergehenden institutionalisierten Interessenkonflikts eine objektive Maklertätigkeit und damit die Entstehung eines Provisionsanspruchs aus.
Unechte Verflechtungen wurden von der Rechtsprechung beispielsweise angenommen bei einem Makler, der als WEG-Verwalter einem Wohnungsverkauf aufgrund einer Regelung in der Gemeinschaftsordnung zustimmen muss *(BGH NJW 2003, 1249).*
Eine unechte Verflechtung wurde auch bei einer Bank bejaht, die die ihr zustehenden Grundpfandrechte verwertet. Der BGH *(NJW 1997, 2672)* hat ei-ne unechte Verflechtung für den Fall angenommen, dass die Zwangsversteigerung betrieben wird und die betreibende Bank für einen in diesem Rahmen stattfindenden freihändigen Verkauf eine Provision verlangt.

5. Die wirtschaftliche Gleichwertigkeit

Der Makler erhält den Auftrag, eine bestimmte Vertragsgelegenheit nachzuweisen. Entspricht der tatsächlich abgeschlossene Vertrag nicht der Vertragsgelegenheit, die auftragsgemäß nachgewiesen werden sollte, stellt sich die Frage der wirtschaftlichen oder tatsächlichen Kongruenz *(= Gleichwertigkeit)*. Mangelnde Kongruenz kann bspw. vorliegen, wenn das Objekt später zu einem deutlich niedrigeren Kaufpreis veräußert wird. Allerdings hat sich das Oberlandesgericht Zweibrücken in dem bereits zitierten Urteil *(NJW-RR 1999, 1502)* wie folgt geäußert: *„Ziehen sich die Verkaufsbemühungen für ein Hausgrundstück hin und ist erkennbar, dass ein Käufer zum angesetzten Kaufpreis nicht zu finden ist und setzt der Makler gleichwohl im Einvernehmen mit dem Auftraggeber seine Bemühungen fort, so scheitert der Vergütungsanspruch des Maklers nicht an fehlender wirtschaftlicher Identität, wenn letztlich der Kaufvertrag zu einem deutlich niedrigeren Kaufpreis zustande kommt."*

In dem entschiedenen Fall beliefen sich die Kaufpreisvorstellungen des Verkäufers auf DM 460.000,00. Verkauft wurde das Objekt schließlich für DM 377.000,00, mithin zu einem um ca. 19% reduzierten Kaufpreis.

In dem ebenfalls bereits zitierten Urteil vom 13.12.2007 *(BGH NJW 2008, 651)* hielt der BGH einen Preisnachlass von ca. 15% für nicht so erheblich, *„als dass durch ihn die notwendige Kongruenz des abgeschlossenen Vertrags mit der nachgewiesenen Gelegenheit in Frage gestellt wäre"*.

Mangelnde Kongruenz kann sich auch daraus ergeben, dass nicht Allein-, sondern Miteigentum erworben wird, anstelle eines Grundstücks sämtliche Geschäftsanteile der Eigentümer-GmbH oder anstatt des ganzen Grundstücks Teilflächen erworben werden.

Entscheidend ist immer, ob zwischen der Vertragsgelegenheit, die Gegenstand des Maklervertrages war und dem letztlich zustande gekommenen Vertrag eine *„wirtschaftliche Identität"* besteht.

In dem dem Urteil des BGH vom 13.12.2007 *(BGH NJW 2008, 651)* zugrunde liegenden Fall war der Maklervertrag hinsichtlich des Erwerbs eines Zweifamilienhauses abgeschlossen worden.

Tatsächlich erwarben die Maklerkunden an dem Objekt einen hälftigen Miteigentumsanteil verbunden mit dem Sondereigentum an je einer der Wohnungen und Nebenräumen. Gleichwohl bejahte der BGH die wirtschaftliche Gleichwertigkeit zwischen nachgewiesenem und abgeschlossenem Vertrag mit folgender Begründung: *„Zwar hat der BGH die wirtschaftliche Kongruenz teilweise in Fällen verneint, in denen der*

Erwerber statt des vorgesehenen Alleineigentums an einem Grundstück nur Miteigentum an einem ideellen Viertel oder einer ideellen Hälfte erwarb… Gleichwohl ist die Kongruenz zwischen dem vom Makler nachgewiesenen und tatsächlich zustande gekommenen Hauptvertrag nicht stets zu verneinen, wenn der Kunde nicht das im Maklernachweis vorgesehene Alleineigentum, sondern nur Mit-, Teil- und Wohnungseigentum erwirbt… So hat der BGH klargestellt, dass die wirtschaftliche Gleichwertigkeit des Hauptvertrages, mit dessen Nachweis ein Makler beauftragt war, nicht notwendig zu verneinen ist, wenn der Maklervertrag auf den Erwerb eines mit einem Wohn- und Geschäftshaus bebauten Grundstücks zur Gänze gerichtet war, der Kunde jedoch im Ergebnis lediglich anteilsmäßig überwiegendes Teil- und Wohnungseigentum erwerben konnte, und wenn der Auftraggeber des Maklers statt des vorgesehenen Alleineigentums das nachgewiesene Grundstück lediglich zur ideellen Hälfte erwirbt.“
Durch diese Entscheidung ist das Erfordernis der wirtschaftlichen Gleichwertigkeit zugunsten des Maklers deutlich gelockert worden.

6. Erwerb durch Dritte
Nimmt statt des Maklerkunden ein Dritter die Vertragsgelegenheit wahr, stellt sich die Frage, ob der Makler gleichwohl die vereinbarte Provision verdient hat. Auch in diesem Fall geht es um die wirtschaftliche Gleichwertigkeit. Die Rechtsprechung nimmt eine solche in der Regel an, wenn der Maklerkunde mit dem tat-sächlich abgeschlossenen Vertrag wirtschaftlich denselben Erfolg erzielt, wie mit dem beabsichtigten Vertrag. Dies gilt auch für den Fall des Erwerbs durch einen Dritten. Der BGH hat hierzu in der soeben zitierten Entscheidung vom 13.12.2007 *(BGH NJW 2008, 651, 652)* ausgeführt: *„Darüber hinaus entspricht es der ständigen Rechtsprechung des BGH, dass bei besonders engen persönlichen oder wirtschaftlichen Bindungen zwischen dem Auftraggeber des Maklers und der Partei des Hauptvertrags dessen Abschluss für die Verpflichtung zur Zahlung einer Maklerprovision einem eigenen Geschäft des Auftraggebers gleichzusetzen sein kann. In solchen Fällen kann der Kunde nicht die Vorteile, die sich aus der Tätigkeit des von ihm beauftragten Maklers ergeben, für sich in Anspruch nehmen, die damit verbundenen Nachteile, d. h. die Zahlung eines Maklerlohnes, jedoch ablehnen. Umstände solcher Art können etwa vorliegen, wenn der Auftraggeber des Maklers an dem abgeschlossenen Geschäft*

selbst weitgehend beteiligt ist, oder wenn zwischen dem Kunden und dem Erwerber eine feste, auf Dauer angelegte, in der Regel familien- oder gesellschaftsrechtliche Bindung besteht. Insbesondere hat der Senat eine solche Bindung für möglich gehalten, wenn statt des Auftraggebers dessen Bruder und Vater den Hauptvertrag schließen."

Im entschiedenen Fall war das Zweifamilienhaus nach Abschluss des Maklervertrages zunächst von den Verkäufern in Wohnungseigentum aufgeteilt worden. Sodann war in einer einzigen notariellen Urkunde je ein hälftiger Miteigentumsanteil verbunden mit dem Sondereigentum an je einer Wohnung an die Maklerkundin einerseits sowie deren Bruder und dessen Ehefrau andererseits verkauft worden. Die Käufer hatten sich wechselseitige Vorkaufsrechte eingeräumt und sich gesamtschuldnerisch zur Zahlung des vollen Kaufpreises verpflichtet. Der Maklerprovision war mit dem Argument entgegengetreten worden, der tatsächlich abgeschlossene Kaufvertrag sei mit der nachgewiesenen Vertragsgelegenheit *(Zweifamilienhaus)* wirtschaftlich nicht identisch, weshalb eine Provision nicht geschuldet werde. Der BGH sah dies, wie dargelegt, anders. Damit entfällt in den Fällen des Erwerbs durch einen persönlich oder wirtschaftlich mit dem Auftraggeber verbundenen Dritten der Provisionsanspruch nicht.
Es gibt allerdings Grenzfälle, in denen die wirtschaftliche oder persönliche Nähe *(etwa bei Lebensgefährten)* nicht sicher vorhanden oder schwer nachzuweisen ist.

VIII. Das selbstständige Provisionsversprechen

Liegen die gesetzlichen Voraussetzungen für die Entstehung eines Provisionsanspruchs **nicht** vor, bedeutet dies gleichwohl nicht, dass der Makler keine Provision erhält.
Offenbart der Makler Umstände, aus denen sich ergibt, dass er an sich eine provisionspflichtige Tätigkeit nicht erbringen kann *(weil er bspw. Mitglied der Verkäufer-Erbengemeinschaft ist)* und verpflichtet sich der Kaufinteressent **in Kenntnis dieses Umstandes** gleichwohl zur

Zahlung einer Provision, liegt ein sogenanntes **selbstständiges Provisionsversprechen** vor.
Im Urteil des BGH vom 06.02.2003 *(BGH NJW 2003, 1249)* heißt es hierzu wie folgt: *„Auch bei enger wirtschaftlicher Verflechtung des Maklers mit dem Vertragsgegner seines Kunden kann ein von den Voraussetzungen des § 652 BGB unabhängiges Provisionsversprechen vorliegen."*
Voraussetzung für ein solches Provisionsversprechen ist, dass der Maklerkunde die Umstände kennt, aus denen sich ergibt, dass der Makler an sich eine provisionsauslösende Tätigkeit nicht erbringen kann, weil die gesetzlichen Voraussetzungen hierfür nicht vorliegen. Er muss aber **nicht** wissen, dass sich aus diesen Umständen der Entfall der Maklerprovision ergibt. Wörtlich heißt es hierzu in der vorzitierten Entscheidung des BGH: *„Dafür genügt tatsächliche Kenntnis des Kunden von den die Verflechtung begründenden Umständen. Rechtskenntnis, dass der Makler keine echte Maklerleistung erbringen kann, ist nicht erforderlich."*
Der Makler soll und muss deshalb lediglich die Umstände offenbaren, aus denen sich ergibt, dass er an sich keine Maklerprovision verlangen kann. Er muss etwa den Kaufinteressenten darauf hinweisen, dass er selbst Mitglied der Erbengemeinschaft ist. Er kann sogar positiv herausstellen, dass dies für den Kaufinteressenten günstig ist, weil er das Objekt aus eigener Kenntnis beurteilen kann. Nicht hinweisen muss der Makler darauf, dass er aufgrund der bestehenden echten Verflechtung keine provisionsauslösenden Tätigkeiten entfalten kann. Insoweit ist er zu einer rechtlichen Beratung des Maklerkunden nicht verpflichtet. Dies begründet der BGH in der zitierten Entscheidung wie folgt: *„Der das Schuldrecht beherrschende Grundsatz der Vertragsfreiheit erlaubt es den Parteien eines Maklervertrages, eine Provision auch für den Fall zu vereinbaren, dass zwischen dem Makler und dem Verkäufer eine provisionshindernde Verflechtung besteht. … Erforderlich ist stets eine Vertragsauslegung. Für die Ermittlung des Parteiwillens hat der BGH Auslegungshilfen gegeben. Insbesondere hat er es regelmäßig für ausreichend erachtet, dass dem Versprechenden die* ***tatsächlichen Umstände*** *bekannt waren, die einer echten Maklerleistung entgegenstanden, und es für unerheblich gehalten, ob der Maklerkunde außerdem über die entsprechenden Rechtskenntnisse verfügte.*

Daran ist nach nochmaliger Prüfung festzuhalten. Bei hinreichender Kenntnis der die Verflechtung begründenden Umstände, worüber nach Lage des Einzelfalles zu entscheiden ist, kann sich der Maklerkunde schlüssig darüber werden, ob es ihm auf eine echte Maklerleistung ankommt oder er sich auch unabhängig hiervon zur Zahlung einer Provision für den Erwerb des Kaufobjekts bereit findet. Eine ***zutreffende rechtliche Würdigung*** *seiner Erklärung ist dabei* ***nicht erforderlich.*** *"*

Der Makler ist mithin gut beraten, wenn er den Maklerkunden vor Abschluss der Provisionsvereinbarung auf die tatsächlichen Umstände hinweist, die eine provisionsauslösende Maklertätigkeit an sich ausschließen. Gibt der Kunde anschließend ein Provisionsversprechen ab, erfolgt dieses in Kenntnis der Umstände, die eine provisionsauslösende Tätigkeit an sich ausschließen. Es liegt ein **selbstständiges Provisionsversprechen** vor, aufgrund dessen der Makler die vereinbarte Provision verlangen kann *(vgl. auch Lehner, Maklerklausel und Provisionsversprechen im notariellen Kaufvertrag, NJW 2000, 2405).*

IX. Die „*Maklerklausel*" im notariellen Kaufvertrag

Durch die ***Maklerklausel*** soll der Makler neben dem Provisionsanspruch aus dem Maklervertrag einen selbstständigen Anspruch gegen eine oder beide Parteien des notariellen Kaufvertrages erhalten. Da der Makler selbst nicht Partei des Kaufvertrages ist, kann ein solcher Anspruch nur entstehen, wenn die Vertragsparteien einen echten Vertrag zugunsten Dritter *(§ 328 BGB)* abschließen. Dies muss sich aus der Maklerklausel eindeutig ergeben. Etwaige Unklarheiten gehen zulasten des Maklers. Nach ständiger Rechtsprechung begründet die Maklerklausel im Übrigen einen eigenen Provisionsanspruch des Maklers nur dann, wenn alle sonstigen Voraussetzungen für die Entstehung des Provisionsanspruchs vorliegen. Ist dies nicht der Fall, stellt die Maklerklausel eine eigene Anspruchsgrundlage nur dann dar, wenn sie als sogenanntes ***selbstständiges Provisionsversprechen*** *(siehe VIII.)* vereinbart wird. Ein solches setzt wiederum voraus, dass der Verpflichtete weiß, dass dem Makler ein Provisionsanspruch an sich nicht zusteht. Insoweit ist es stets wichtig, den Kunden spätestens im Beurkundungstermin über alle wesentlichen Umstände, die möglicherweise eine Maklertätigkeit ausschließen *(etwa wirtschaftliche Verflechtung u. a.)* aufzuklären. Eine Maklerklausel könnte wie folgt lauten. *„Der Kaufvertrag wurde aufgrund der Tätigkeit des Maklers X abgeschlossen. Der Käufer/Verkäufer verpflichtet sich hiermit, an den Makler eine Provision in Höhe von 3% zzgl. der gesetzlichen Mehrwertsteuer aus dem Kaufpreis zu bezahlen. Die Parteien sind sich darüber einig, dass dem Makler aus diesem Vertrag ein selbständiger Anspruch gegen den Käufer/Verkäufer auf Zahlung der Provision zustehen soll. Insoweit wird ausdrücklich ein echter Vertrag zugunsten Dritter im Sinne des § 328 BGB abgeschlossen. Angesichts der dem Käufer/Verkäufer bekannten Tätigkeit des Maklers wird ferner vereinbart, dass der Provisionsanspruch unabhängig davon besteht, ob die Voraussetzungen für dessen Entstehung im Übrigen vorliegen. Insoweit wird ausdrücklich ein selbstständiges Provisionsversprechen abgegeben."* Notare widmen der Provisionsklausel nicht immer die notwendige Aufmerksamkeit und Sorgfalt. Es ist deshalb Aufgabe des Maklers, auf deren einwandfreien Inhalt hinzuwirken.

X. Gefährdung oder Verlust des Provisionsanspruchs

1. Verwirkung des Provisionsanspruchs

Es ist anerkannt, dass der Makler unter bestimmten Voraussetzungen seinen Provisionsanspruch *„verwirken"* kann. Eine Verwirkung soll in Betracht kommen, wenn der Makler seine ihm dem Auftraggeber gegenüber obliegende Treuepflicht *„vorsätzlich, wenn nicht gar arglistig, mindestens aber in einer dem Vorsatz nahe kommenden grob leichtfertigen Weise verletzt" (BGH NJW-RR 2005, 1423, 1424).* Die Rechtssprechung leitet dies aus § 654 BGB her. Sie misst dieser Vorschrift ausdrücklich Strafcharakter zu. Eine solche Treuepflichtverletzung hat das OLG Naumburg *(NJW-RR 2002, 1208)* beispielsweise angenommen, wenn der Makler ein ihm bekanntes Gutachten, das zahlreiche Mängel des Objektes dokumentiert, vorsätzlich nicht an den Kaufinteressenten weitergibt. Nach einer anderen Entscheidung soll der Makler seinen

Provisionsanspruch verlieren, wenn er seinem Kunden vorgaukelt, dieser habe sich bereits privatschriftlich zum Erwerb des nachgewiesenen Objektes unwiderruflich verpflichtet *(obwohl er weiß, dass eine solche Verpflichtung der notariellen Beurkundung bedarf)*. Das Landgericht Braunschweig hat eine Verwirkung des Maklerlohns in einem Fall angenommen, in dem der Makler dem Kaufinteressenten die offene Denkmalschutzsituation des Objektes verschwiegen hatte. Wörtlich heißt es in der Entscheidung *(LG Braunschweig NJW-RR 2001, 1135)*: *„Ein Makler, der einen Käufer für ein Hausgrundstück sucht und sich bei dem Verkäufer erkundigt, ob das Haus unter Denkmalschutz steht, hierauf aber keine klare Antwort erhält und von dieser Situation den Käufer nicht unterrichtet, verwirkt den Maklerlohn."*

Der Bundesgerichtshof hat allerdings im Jahre 2005 klargestellt, dass diese Rechtssprechung nicht ausufern dürfe. Im Urteil vom 19.05.2005 *(BGH NJW-RR 2005, 1423, 1424)* heißt es: *„Nicht jede objektiv erhebliche Pflichtverletzung des Maklers und damit auch nicht jedes Informations- und Beratungsverschulden lässt den Provisionsanspruch nach § 654 BGB entfallen, vielmehr ist in erster Linie subjektiv eine schwerwiegende Treuepflichtverletzung zu fordern; der Makler muss sich seines Lohnes ‚unwürdig' erwiesen haben. Das ist nach der Rechsprechung erst dann der Fall, wenn er seine Treuepflicht vorsätzlich, wenn nicht gar arglistig, mindestens aber in einer dem Vorsatz nahe kommenden grob leichtfertigen Weise verletzt hat."* Dies bedeutet im Klartext, dass das Fehlverhalten des Maklers bereits ein beach-tliches Maß erreicht haben muss. Bloße Pflichtverstöße oder Pflichtverletzungen reichen nicht aus. Der Arglisthinweis lässt darauf schließen, dass der Bundesgerichtshof ein in der Nähe bewusster Täuschung liegendes Fehlverhalten des Maklers verlangt, um eine Verwirkung des Provisionsanspruchs anzunehmen.

2. Provision bei Rücktritt vom Hauptvertrag

Ist der Provisionsanspruch einmal entstanden, kann ihn auch die Ausübung eines gesetzlichen Rücktrittsrechtes nicht mehr beseitigen. Ausnahmsweise soll dies dann möglich sein, wenn eine Vertragspartei an sich zur Anfechtung des Vertrages wegen arglistiger Täuschung berechtigt ist. Wählt die Partei dann statt der Anfechtung den Rücktritt, soll der Provisionsanspruch entfallen. Dies wird damit begründet, dass im Falle einer Anfechtung die Provision ebenfalls hätte zurückbezahlt werden müssen.

Häufig wird in notariellen Kaufverträgen die Möglichkeit eines Rücktritts vereinbart, etwa für den Fall, dass dem Käufer die Finanzierung des Kaufpreises nicht gelingt. Übt eine der Vertragsparteien dann das vertraglich vereinbarte Rücktrittsrecht aus, ist das Schicksal des Provisionsanspruchs in der Rechtsprechung umstritten *(vgl. hierzu BGH 1997, 1581, 1582)*. Einige Gerichte vertreten die Auffassung, dass der vertragliche Rücktrittsvorbehalt einer ***aufschiebenden Bedingung*** gleichstehe. Der Provisionsanspruch entstehe erst und nur dann, wenn von dem Rücktrittsrecht **kein** Gebrauch gemacht wird. Andere Gerichte vertreten die Auffassung, dass die Vereinbarung und auch die Ausübung eines vertraglichen Rücktrittsrechts den mit Abschluss des Vertrages entstandenen Provisionsanspruch grundsätzlich unberührt lasse. Für diesen Fall verstieße allerdings die Geltendmachung des Provisionsanspruchs unter Umständen gegen die Grundsätze von Treu und Glauben, wenn der Makler seine ihm obliegende Aufklärungs- und/oder Hinweispflicht verletzt habe. Eine solche Pflichtverletzung soll beispielsweise dann vorliegen, wenn es der Makler unterlassen hat, den Kunden darauf hinzuweisen, dass seine Verpflichtung zur Zahlung der Provision bei Ausübung eines vertraglichen Rücktrittsrechts nicht entfällt.

3. Provision bei Anfechtung des Hauptvertrages

Wird der Hauptvertrag wegen arglistiger Täuschung oder aus sonstigen Gründen angefochten, weil bspw. der Verkäufer dem Käufer Mängel arglistig verschwiegen hat, fallen die zum Vertragsabschluss führenden Willenserklärungen rückwirkend *(„ex tunc“)* weg. Damit entfällt der gesamte Kaufvertrag. Da eine der Voraussetzungen für die Entstehung des Provisionsanspruchs das Zustandekommen des Hauptvertrages isst, entfällt auch der Rechtsgrund für die – eventuell bereits bezahlte – Provision. Die Provision muss zurückbezahlt werden. Dies ist für den Makler insbesondere dann bitter, wenn er seine eigenen vertraglichen Pflichten gewissenhaft und korrekt erfüllt hat. Der Makler handelt deshalb auch in eigenem Interesse, wenn er genau darauf achtet, dass der Verkäufer dem Kaufinteressenten wahre Angaben macht und nichts verschweigt, was für dessen Kaufentscheidung von Bedeutung ist. Damit ist insbesondere der Inhalt des Exposés angesprochen. Schon in eigenem Interesse sollte der Makler deshalb genau darauf achten, dass die Angaben des Verkäufers vollständig, eindeutig und wahrheitsgemäß sind. Dem Makler nützt ansonsten ein auch grundsätzlich bestehender Schadenersatzanspruch gegen den Auftraggeber nichts, da der Schaden allenfalls in nutzlosen Aufwendungen liegen wird.

4. Provision bei Erwerb in der Zwangsversteigerung

Gemäß § 652 BGB setzt der Provisionsanspruch des Maklers voraus, dass infolge seiner Nachweis- oder Vermittlungstätigkeit ein Vertrag zwischen seinem Kunden und einem Dritten zustande kommt. Der Bundesgerichtshof hat in seinem Urteil vom 04.07.1990 *(BGH NJW 1990, 2744)* darauf hingewiesen, dass im Zwangsversteigerungstermin kein Kaufvertrag zustande kommt, sondern der Zwangsversteigerungsrechtspfleger das Eigentum an dem Grundstück kraft staatlichen Hoheitsakts auf den Meistbietenden überträgt. Für einen Erwerb in der Zwangsversteigerung könne der Makler deshalb nur dann eine Provision verlangen, wenn er mit seinem Kunden eine Vereinbarung getroffen habe, durch die dieser Erwerb dem Abschluss eines Kaufvertrages gleichgestellt werde *(sog. **Gleichstellungsabrede**)*. Eine solche ***Gleichstellungsabrede*** kann nach derselben Entscheidung des Bundesgerichtshofes nicht in Allgemeinen Geschäftsbedingungen, sondern nur im Wege einer Individualvereinbarung getroffen werden. Sollte der Makler daher im konkreten Fall Kenntnis davon erlangen, dass neben dem Abschluss eines Kaufvertrages auch ein Erwerb durch Zwangsversteigerung in Betracht kommt, sollte unbedingt – notfalls auch nachträglich – eine sog. Gleichstellungsklausel im Wege der **Individualabrede** vereinbart werden. Anderenfalls geht der Makler im Falle des Erwerbs im Wege der Zwangsversteigerung leer aus.

5. Provision bei wirtschaftlichem Scheitern des Hauptvertrages

Der Makler ist nicht dafür verantwortlich, dass der Maklerkunde mit dem ab-geschlossenen Vertrag seine wirtschaftlichen oder sonstigen Ziele erreicht. Der BGH hat dies in seinem Urteil vom 14.07.2005 *(BGH NJW-RR 2005, 1506, 1507)* wie folgt formuliert: *„Dass der Vertragspartner des Maklers das von ihm mit dem Abschluss des vermittelten Vertrages erstrebte Ziel erreicht, ist im Allgemeinen nicht Geschäftsgrundlage des Maklervertrages, sondern Beweggrund des Vertragspartners, der zum Abschluss des Maklervertrages führt. Für den Makler ist das Erreichen des Ziels ohne Bedeutung, sein Geschäftswille beruht hierauf regelmäßig nicht.*" Der Makler muss sich mithin nicht darum kümmern, ob der Maklerkunde mit dem Objekt, das er erwerben möchte, seine wirtschaftlichen Ziele verwirklicht. Dies ist allein Sache des Kunden.
Anders stellt sich der Sachverhalt allerdings dar, wenn der Makler den Kaufinteressenten unvollständig oder fehlerhaft beraten hat. Der Makler sollte sich genau überlegen, ob er eine solche Beratungstätigkeit tatsächlich aus-üben will. Ansonsten könnte sich hieraus – bei unrichtiger Beratung – ein Haftungstatbestand ergeben. Auch wenn der Makler erkennt, dass sein Kunde das von ihm mit dem Kaufvertrag erstrebte Ziel nicht erreichen kann *(weil bspw. die erstrebte Baugenehmigung niemals erteilt wird)*, dürfte den Makler eine Aufklärungspflicht treffen.

XI. Der Auskunftsanspruch des Maklers

Gelegentlich weigert sich der Auftraggeber, dem Makler Auskunft darüber zu erteilen, ob er den vermittelten bzw. nachgewiesenen Vertrag abgeschlossen hat. Der Makler muss dies jedoch wissen, da sein Provisionsanspruch erst und nur mit Abschluss des notariellen Kaufvertrages entsteht. Manchmal erfährt der Makler auch, dass sein Kunde das Objekt erworben hat, er kennt aber nicht den Kaufpreis, so dass er die Provision nicht berechnen kann. Nach richtiger Auffassung nimmt die Rechtsprechung deshalb eine entsprechende Auskunftspflicht des Auftraggebers gegenüber dem Makler an *(BGH NJW 2006, 3062; BGH NJW 2005, 171)*. Die Auskunftspflicht besteht unabhängig davon, ob dem Makler letztlich ein Provisionsanspruch zusteht. Manche Gerichte legen diese Verpflichtung aber auch eng aus. Zweckmäßigerweise sollte eine entsprechende Verpflichtung bereits in den Maklervertrag aufgenommen werden. Da sich der Anspruch aus dem Grundsatz von Treu und Glauben ergibt, kann eine entsprechende Regelung auch im Wege Allgemeiner Geschäftsbedingungen vereinbart werden. Eine solche Klausel könnte etwa wie folgt lauten: *„Der Auftraggeber ist verpflichtet, den Makler unaufgefordert über alle Umstände zu unterrichten, die für die Entstehung und die Höhe des Provisionsanspruchs von Bedeutung sind. Dies gilt insbesondere für den Fall des Abschlusses eines notariellen Kaufvertrages. In diesem Fall wird der Auftraggeber dem Makler unaufgefordert das Datum des Vertragsabschlusses, den Vertragspartner mit vollständiger Anschrift sowie den vereinbarten Kaufpreis mitteilen. Auf Anforderung wird er dem Makler eine Ablichtung des Kaufvertrages überlassen. Der Auftraggeber bevollmächtigt den Makler, Einsicht in sämtliche Abteilungen des Grundbuchs und in die Beiakten zu nehmen. Der Makler macht von dieser Ermächtigung nur zur Durchführung des Auftrages und zur Geltendmachung seines Provisionsanspruchs Gebrauch.“*

XII. Schadenersatzansprüche des Maklers bei Weitergabe erhaltener Informationen an Dritte

Die häufig verwendete Klausel: *„Das Angebot ist nur für Sie bestimmt. Weitergabe an Dritte verpflichtet zum Schadenersatz.“* oder ähnliche Formulierungen sind in der Praxis wenig wert, da der Schaden im Einzelfall kaum nachgewiesen werden kann. Auch bedarf es einer solchen Vertragsklausel in aller Regel nicht, da die Weitergabe der Maklerinformation ohnehin gegen Treu und Glauben verstößt und sich bereits deshalb als Vertragsverletzung erweist *(BGH 1969, 1628; OLG München NJW-RR 1995, 1525)*. Um dem Makler gegenüber der unbefugten Weitergabe eine bessere Position zu verschaffen, sollte vereinbart werden, dass der Auftraggeber auch für solche Abschlüsse zu zahlen hat, die nicht von ihm selbst vorgenommen werden, sondern von einem Dritten, an den er die Maklerinformation weitergegeben hat *(sog. erweitertes Provisionsversprechen).*

Eine solche Regelung kann auch im Wege Allgemeiner Geschäftsbedingungen wirksam vereinbart werden *(BGH NJW 1987, 2431).* Eine solche Klausel könnte etwa wie folgt lauten: *Der Auftraggeber ist verpflichtet, die ihm erteilten Informationen vertraulich zu behandeln und nicht an Dritte weiterzugeben. Gibt er die Informationen gleichwohl weiter und schließt der Dritte den vermittelten bzw. nachgewiesenen Vertrag ab, verpflichtet sich der Auftraggeber zur Zahlung der Provision, als hätte er den Vertrag selbst abgeschlossen."* [10]

10 Ende des Textes des Herrn RA Lehner. Der vorstehende Text wurde nach bestem Wissen erstellt. Eine Gewähr für dessen Richtigkeit kann indessen nicht übernommen werden. Es empfiehlt sich in jedem Fall, bei konkretem Anlass fachkundige Beratung in Anspruch zu nehmen. Es ist nicht Aufgabe des Textes, diese Beratung zu ersetzen. Bei den Vertragsklauseln handelt es sich um allgemeine Vorschläge, die einer Überprüfung im Einzelfall bedürfen. © Der gesamte Text ist urheberrechtlich geschützt. Vervielfältigung und Weitergabe dürfen nur mit ausdrücklicher vorheriger schriftlicher Zustimmung des Autors erfolgen.

2. Der Urkundenprozess von RA Niels Stalberg

„Der Urkundenprozess und seine Bedeutung im Miet-, Bau- und Maklerrecht – Eine erste Einführung für den Berufsanfänger im Bereich Immobilien“ von Rechtsanwalt *Niels Stalberg*, LL.M. (In Real Estate Law.), Executive MBA (In Mergers & Acquisitions.), Partner i.d. Rechtsanwaltskanzlei Mertens & Stalberg Partnerschaft von Rechtsanwälten

Im folgenden Anhang dieses Buches soll näher auf den Urkundenprozess eingegangen werden. Die Praxis des Prozesses soll lebhaft anhand von Beispielen dargestellt werden. Der Blickwinkel für Sie als Makler(-anfänger) wird hierbei in den Vordergrund gerückt, d. h. die Eintreibung der eigenen Courtage, die Mieteintreibung und die Bedeutung dieser Prozessart für das Baurecht.

Leider kommen wir bei der Erläuterung dieser Verfahrensart für die Praxis nicht um juristische und theoretische Erläuterungen und Definitionen herum. Aber Sie als Makler werden ohnehin noch oft genug in Ihrer Karriere juristischen Details begegnen und sich in dieses Gebiet hier und dort näher einarbeiten müssen. Folglich werden wir mit der Theorie beginnen, d. h: Was ist ein Urkundenprozess, was sein Zweck, was kann damit erreicht werden und wie sind die besonderen Voraussetzungen im Gegensatz zu „herkömmlichen“ Prozessarten, die Sie bereits jetzt schon kennen.

I. Der Urkundenprozess

1. Einführung

Wie alle Prozessarten ist auch der Urkundenprozess in der ZPO[11] geregelt. Die ZPO regelt u.a. die erstinstanzlichen, die Berufungs- und Revisionsverfahren und die Zwangsvollstreckung. Das GVG[12] regelt

11 Zivilprozessordnung

12 Gerichtsverfassungsgesetz

u.a. den Gerichtsaufbau und die Zuständigkeiten der Gerichte. Bekannt wird Ihnen hier die Zuweisung zu den Gerichten anhand des Streitwertes sein: z.B. bei Klagen auf Zahlung: Das Amtsgericht ist zuständig bei Ansprüchen, deren Gegenstand an Geld oder Geldeswert die Summe von fünftausend Euro nicht übersteigt[13]; höhere Streitwerte werden den Landgerichten zugewiesen; Ausnahme ist z.B. das Wohnraummietrecht, das Streitwert unabhängig den Amtsgerichten zugewiesen ist.
Das Wissen um den Zivilprozess, den Sie kennen, beschränkt sich mitunter auf die Einreichung der Klageschrift, den „frühen ersten Termin" sowie die mündliche Verhandlung und die Beweiserhebung z.B. anhand von Zeugenaussagen in der Verhandlung. Sie können sicherlich erahnen, dass mündliche Verhandlungen, Termine zu Beweiserhebungen (u.a. Zeugenbefragung, Ortsbegehungen etc.) mitunter die größten zeitlichen Einbußen sind, um zu seinem vollstreckbaren Titel zu kommen. All dies lässt sich mittels des Urkundenprozesses in der ersten Stufe einmal umgehen.

2. Was ist der Urkundenprozess und was ist sein Zweck?

Der Urkundenprozess ist eine besondere Verfahrensart mit dem Ziel, dem Kläger schnell zu einem vollstreckbaren Titel zu verhelfen. Im Allgemeinen Gerichtsverfahren wird das Wort „schnell" bereits mit dem Beschleunigungsgrundsatz durchgesetzt. Mit dem Urkunden- und Wechselprozess ist daher vielmehr beabsichtigt, dem Kläger durch ein in beweisrechtlicher Hinsicht verkürztes Verfahren einen wenigstens vorläufigen Vollstreckungstitel zu verschaffen.[14] Das kennzeichnende Charakteristikum des Urkundenprozesses besteht somit in einer vorläufigen Einschränkung der gesamten Beweisführung; so müssen hier zunächst alle klagebegründenden Tatsachen ausschließlich durch Urkunden bewiesen werden.[15]

---

13 § 23 GVG

14 *Braun* in Münchner Kommentar zur ZPO, 3.A., 2003, vor § 592, Rn. 1.

15 *Braun* in Münchner Kommentar zur ZPO, 3.A., 2003, vor § 592, Rn. 1.

Zentrale Vorschrift des Urkundenprozesses für dessen Zulässigkeit ist § 592 ZPO: *„Ein Anspruch, welcher die Zahlung einer bestimmten Geldsumme oder die Leistung einer bestimmten Menge anderer vertretbarer Sachen oder Wertpapiere zum Gegenstand hat, kann im Urkundenprozess geltend gemacht werden, wenn die sämtlichen zur Begründung des Anspruchs erforderlichen Tatsachen durch Urkunden bewiesen werden können. [2] Als ein Anspruch, welcher die Zahlung einer Geldsumme zum Gegenstand hat, gilt auch der Anspruch aus einer Hypothek, einer Grundschuld, einer Rentenschuld oder einer Schiffshypothek."*

3. Das Vorbehaltsurteil

Ist die Klage zulässig und begründet, ist der Beklagte (unter Vorbehalt seiner Rechte im Nachverfahren) zu verurteilen, sofern er dem geltend gemachten Anspruch widersprochen hat. Erkennt der Beklagte den geltend gemachten Anspruch ohne Vorbehalt an, ergeht ein gewöhnliches Anerkenntnisurteil. Das Vorbehaltsurteil erwächst nicht in materieller Rechtskraft, es sei denn, die Parteien verzichten auf die Durchführung eines Nachverfahrens.[16] Damit besteht hinsichtlich des Urteilsausspruchs selbst keine Bindung, da dem Beklagten die Ausführung seiner Rechte im Nachverfahren vorbehalten bleibt.[17] Einer der wesentlichen Vorzüge des Urkundenprozesses liegt darin, dass das Urteil nach § 708 Nr. 4 ZPO ohne Sicherheitsleistung vorläufig vollstreckbar ist, wobei der Schuldner die Vollstreckung nach § 711 abwenden kann (z.B. durch Sicherheitsleistung/Hinterlegung).[18]

4. Was ist das Nachverfahren

Die fortdauernde Rechtshängigkeit bewirkt, dass der Rechtsstreit ohne Weiteres im ordentlichen Verfahren fortgesetzt werden kann, ohne dass es einer neuen Klage bedarf.[19] Zu dem Nachverfahren kommt es nur, wenn und soweit der Urkundenprozess zum Erlass eines Vorbehaltsurteils geführt hat. Wurde der Urkundenprozess z.B.

16 *Voit* in Musilak, ZPO, 9A., 2012, § 599, Rn. 12.

17 *Voit* in Musilak, ZPO, 9A., 2012, § 599, Rn. 12.

18 *Voit* in Musilak, ZPO, 9A., 2012, § 599, Rn. 13.

19 *Braun* in Münchner Kommentar zur ZPO, 3.A., 2003, § 600, Rn. 4.

als unstatthaft abgewiesen oder war die Urkundsklage unzulässig oder unbegründet, so kommt es nicht zu einem Nachverfahren.
Ebenso wie der Beklagte darauf verzichten kann, ein Urteil im Wege des Einspruchs oder durch Einlegung von Rechtsmitteln überprüfen zu lassen (§§ 346, 515, 565), kann er auch auf das Nachverfahren verzichten. Wird der Verzicht vor Erlass des Urteils im Urkundenprozess erklärt, so ergeht das Urteil bereits ohne Vorbehalt.[20]
Im Nachverfahren hat der Kläger zu beantragen, das Vorbehaltsurteil für vorbehaltlos zu erklären. Der Antrag des Beklagten ist dahin zu richten, die Klage abzuweisen. Die Beschränkungen des Urkundenprozesses auf bestimmte Beweismittel und das Verbot der Widerklage gelten im Nachverfahren nicht mehr, um dem Beklagten eine uneingeschränkte Verteidigung zu ermöglichen.[21] Ergebnis des Nachverfahrens ist, das Vorbehaltsurteil entweder für (ganz oder teilweise) vorbehaltlos zu erklären oder es ist (ganz oder teilweise) aufzuheben und die Klage abzuweisen.
Urkundenprozess und Nachverfahren bilden zwei Teile eines einheitlichen Verfahrens mit demselben Streitgegenstand. Der Urkundenprozess ist im Verhältnis zu dem Nachverfahren daher kein „früherer Rechtszug". Das Nachverfahren dient auch nicht der Rechtskontrolle darüber, ob das Vorbehaltsurteil im Urkundenprozess ordnungsgemäß ergangen ist.[22]

5. Was sind die besonderen Voraussetzungen?

Im Urkundenprozess können nur Ansprüche geltend gemacht werden, die auf Zahlung einer bestimmten Geldsumme gerichtet sind sowie Ansprüche auf Leistung anderer vertretbarer Sachen oder Wertpapiere. Letzteren kommt in der Praxis nur untergeordnete Bedeutung zu.[23]
Die Klageschrift muss die Erklärung enthalten, dass im Urkundenprozess geklagt wird. Sinn und Zweck ist es sicherzustellen, dass be-

20 *Braun* in Münchner Kommentar zur ZPO, 3.A., 2003, § 600, Rn. 5.

21 *Kratz* in Beck'scher Online-Kommentar ZPO, Stand: 2012, § 600, vor Rn. 1.

22 *Kratz* in Beck'scher Online-Kommentar ZPO, Stand: 2012, § 600, Rn. 3.

23 *Eickmann, Oellerich* in JA, 2007, 43, 44.

reits in der Klageschrift deutlich zum Ausdruck kommt, dass der Kläger die Erschwernisse in der Beweisführung des Urkundenprozesses auf sich nehmen will. Darüber hinaus soll sich auch der Beklagte von Beginn an darauf einstellen können, in seiner Verteidigung beschränkt zu sein.[24] Wichtigste Einschränkung im Urkundenprozess ist die Einschränkung der Beweismittel ausschließlich auf Urkunden.

6. Der Beweis durch Urkunden:

Kurz gesagt bedeutet das, dass sämtliche zur Begründung des Anspruchs erforderlichen Tatsachen durch Urkunden beweisbar sein müssen. Aus dem Wortlaut der Norm lässt sich entnehmen, dass das Erfordernis des Urkundenbeweises nach dem Willen des Gesetzgebers keine Ausnahme erleiden sollte.[25]

Der Begriff der Urkunde entspricht dem in 415 ff. ZPO. D.h. er umfasst alle schriftlichen Beweisstücke. Juristisch ist die Urkunde im Sinn der ZPO die Verkörperung einer Gedankenerklärung durch Schriftzeichen.[26] Hierzu zählen auch Telegramme oder ein Telefax.[27]

Keine Urkunden in diesem Sinn sind etwa Zeichnungen, Baupläne, Tonaufnahmen, Fotografien und Filme, weil es bei letzteren an der Lesbarkeit fehlt. Ebenfalls keine Urkunden sind EDV-Datenträger, Computerbänder, Disketten, CD-ROMS, Mikrofilme, Videobänder. Keine Urkunden sind auch Grenzzeichen, Kerbhölzer, Kfz.-/Motornummern usw., weil es um die Kennzeichnung geht.[28] Dokumente wie der gezeichnete Mietvertrag, der schriftliche bzw. notarielle Kaufvertrag oder der gezeichnete Maklervertrag sind folglich eindeutig Urkunden. Eine Ablichtung ist als solche keine Urkunde im Sinn der §§ 415 ff.; Kopien (Mikro-, Foto-, Tele-(Fax-)Kopien) können aber Urkundsqualität erlangen, sofern das Original vernichtet oder sonst uneinbringlich ist.[29]

---

24 *Eickmann, Oellerich* in JA, 2007, 43, 44.

25 Vergl. *Braun* in Münchner Kommentar zur ZPO, 3.A., 2003, § 592, Rn. 11 m.w.N.

26 BGHZ 65, 300 = NJW 1976, 294.

27 OLG Köln MDR 1991, 900 f.

28 Vergl. *Huber* in Musielak, ZPO, 9. A., 2012, § 415 Rn. 5.

29 Vergl. *Huber* in Musielak, ZPO, 9. A., 2012, § 415 Rn. 5, m.w.N.

Beachten Sie weiter: Der Urkundenbeweis kann aber nur durch Vorlage einer Originalurkunde angetreten werden (§ ZPO § 595 ZPO § 595 Absatz III ZPO). Es wird daher generell eine Kopie oder der Ausdruck eines Scans nicht ausreichen. Der Kläger ist der Vorlage der Originalurkunde - spätestens im Termin zur mündlichen Verhandlung - nicht dadurch enthoben, dass er nach seinem Vorbringen im Besitz einer Kopie des Originalvertrags ist. Die oben angesprochenen Ausnahmen gelten dann, wenn die Echtheit der Urkunde nicht schlechthin bestritten wird[30]. Zur Beweiskraft elektronischer Dokumente muss auf § 371 a und § 416 a ZPO verwiesen werden: Emails müssen gem. § 2 SigG die fortgeschrittene elektronische Signatur haben, welche von den von Zertifizierungsdiensteanbietern ausgestellt werden. Nur solche „qualifizierte elektronische Signaturen" fallen unter diese Norm. Für die Praxis hat damit der bloße Ausdruck einer herkömmlichen E-mail keine Beweiskraft als Urkunde.

II. Für die Praxis: Die Maklercourtage und der Urkundenprozess

Wie bereits die Herausgeberin erwähnt hat, ist es wichtig, alles schriftlich festzuhalten; zeichnen Sie mit Ihrem Kunden den Alleinauftrag mit allen Konditionen. Alle weiteren Absprachen sind als Nachträge schriftlich festzuhalten. Verlassen Sie sich nicht auf das bloße Wort, denn damit haben Sie sich nicht nur die Möglichkeit eines Urkundenprozesses genommen, sondern Sie können im Allgemeinen nicht oder nur schwer die für Sie sprechenden beweiserheblichen Tatsachen beweisen. Verlassen Sie sich in diesen Zeiten nicht mehr auf das Ehrenwort des Kaufmanns.

Die Maklercourtage muss durch Urkunden bewiesen werden: Liegt der Maklervertrag vor, so reicht dieser alleine nicht, da auch noch der Nachweis der Vermittlung benötigt wird.

30 OLG Koblenz, NJOZ, 2006, 2283, 2284; vergl. OLG Frankfurt a.M., NJW 1992, 1774.

In einem Urteil des OLG Hamm[31] stritten die Parteien im Wege des Urkundenprozess um eine restliche Maklerprovision, die der Auftraggeber und Beklagte aufgrund mündlicher Vereinbarung nicht zahlen wollte. Der Urkundenprozess ist zulässig. Durch den Maklervertrag und den Kaufvertrag konnte der Anspruch mittels Urkunden bewiesen werden. In diesem Prozess kam dem Makler zugute, dass der Beklagte schriftlich mit den Worten anerkannt hatte, dass die Teilbeträge „gemäß unserer mündlich getroffenen Vereinbarung [...] in Abzug" gebracht werden. Einer mündlichen Vereinbarung wird im Urkundenprozess keiner Beachtung geschenkt, da sie eben nicht urkundlich belegt ist. Dieses „Zeugnis gegen sich selbst" half dem klagenden Makler sehr, um den Prozess für sich zu entscheiden.[32]

Die Frage, inwieweit ein Maklervertrag in eine notarielle Kaufvertragsurkunde aufgenommen werden kann oder soll, ist sehr vielschichtig. Die Aufnahme und der Inhalt einer Maklerklausel auf Wunsch des Maklers ist für den Notar ein heikles Thema.[33]

Manche Notare gehen so weit, dass sie in die Urkunden Regelungen zugunsten Dritter (de Provisionsanspruch des Maklers), in Form von Abtretungen oder einseitigen Schuldanerkenntnissen zugunsten des Maklers aufnehmen.[34] Auch gibt es Klauseln, wonach eine Umschreibung der Immobilie erst erfolgen darf, wenn der Makler die Zahlung seiner Provision bestätigt hat. So kann sich der Makler sehr gut schützen; diese Regelungen in Kaufverträgen werden gleichwohl kritisch gesehen. Bei einem gewissenhaften Notar werden Sie diese Regelungen nicht wiederfinden; diese Aufgabenwahrnehmung hat jedoch zur Folge, dass Makler diese Notare nicht wählen werden, was i.E. das Problem nicht bekämpft.

Denn im Notarstandesrecht werden jedenfalls Maklerklauseln als bedenklich angesehen, in welchen zugunsten des Maklers im Wege eines echten Vertrages zugunsten Dritter ein eigener unmittelbarer An-

---

31 OLG Hamm, Urteil v. 25.10.2012 – 18 U 69/19, in IMR 2011, 207.

32 OLG Hamm, Urteil v. 25.10.2012 – 18 U 69/19, in IMR 2011, 207.

33 *Brambring* in Beck'sches Notarhandbuch, 5. A., 2009, Rn. 185 (vergl. insbes. Rundschreiben Nr. 7/2002 der Rheinischen Notarkammer zu Maklerklauseln in Grundstückskaufverträgen).

34 *Brambring* in Beck'sches Notarhandbuch, 5. A., 2009, Rn. 185.

spruch auf Vergütung gegen den Käufer und/oder den Verkäufer unabhängig von einem Maklervertrag geschaffen wird. Gleiches gilt für eine Zwangsvollstreckungsunterwerfung wegen der Provision zugunsten des Maklers, die auf einseitigen Wunsch des Maklers aufgenommene Abtretung eines entsprechenden Teils des Kaufpreises an den Makler oder die Fälligkeit der Maklerprovision vor Rechtswirksamkeit des Kaufvertrages.[35] Juristisch besteht grundsätzlich kein Interesse der Vertragsparteien an der Aufnahme einer Maklerklausel, zumal wenn sie zusätzliche Gebühren auslöst; es ist mithin Sache des Maklers, selbst für seinen Provisionsanspruch zu sorgen.[36]

Unproblematisch, jedoch sehr hilfreich für den Makler ist sicherlich der bloße Hinweis im Kaufvertrag, dass ein Makler tätig geworden ist und dass ein Maklervertrag außerhalb dieser notariellen Urkunde besteht. [37]

Sie als Makler können dann Ihren Anspruch durch die einzelnen Urkunden nachweisen.

III. Für die Praxis: Verwirklichung des Anspruchs auf Miete und der Urkundenprozess

1. Der Urkundenprozess als umstrittener Weg

Da, wie zuvor beschrieben, der Urkundenprozess für die Erlangung eines vollstreckbaren Titels (in Form des Vorbehaltsurteils) die einfachste und effizienteste Weise ist, stellt sich für den Vermieter die Frage, ob er seine ausstehende Miete auf diese Art und Weise einklagen soll. Dies wäre auch der einfachste Weg für den Vermieter, den nicht urkundlich belegten Einwendungen des Mieters, wie Minderungen wegen Mangelhaftigkeit der Mietsache etc. auszuweichen; dies ist nicht zuletzt der juristische Streitpunkt bei einem solchen Vorgehen.

---

35 *Brambring* in Beck'sches Notarhandbuch, 5. A., 2009, Rn. 185 (vergl. insbes. Rundschreiben Nr. 7/2002 der Rheinischen Notarkammer zu Maklerklauseln in Grundstückskaufverträgen).

36 *Brambring* in Beck'sches Notarhandbuch, 5. A., 2009, Rn. 185.

37 *Brambring* in Beck'sches Notarhandbuch, 5. A., 2009, Rn. 185.

Der Klageweg über den Urkundenprozess gem. §§ 591 ff ZPO ist daher auch umstritten:
Teilweise wird die Auffassung vertreten, dass sich bei Mangelhaftigkeit der Mietsache die Miete automatisch von Gesetzes wegen mindere, so dass sich die Höhe der Miete nicht mehr aus dem Mietvertrag als Urkunde ergäbe und dann der Vermieter seinen Anspruch durch Vorlage des Mietvertrags nicht begründen könne[38]. Ferner wird der Mieter schlechter gestellt, wenn dieser die Mangelhaftigkeit der Sache geltend machen will; diese Schlechterstellung könnte einem sozialen Mietrecht (im Fall der Wohnraummiete) widersprechen. Der BGH hat sich auf den Standpunkt gestellt, dass § 592 ZPO den Urkundenprozess grundsätzlich für alle Geldforderungen eröffne.[39]
So müsse der Vermieter die Mangelfreiheit der Mietsache nicht im Urkundenprozess darlegen und beweisen. Umstände, die den in der Urkunde verbrieften Anspruch einschränken oder beseitigen könnten, seien erst im Nachverfahren zu berücksichtigen.[40]
In letztgenannter Entscheidung des BGH[41] ging es für den klagenden Vermieter um eine Mietforderung für eine 4-Zimmer-Wohnung, die zu EUR 660 monatlich an den Beklagten vermietet worden war (Jahr 2003). Für den November zahlte der Mieter lediglich EUR 169,80, so dass der Kläger für diesen Monat EUR 490,20 nebst Zinsen geltend machte. Die Beklagte war der Auffassung, der Urkundenprozess sei nicht statthaft. Der BGH hierzu: *„1. Nach einer Entscheidung des XII. Zivilsenats des BGH vom 10. 3. 1999 (NZM 1999,* NZM Jahr 1999 Seite 401 = *NJW 1999,* NJW Jahr 1999 Seite 1408 = *WM 1999,* WM Jahr 1999 Seite 1286 *[unter II]) können Mietforderungen aus einem gewerblichen Mietverhältnis im Urkundenprozess nach §§* ZPO *§* 592*ff. ZPO eingeklagt werden.*
Für die Wohnraummiete ist auch nach dieser Entscheidung umstritten geblieben, ob die Wahl des Urkundenprozesses für die Geltendmachung rückständiger Miete

---

38 Vergl. LG Augsburg WuM 1993, 416.

39 Wetekamp, Mietsachen, 4. A., 2007, Rn. 151.

40 Wetekamp, Mietsachen, 4. A., 2007, Rn. 151; Vergl. BGH (Urt. v. 01.06.2005, VIII ZR 216/04, in WuM 2005, 526 = NZM 2005, 661).

41 Vergl. BGH Urt. v. 01.06.2005, VIII ZR 216/04, NZM 2005, 661

statthaft ist. Die überwiegende Auffassung in Rechtsprechung und Schrifttum hält den Urkundenprozess für zulässig.[42]
Nach a.A. ist dagegen die Klage auf Mietzahlung im Urkundenprozess nicht statthaft, jedenfalls dann nicht, wenn der Mieter einer Wohnung Mängel der Mietsache einwendet.[43] *2. Der Senat hält die erstgenannte Auffassung für richtig.“*
Mithin kann die Mietzahlung im Wege dieser Prozessart eingeklagt werden.
Voraussetzung ist, wie bereits oben dargelegt, dass sämtliche zur Begründung des Anspruchs erforderlichen Tatsachen durch Urkunden bewiesen werden können. Hier konnte der Vermieter dies durch den 2003 auf unbestimmte Zeit geschlossenen Mietvertrag beweisen. Dass hier der Mieter die Mangelhaftigkeit der Wohnung als Grund für seine Mietminderung angeführt hatte, war in diesem Prozess unbeachtlich. Das Vorliegen eines Sachmangels hat nicht zur Folge, dass deshalb der Vermieter die Höhe der Miete nicht mehr i.S. von § ZPO § 592 S. 1 ZPO durch Urkunden beweisen kann, da die Mangelfreiheit der Mietsache nicht zu den zur Begründung des Anspruchs auf Miete erforderlichen Tatsachen gehört. Vielmehr begründet die infolge der Mangelhaftigkeit eintretende Mietminderung eine materiell-rechtliche Einwendung des Mieters gegen die Forderung auf Miet-

42 (LG Frankfurt a. M., NZM 2000, NZM Jahr 2000 Seite 541 = NJW-RR 2000, NJW-RR Jahr 2000 Seite 1464 = WuM 2000, WUM Jahr 2000 Seite 314; AG Hannover, ZMR 2003, ZMR Jahr 2003 Seite 271 = MDR 2003, MDR Jahr 2003 Seite 326; Fischer, in: Bub/Treier, Hdb. d. Geschäfts- u. Wohnraummiete, 3. Aufl., VIII Rdnr. 41; Scholz, in: Schmid, Miete u. Mietprozess, 4 Aufl., Kap. 24 Rdnrn. 124ff.; Braun, in: MünchKomm-ZPO, 2. Aufl., Vorb. § 592 Rdnr. 3a; Musielak/Voit, ZPO, 4. Aufl., § 592 Rdnr. 5; Reichold, in: Thomas/Putzo, ZPO, 26. Aufl., § 592 Rdnr. 3; Börstinghaus, NZM 1998, NZM Jahr 1998 Seite 89 [NZM Jahr 1998 Seite 90f.]; Heim, ZMR 1999, ZMR Jahr 1999 Seite 372 [ZMR Jahr 1999 Seite 374]; Kraemer, WuM 2000, WUM Jahr 2000 Seite 515 [WUM Jahr 2000 Seite 516]; Malitz, MDR 1997, MDR Jahr 1997 Seite 899; Michalski, ZMR 1996, ZMR Jahr 1996 Seite 637; Sturhahn, NZM 2004, NZM Jahr 2004 Seite 441).

43 (AG Brandenburg, NZM 2002, NZM Jahr 2002 Seite 382; LG Göttingen, NZM 2000, NZM Jahr 2000 Seite 1053; Eisenschmid, in: Schmidt-Futterer, MietR, 8. Aufl., § 536 Rdnr. 434 i.V. mit Rdnrn. 370ff.; Sternel, MietR, 3. Aufl., V Rdnr. 37; ders., MietR aktuell, 3. Aufl., Rdnr. 1470; Blank, NZM 2000, NZM Jahr 2000 Seite 1083 [NZM Jahr 2000 Seite 1085ff.]; Eisenhardt, MDR 1999, MDR Jahr 1999 Seite 901; vgl. auch Greiner, NJW 2000, NJW Jahr 2000 Seite 1314; offen gelassen von OLG Braunschweig, NZM 2001, NZM Jahr 2001 Seite 371 = WuM 2001, WUM Jahr 2001 Seite 186 = ZMR 2001, ZMR Jahr 2001 Seite 523).

zahlung, die im Prozess (Nachverfahren) vom Mieter darzulegen und ggf. zu beweisen ist.[44]

2. Ergebnis

Mit anderen Worten: Als Vermieter steht Ihnen gem. BGH der Urkundenprozess offen. Dieser verschafft Ihnen schnell ein vollstreckbares Vorbehaltsurteil gegen den säumigen Mieter Ihrer Forderung. Hüten Sie sich jedoch bei Mangelhaftigkeit der Mietsache, diese Prozessart anzuwenden. Steht dem Mieter ein Mietminderungsrecht zu, z.B. dass im Winter die Heizung defekt ist, dies dem Vermieter ordnungsgemäß angezeigt wurde und mindert der Mieter die Miete, da keine Reparatur veranlasst wurde, wird der Vermieter zwar im Urkundenprozess obsiegen. Im Folgeverfahren kann aber der Mieter alle Details zur Mietminderung nachweisen (also ohne Urkunden) und wird deshalb den Prozess für sich entscheiden. Der klagende Vermieter wird hier mit der Folge unterliegen, alle Kosten des gesamten Verfahrens tragen zu müssen. Also nutzen Sie diese Prozessart nicht für scheinbare Vorteile aus, wägen Sie ab!

IV. Urkundenprozess und Baurecht

Nachdem einige Beispiele genannt worden sind, werden Sie die Problematik eines Urkundenprozesses im Baurecht sicherlich entdecken. Der Abschluss des Werkvertrages (‚in dem auf das Wesentliche reduziert z.B. steht: Baufirma B baut für Frau F ein schlüsselfertiges Haus. Frau F zahlt dafür EUR 300.000,) kann sicherlich mit der unterschriebenen Urkunde bewiesen werden. Die Ausführung des Werkes jedoch nicht; weder Fotos noch die Zeugenaussage eines Sachverständigen sind in dieser Prozessart zugelassen. B muss den Werklohn gegen F im allgemeinen Klageverfahren einklagen. Der BGH hat an die darzulegende und zu beweisende Höhe des Werklohns Anforderungen wie die an ein „kausales Schuldanerkenntnis“ gestellt. Diese Vor-

44 Vergl. BGH Urt. v. 01.06.2005, VIII ZR 216/04, NZM 2005, 661

aussetzungen dürften allerdings nur selten vorliegen. Denn der als "bestätigendes" oder "deklaratorisches Schuldanerkenntnis" bezeichnete kausale Anerkenntnisvertrag setzt u.a. voraus, dass die Parteien das Schuldverhältnis mit der Vereinbarung dem Streit oder der Ungewissheit insgesamt oder in einzelnen Bestimmungen entziehen wollen.[45]

In unserem obigen Beispiel müsste eine solche Urkunde vorhanden sein, damit die Firma B ihren Werklohn bzw. die letzte Abschlagszahlung im Urkundenprozess durchsetzen kann. Vor dem (durch eine Urkunde zu belegenden) Schuldanerkenntnis müssten sämtliche streitigen Punkte, über die man sich einigen wollte, detailliert als vertragliche Regelung aufgenommen werden. Darüber hinaus müssten auch künftige Einwendungen mit diesem urkundlichen Schuldanerkenntnis ausgeschlossen werden.[46] So etwas wird selten vorliegen. Gem. einem Urteil des OLG Celle ging es um die Anerkennung einer Rechnungsprüfung einer öffentlichen Stelle als Schuldanerkenntnis, welches einen Urkundenbeweis dargestellt hätte.[47] Die auf die Rechnungsprüfungserklärung gestützte Urkundenklage wurde daher abgewiesen.

Aus diesem Grund kann zusammengefasst werden, dass in der Praxis hohe Anforderungen an die Urkunde für die Durchsetzung von Werklohnforderungen existieren. Als Bauträger werden Sie aber nur schwer derartige Schuldanerkenntnisse von der Gegenpartei bekommen.

In diesem Zusammenhang sei jedoch darauf verwiesen, dass Zahlungsansprüche aus Bürgschaften "auf erstes Anfordern" im Urkundenprozess geltend gemacht werden können.[48] Der Bürge kann im Urkundenprozess dem Zahlungsanspruch Einwendungen einschließlich des Einwandes des Rechtsmissbrauchs nur entgegensetzen, wenn diese entweder auf unstreitige Tatsachen gestützt werden können

---

45 BGH, Urteil vom 24. 6. 1999 - VII ZR 120–98, NJW 1999, 2889; BGH, Urteil vom 01-12-1994 - VII ZR 215/93, NJW 1995, 960 (= WM 1995, 402)

46 *Koenen* in Messerschmidt/ Void, Privates Baurecht, 2. A., 2012, Rn. 97.

47 OLG Celle, 14 U 61/06, Urteil v 07.12.2006.

48 *Horn* NJW 1980, 2153, 2155; RGZ 97, 162; vgl auch die Fälle BGHZ 90, 287 = ZIP 1984, 685; BGH WM 1994, 106, *Horn* in Staudinger, BGB, 2012, vor § 765 BGB, Rn. 174 m.W.N.

oder ebenfalls urkundlich beweisbar sind.[49] Bei Klagen im Urkundenprozess aus Bürgschaft muss der Kläger bei einer Klage gegen den Bürgen sowohl die Entstehung der Hauptschuld wie die Übernahme der Bürgschaft urkundlich beweisen.

V. Zusammenfassung

Der Urkundenprozess ist ein geeignetes Mittel, um rasch an ein vollstreckbares, wenn auch unter Vorbehalt stehendes (aber sofort vollstreckbares) Urteil zu erhalten. Man muss sich jedoch bewusst sein, dass man bei der Wahl der Beweismittel sehr eingeschränkt ist. Das Nachverfahren bleibt dem Beklagten offen, so dass dieser im Prozess Beweisantritte, die nicht urkundlich belegt sind, vorbringen und auch ggf. obsiegen kann. Wer die Prozessart nutzt, um etwa die Einwendungen des beklagten Mieters bei Mieteintreibungen z.B. aufgrund von Mängeln auszuschalten, wird zumindest im Nachverfahren nicht obsiegen können. Weiterhin wird dann der Beklagte den erlittenen Schaden, z.B. aus Vollstreckung des Vorbehaltsurteiles, einklagen und obsiegen.
[50]

49 *Horn* in Staudinger, BGB, 2012, vor § 765 BGB, Rn. 174 m.W.N.; Horn, Bürgschaften und Garantien, 8. A., 2001, Rn 560 ff.

50 Ende des Textes von Rechtsanwalt Niels Stalberg

3. Mustervertrag für Ihre AGBs

1. Allgemeine Geschäftsbedingungen und Widerrufsbelehrung der Firma Mustermann Immobilien in Bielefeld

Diese Allgemeinen Geschäftsbedingungen regeln das Vertragsverhältnis zwischen Mustermann Immobilien, vertreten durch Herrn Horst Mustermann, Musterstraße 7 in Bielefeld (im folgenden Makler genannt) und ihren Geschäftspartnern.

1. Der Auftraggeber ist verpflichtet, die ihm erteilten Informationen vertraulich zu behandeln und nicht an Dritte weiterzugeben. Gibt er die Informationen gleichwohl weiter und schließt der Dritte den vermittelten bzw. nachgewiesenen Vertrag ab, verpflichtet sich der Auftraggeber zur Zahlung der Provision, als hätte er den Vertrag selbst abgeschlossen.
2. Alle Angaben stammen vom Eigentümer und sind ohne Gewähr. Zwischenverkauf und Vermietung.- /Verpachtung sind vorbehalten.
3. Die Courtage ist fällig nach notarieller Beurkundung oder eines wirtschaftlich gleichwertigen Vertrages, z.B. beim Verkauf von Gesellschaftsanteilen (Share Deal).
4. Der Provisionsanspruch entsteht auch, wenn der Vertrag zu Bedingungen abgeschlossen wird, die vom Angebot abweichen, oder der angestrebte wirtschaftliche Erfolg durch einen Vertrag über ein Objekt des von uns nachgewiesenen Vertragspartners erreicht wird; schließlich, wenn und soweit im zeitlichen und wirtschaftlichen Zusammenhang in einem ersten Vertrag vertragliche Erweiterungen und Ergänzungen zustande kommen.
5. Der Provisionsanspruch entsteht z.B. auch bei Kauf statt Miete und umgekehrt, Erbbaurecht statt Kauf, oder das Objekt vom Konkurs- bzw. Vergleichsverwalter erwirbt oder direkt von der Gläubigerbank erworben wird.
6. Ein Provisionsanspruch steht Mustermann Immobilien auch dann zu, wenn im zeitlichen und wirtschaftlichen Zusammenhang mit dem ersten durch die Firma Mustermann Immobilien vermittelten bzw.

nachgewiesenen Vertrages weitere vertragliche Vereinbarungen zustande kommen.

7. Der Anspruch auf Provision bleibt bestehen, wenn der zustande gekommene Vertrag aufgrund auflösender Bedingungen erlischt.

8. Das Gleiche gilt, wenn der Vertrag aufgrund eines Rücktrittsvorbehaltes des Auftraggebers aufgelöst oder aus anderen in seiner Person liegenden Gründen rückgängig gemacht bzw. nicht erfüllt wird. Wird der Vertrag erfolgreich angefochten, so ist derjenige Vertragspartner, der den Anfechtungsgrund gesetzt hat, zum Schadenersatz verpflichtet.

9. Mustermann Immobilien hat Anspruch auf Anwesenheit beim Vertragsabschluss. Erfolgt ein Vertragsabschluss ohne Anwesenheit der Firma Mustermann Immobilien, so ist ihr vom Auftraggeber unverzüglich Auskunft über den Vertragspartner und die Vertragskonditionen zu erteilen. Der Auftraggeber ist verpflichtet, Mustermann Immobilien auf Verlangen eine Vertragsabschrift zu überlassen. Nimmt der Auftraggeber von seinen Vertragsabsichten Abstand, ist er verpflichtet, Mustermann Immobilien unverzüglich schriftlich zu informieren.

10. Der Auftraggeber ist verpflichtet, den Makler unaufgefordert über alle Umstände zu unterrichten, die für die Entstehung und die Höhe des Provisionsanspruchs von Bedeutung sind. Dies gilt insbesondere für den Fall des Abschlusses eines notariellen Kaufvertrages. In diesem Fall wird der Auftraggeber dem Makler unaufgefordert das Datum des Vertragsabschlusses, den Vertragspartner mit vollständiger Anschrift sowie den vereinbarten Kaufpreis mitteilen. Auf Anforderung wird er dem Makler eine Ablichtung des Kaufvertrages überlassen. Der Auftraggeber bevollmächtigt den Makler, Einsicht in sämtliche Abteilungen des Grundbuchs und in die Beiakten zu nehmen. Der Makler macht von dieser Ermächtigung nur zur Durchführung des Auftrages und zur Geltendmachung seines Provisionsanspruchs Gebrauch."

11. Die Provision wird fällig am Tage des Vertragsabschlusses. Die Provision ist in den Preisen unserer Angebote nicht enthalten und gesondert ausgewiesen. Falls nicht anders vereinbart oder im Angebot

nicht gesondert erwähnt, gilt die Maklergebühr zzgl. MwSt. in Höhe von 6% vom Kaufpreis, sofern nichts anderes schriftlich vereinbart wurde.

12. Im Rahmen der Bestimmungen des Datenschutzgesetzes ist es dem zweiten Makler untersagt, die übermittelten Objekt- und/oder Kundendaten auf Datenträgern zu speichern oder sonst in irgendeiner Form langfristig festzuhalten. Spätestens nach der Beendigung eines Gemeinschaftsgeschäftes sind alle Kunden.- und/oder objektrelevanten Daten und/oder Aufzeichnungen zu vernichten.
13. Diese Bedingungen gelten auch für mündliche Angebote; sie erlangen nur dann Gültigkeit, wenn sie von uns schriftlich bestätigt werden.
14. Sollte eine Bestimmung dieses Vertrages unwirksam sein oder werden, so bleiben alle übrigen Regelungen hiervon unberührt. In diesem Fall verpflichten sich die Vertragsparteien, eine Regelung zu treffen, die wirtschaftlich der beabsichtigten am ehesten entspricht. Gerichtsstand und Erfüllungsort ist Bielefeld.

2. Widerrufsbelehrung

Widerrufsrecht

Sie können Ihre Vertragserklärung innerhalb von 14 Tagen ohne Angabe von Gründen in Textform (z. B. Brief, Fax, E-Mail) widerrufen. Die Frist beginnt nach Erhalt dieser Belehrung in Textform, jedoch nicht vor Vertragsschluss und auch nicht vor Erfüllung unserer Informationspflichten gemäß Artikel 246 § 2 in Verbindung mit § 1 Abs. 1 und 2 EGBGB sowie unserer Pflichten gemäß § 312 e Abs. 1 Satz 1 BGB in Verbindung mit Artikel 246 § 3 EGBGB. Zur Wahrung der Widerrufsfrist genügt die rechtzeitige Absendung des Widerrufs. Der Widerruf ist zu richten an:

Mustermann Immobilien
Inhaber: Horst Mustermann
Musterstraße 7, in PLZ Bielefeld
Telefax-Nr.: ....
Per Mail: ....

Widerrufsfolgen

Im Falle eines wirksamen Widerrufs sind die beiderseits empfangenen Leistungen zurückzugewähren und ggf. gezogene Nutzungen (z. B. Zinsen) herauszugeben. Können Sie uns die empfangene Leistung ganz oder teilweise nicht oder nur in verschlechtertem Zustand zurückgewähren, müssen Sie uns insoweit ggf. Wertersatz leisten. Dies kann dazu führen, dass Sie die vertraglichen Zahlungsverpflichtungen für den Zeitraum bis zum Widerruf gleichwohl erfüllen müssen. Verpflichtungen zur Erstattung von Zahlungen müssen innerhalb von 30 Tagen erfüllt werden. Die Frist beginnt für Sie mit der Absendung Ihrer Widerrufserklärung, für uns mit deren Empfang.

Besondere Hinweise

Ihr Widerrufsrecht erlischt vorzeitig, wenn der Vertrag von beiden Seiten auf Ihren ausdrücklichen Wunsch vollständig erfüllt ist, bevor Sie Ihr Widerrufsrecht ausgeübt haben.

Ende der Widerrufsbelehrung[51]

51 Anmerkung für den Leser: Ich benutze alle meine vorgestellten Musterverträge im Buch-Anhang selbst in meiner Geschäftstätigkeit und stelle Ihnen diese als Orientierungshilfe zur Verfügung. Die Musterverträge erheben keinen Anspruch auf Vollständigkeit und Richtigkeit. Bei vertragsrechtlichen Einzelfragen sollte grundsätzlich fachkundiger Rat bei Ihrem Juristen eingeholt werden.

4. Anhang zum Thema Schrottimmobilien

Berlins damaliger Senator für Justiz und Verbraucherschutz, *Michael Braun* (CDU), trat im Dezember wegen Vorwürfen im Zusammenhang mit umstrittenen Immobilienverkäufen zurück.
Sein Nachfolger *Thomas Heilmann* (CDU) stellte eine Zehn-Punkte-Checkliste online, in der die wichtigsten Prüfkriterien vor dem Kauf einer nicht selbst genutzten Wohnung zusammengestellt sind. Die Justizministerkonferenz vereinbarte Ende 2011 in Wiesbaden, dass sich eine Arbeitsgruppe der Staatssekretäre mit dem Thema befassen und die Notwendigkeit von Maßnahmen prüfen soll.

„Kriterien zum Kauf einer Eigentumswohnung (im Altbau und zur Vermietung) als Kapitalanlage."
Senator *Thomas Heilmann* ist so freundlich und stellt mir die ausgearbeiteten Texte wie folgt zur Verfügung:

1. Erwerb von Immobilien
Schutz vor „Schrottimmobilien" - Wie Sie sich vor dem Kauf sogenannter Schrottimmobilien schützen.
Die nachfolgende Zusammenfassung gibt Ihnen Kriterien für eine erste Einschätzung, ob der Kauf einer nicht neu hergestellten Wohnung als Kapitalanlage (d.h. kein Neubau und keine Wohnung zur Eigennutzung) für Sie empfehlenswert oder mit untragbaren Risiken verbunden ist. Als Senatsverwaltung für Justiz und Verbraucherschutz möchten wir mit diesen Hinweisen verhindern, dass Sie von unseriösen Vertriebsorganisationen zum Kauf einer überteuerten oder für ihre Situation ungeeigneten Eigentumswohnung veranlasst werden. Dieser Leitfaden soll Ihnen Orientierung geben, welche Punkte bei der Prüfung des Kaufs einer Eigentumswohnung von Bedeutung sind, um Ihre Investition zu schützen. Die genannten Punkte können aber keinen Anspruch auf abschließende Vollständigkeit erheben.
„Kriterien zum Kauf einer Eigentumswohnung (im Altbau und zur Vermietung) als Kapitalanlage."

- Prüfen Sie Ihre Angebote genau
- Ihre Meinung und Ihre Erfahrung sind gefragt

Zum Leitfaden
10 Kriterien zum Kauf einer existierenden Eigentumswohnung zur Vermietung als Kapitalanlage

  - 1. Kaufpreis
  - 2. Mieteinnahmen
  - 3. Wert der Immobilie
  - 4. Werterhöhende Einflüsse
  - 5. Wertmindernde Einflüsse
  - 6. Unvorhergesehene ungeplante Kosten
  - 7. Steuervorteile
  - 8. Finanzierung und Eigenkapital
  - 9. Referenzen
  - 10. Kaufvertrag/Notar

„Begriff "Schrottimmobilien" – wenn die Geldanlage existenzbedrohende Verluste erleidet."
Prüfen Sie Ihre Angebote genau
Vorweg: Der Kauf einer Immobilie kann eine sehr sinnvolle Kapitalanlage sein. Es handelt sich jedoch immer um eine Kapitalanlage, bei der es Verlustrisiken geben kann, weil sich Marktpreise ändern oder Mängel an der Substanz auftreten können. Das zu entscheiden hängt von vielen Einzelheiten ab. Genauso kann die Anschaffung eines Autos empfehlenswert sein, aber ein konkreter Gebrauchtwagen sich als finanzieller Fehlschlag erweisen. Bitte prüfen und rechnen Sie deshalb genau. Eine absolute Sicherheit kann es nicht geben. Die Aspekte, die Sie sich unbedingt anschauen sollten, listen wir nachfolgend auf.
Wir wollen diese Aufstellung durch vertiefte Informationen, noch besser verständliche Formulierungen und weiterführende Hinweise kontinuierlich verbessern.
Wenn dieses Angebot auf Interesse stößt, planen wir entsprechende Entscheidungshilfen auch für selbstgenutzte Immobilien, für in Sa-

nierung befindliche Immobilien und den Kauf von Neubauwohnungen.

Die Informationen können Sie im Internet ebenfalls unter: www.berlin.de/schrottimmobilien abrufen.

2. Kriterien zum Kauf einer existierenden Eigentumswohnung zur Vermietung als Kapitalanlage

1. Kaufpreis

Ob der Kauf einer Wohnung empfehlenswert ist, hängt zunächst natürlich vom Kaufpreis ab. Dabei müssen Sie alle Kosten zusammenzählen:

Der im Vertrag genannte Kaufpreis. Er setzt sich in der Regel zusammen aus dem Betrag, der an den Verkäufer geht plus dem Betrag, der zur Ablösung von Grundpfandrechten (Hypotheken, Grundschulden) an eine Bank gezahlt wird, nachfolgend Kaufpreis genannt).

Die Grunderwerbssteuer (bis 1.4.2012 in Berlin 4,5%, danach voraussichtlich 5% des Kaufpreises). Zu den Einzelheiten siehe: Grunderwerbssteuer

Das Maklerhonorar in Höhe von bis zu 7,14% inkl. MwSt. (Maklerhonorar ist verhandelbar)

Notargebühren und Grundbuchkosten, als Faustformel: 2 % des Kaufpreises. Genaue Berechnung: Notar & Grundbuchkosten

Ggf. Kosten für eine Teilungserklärung, die es immer geben muss. Manchmal fehlt sie oder sie ist nicht vollständig. Dann entstehen Kosten. (Teilungserklärung mit allen Nachträgen unbedingt prüfen, ggf. Fachmann hinzuziehen.)

Ggf. Finanzierungsvermittlung: Fragen Sie unbedingt, wie hoch die Provision für den Vertrieb ist. Als Anhaltspunkt sollten Sie bedenken, dass bei einer Lebens- oder Rentenversicherung ca. 4% der gesamten zu zahlenden Versicherungsbeiträge als Provision fällig werden.

Kautionen, die Sie Ihrer Mietpartei später zurückzahlen müssen, wenn Sie diese nicht vom Verkäufer bei Übergabe übergeben oder überwiesen bekommen.

Qualität der Wohnung und der gesamten Immobilie

Sehr wichtig: Nicht nur die Wohnung selbst kann Mängel haben, deren Beseitigung Geld kosten wird, sondern auch das ganze Haus kann Mängel am Dach, im Keller, beim Aufzug oder den Außenanlagen besitzen, die Sie als neuer Eigentümer einer Wohnung anteilig mit übernehmen müssen. Das erfahren Sie am besten auf folgenden Wegen:

Schauen Sie sich die Wohnung und das ganze Haus, insbesondere auch Dach (achten Sie auf Holzbock) und Keller unbedingt selbst an und nehmen Sie zur Besichtigung am besten eine Person Ihres Vertrauens mit. „Vier Augen sehen mehr als zwei" und im Zweifel haben Sie einen Zeugen dabei.

Machen Sie eine zweite Besichtigung mit einem Fachmann Ihres Vertrauens.

Lassen Sie sich die Protokolle aller Eigentümerversammlungen zeigen, mindestens der letzten drei Jahre. Oft finden sich dort Informationen über anstehende Reparaturen oder Investitionen. Seien Sie vorsichtig, wenn es im Haus unter den Miteigentümern in der Vergangenheit viel Streit gegeben haben sollte.

Lassen Sie sich nachweisen, wie hoch die in der Eigentümergemeinschaft bereits angesammelte Instandhaltungsrücklage ist. Sind nur einige tausend Euro vorhanden (oder weniger), müssen Sie im Fall einer unvorhergesehenen Reparatur mit einer Sonderumlage rechnen. Wenn jedoch bereits mehr als z.B. zwanzigtausend Euro angespart wurden, sind Sie besser geschützt.

Sprechen Sie mit der Hausverwaltung (ist diese unabhängig vom Verkäufer?) und dem Hausmeister, am besten ohne einen Vertreter des Verkäufers oder Maklers.

Gehen Sie zu den Nachbarn und fragen Sie.

Reden Sie mit den Eigentümern der anderen Wohnungen im Haus.

Lassen Sie sich alle Zusagen zu diesem Thema schriftlich im Kaufvertrag bestätigen. Alle mündlichen Zusagen sind schwer zu beweisen.

Erkunden Sie die Umgebung der Wohnung. Gehen Sie zu Fuß (nicht mit dem Auto) mehrmals zu verschiedenen Tages-, Nacht- und Wochenzeiten in der unmittelbaren Umgebung der Wohnung spazieren.

Wie ist die Atmosphäre? Was für Gaststätten und Läden gibt es? Würden Sie sich als Mieter dort wohlfühlen?
Vergleichen Sie den Ihnen genannten Kaufpreis mit den Preisen für ähnliche Angebote.

Die größte Sicherheit erlangen Sie, wenn Sie viele Angebote geprüft haben und sich viele Wohnungen angeschaut haben. Prüfen Sie auch die einschlägigen Internetportale, studieren Sie die Angebote in den Zeitungen und lassen Sie sich die Marktberichte der Immobilienverbände (z.B. kostenlos vom Immobilienverband Deutschland (IVD) Berlin-Brandenburg) zuschicken. NEHMEN SIE SICH ZEIT! Lassen Sie sich unter keinen Umständen zu einem schnellen Kauf drängen (nach dem Motto, es gebe noch einen anderen Käufer usw.). Nur wenn Sie eine ausreichende Marktübersicht haben, können Sie ein gutes Angebot erkennen und dann vielleicht auch einmal schnell zugreifen. Aber als Anfänger glauben Sie niemandem, der Ihnen einreden will, das sei ein besonders günstiges Angebot und Sie müssten schnell handeln.
Nun können Sie in etwa beziffern, wie hoch der Gesamtkaufpreis sein wird. Rechnen Sie im Zweifel einen Puffer für Ungewisses ein.

2. Mieteinnahmen

Die Mieteinnahmen bestimmen den Erfolg Ihrer Wohnungsanschaffung, nicht die Steuervorteile (dazu unten in Punkt Steuervorteile). Ermitteln Sie, wie hoch die Nettokaltmiete (nicht die Gesamtmiete) heute tatsächlich ist und ob Sie diese auch langfristig sicher bekommen werden:
Lassen Sie sich den bestehenden Mietvertrag in Kopie aushändigen. Ebenso eventuelle spätere Mieterhöhungsvereinbarungen.
Lassen Sie sich anhand von Kontoauszügen beweisen, dass die behauptete Miete auch tatsächlich gezahlt wird. Räumungsklagen bei nicht gezahlter Miete dauern sehr lange und sind teuer.
Lassen Sie sich die Mieterakte zeigen und prüfen Sie, ob es in der Vergangenheit Korrespondenz über Mängel, Mietminderungen, usw. gegeben hat. Insbesondere wenn es in der Vergangenheit Streit mit

dem Mieter gab, vertrauen Sie keinen Aussagen wie: der Mieter ziehe bald aus.

Fragen Sie Nachbarn und Hausverwaltung, wie viele Mieterwechsel es gab.

Erkundigen Sie sich nach Mietminderungen im Haus in den letzten Jahren und den Gründen dafür.

Sprechen Sie insbesondere mit dem derzeitigen Mieter in Ihrer Wohnung. Er bzw. sie sind in Zukunft Ihr wichtigster Kunde.

Schauen Sie in den Mietspiegel und vergleichen Sie die dort genannten Mieten mit denen der Ihnen angebotenen Wohnung:

Ist die Wohnung nicht vermietet, überprüfen Sie den Leerstand im Haus und in den angrenzenden Häusern. Kümmert sich jemand Erfahrenes um die Neuvermietung? Geben Sie eine Anzeige in einer Zeitung oder in einem Internetportal auf, um festzustellen, wie viele Interessenten es für eine solche Wohnung wirklich gibt (Wenn Sie die Wohnung gekauft haben, können Sie an diese Interessenten dann vermieten.). Sie können auch einen von dem geplanten Kauf unabhängigen Makler einschalten. Dieser sollte nach EN DIN 15733 zertifiziert sein.

Sie dürfen in gewissem Umfang die Miete erhöhen: bis zur Höhe des Mietspiegels bei Zustimmung bzw. Zustimmungsverpflichtung des Mieters sowie nach Ablauf von mindestens einem Jahr seit der letzten Mieterhöhung und wenn vorgesehen alle 3 Jahre um maximal 20%. Auch wenn dies alles eingehalten wird, bleiben Risiken, denn eine Mietpartei kann gegen eine Mieterhöhung vorgehen. Gehen Sie im Zweifel davon aus, dass Sie die Miete nicht erhöhen können, oder lassen Sie sich die Möglichkeit zur Mieterhöhung von einem unabhängigen Fachmann bestätigen.

Neben der Nettokaltmiete erhalten Sie von Ihren Mietern eine Nebenkostenvorauszahlung. In Ihrer Wohngeldzahlung sind diese Nebenkosten, aber auch Kosten für Instandhaltungsrücklagen und Verwaltungskosten enthalten. Lassen Sie sich die beiden letzten Wohngeldabrechnungen vorlegen und ermitteln Sie die auf die Mietpartei nicht umlegbaren Kosten. Diese müssen Sie bei der Renditebetrachtung zudem von der Nettokaltmiete abziehen.

Auf die genannte Weise können Sie die langfristig realistischen Nettokaltmieteeinnahmen für Ihre Wohnung errechnen. Es ist sehr wichtig, dass Sie dies sorgfältig untersuchen. Unseriöse Verkäufer versprechen hier oft viel zu viel.

3. Wert der Immobilie

Sie können den Wert einer Immobilie auch selbst sehr gut berechnen: Wenn Sie die monatliche Nettokalt-Miete jetzt mit 12 multiplizieren, bekommen Sie die sogenannte Jahresnettokaltmiete (d.h. nicht nur ohne Heizung, sondern auch ohne alle anderen Nebenkosten)
Wenn die Wohnung mit einem sogenannten Bruttokaltmietvertrag vermietet ist (im ehemaligen Westteil Berlins bei älteren Mietverträgen häufig), müssen Sie zunächst einen kalkulatorischen Betrag für die Betriebskosten abziehen. Als Faustformel ziehen Sie mindestens 2,50 €/m² Wohnfläche von der Bruttokaltmiete ab. Nähere Hinweise dazu finden Sie im Mietspiegel.
Dann lässt sich der so genannte Ertragswert der Immobilie errechnen: Dazu multiplizieren Sie die Jahresnettokaltmiete mit einem bestimmten Faktor. Als Faustformel lässt sich sagen, dass der Faktor 12 einen sehr günstigen Wert, der Faktor 18 schon einen relativ hohen Wert für den Käufer darstellt: (Beispiel: 500 Euro Kaltmiete x 12 = 6.000 Jahresnettokaltmiete; der Ertragswert wäre mit Faktor 12 und 72.000 Euro eher günstig, mit Faktor 18 und 108.000 Euro schon relativ hoch). In sehr guten Lagen und bei relativ niedriger Miete kann der Faktor im Einzelfall auch höher liegen. Andererseits muss er in einfachen Lagen und bei hoher Miete möglicherweise auch noch niedriger sein. Der Faktor hängt von der Lage der Immobilie, der Marktlage und von der Annahme ab, wie sich die Mieten in Zukunft entwickeln.

Vermietete Wohnungen sind häufig wesentlich günstiger, weil Selbstnutzer das Objekt regelmäßig nicht kaufen wollen. Manche Verkäufer reden dem Käufer deshalb ein, er könne die Wohnung nach Auszug eines Mieters wesentlich teurer weiter verkaufen. Doch beachten Sie, dass das deutsche Mietrecht dem Schutz des Mieters einen sehr hohen Stellenwert einräumt und Sie als künftiger Vermieter, von wenigen gesetzlich geregelten Ausnahmen abgesehen, nicht einfach kündigen können. Gehen Sie also, insbesondere, wenn die derzeitige Miete sehr niedrig ist, davon aus, dass Ihr Mieter nicht auszieht, und prüfen Sie, ob die Miete auch dann Ihre Kosten abdeckt. Ein Sachverständiger oder ein professioneller Immobilienmakler kann das im Einzelfall sehr genau prüfen. Der Wert der Immobilie hängt jedoch nicht nur von dem Ertragswert ab.

Es gibt Liebhaberobjekte, die nur bei einem kleinen Interessentenkreis Anklang finden und von denen man deshalb unerfahrenen Immobilienkäufern eher abraten sollte. Daneben sind weitere Faktoren zu berücksichtigen, die wir in den nächsten beiden Punkten auflisten. Der Ertragswert ist gerade für Menschen, die wenig Vermögen bzw. Eigenkapital besitzen, wichtig, weil er der ausschlaggebende Anhaltspunkt für die langfristige Finanzierbarkeit einer Immobilie ist. Vergleichen Sie deshalb den Gesamtkaufpreis mit dem Ertragswert (Der Ertragswert hat nach dem oben Dargestellten eine Bandbreite), Schauen Sie sich den Unterschied an und bewerten Sie, ob die nachfolgenden Faktoren diesen möglichen Unterschied rechtfertigen.

4. Werterhöhende Einflüsse

Es gibt viele Ausstattungsmerkmale, die eine Wohnung wertvoller machen, gerade beim Wiederverkauf.

Das wichtigste Merkmal ist jedoch das Vorhandensein eines Balkons. Sehr viele mögliche Käufer und Mieter schließen Wohnungen ohne Balkon grundsätzlich aus. Das macht einen späteren Wiederverkauf schwieriger. Ansonsten zählen dazu etwa:

Hochwertige neue Bäder

Einbauküchen (wie alt, mit oder ohne Geräte)

Energieeffizienter Ausbau (Energiepass prüfen! Als potentieller Käufer haben Sie einen Anspruch darauf, den Ausweis gezeigt zu bekommen)

Stuck, Parkett und originale Kassettentüren sowie originale Tür- und Fensterbeschläge

Gut erhaltene Doppelkastenfenster oder hochwertige neue Holz-Isolierfenster (anstatt billiger, älterer Plastikfenster)
Moderne Haustechnik (Klimaanlagen)
Großzügige Balkons und Terrassen
Gartenzugang
Aufzug und barrierefreier Ausbau
Garagen und größere, trockene Lagerräume.

Neben der Ausstattung spielt die Lage eine Rolle. Auch hier gibt es ein Einzelmerkmal, das besonders wichtig ist. Wohnungen an lauten Straßen sind schwer wieder zu verkaufen. Werterhöhend wirken zum Beispiel:
Nähe zu einem Park
Anbindung an den öffentlichen Nahverkehr
Ruhige Wohnlage
Gute Einkaufsmöglichkeiten
Infrastruktur in der Nähe (Schulen, Ärzte usw.).
Freizeitwert

Die genannten Werterhöhungen spielen vor allem beim Wiederverkauf eine Rolle. Sie können auch die Vermietbarkeit verbessern. Werden Ausstattungen mit vermietet, sind Sie als Vermieter allerdings auch für die Instandhaltung verantwortlich (das kann zu hohen Kosten wie etwa bei Klimaanlagen führen). Das gilt auch für die Einbauküche und die Geräte sowie für Teppichböden. Wenn Sie unsicher sind, fragen Sie eine Hausverwaltung oder einen Makler, der sich auf Wohnungsvermietungen spezialisiert hat.

5. Wertmindernde Einflüsse

Die oben genannten Kriterien gelten natürlich auch in umgekehrter Richtung: schlechte Ausstattung, wie veraltete Elektoanlagen oder altmodische Heizungen sind wertmindernde Faktoren. Dasselbe gilt für schlechte Lagen, etwa an lauten, viel befahrenen Straßen.

Prüfen sollten Sie in jedem Fall:

- Zu erwartende größere Veränderungen in dem Gebiet, die das Wohnen belasten könnten
- Geruchs-, Geräusch- oder Lärmbelästigungen aus der Umgebung oder im Haus (z.B. auch Flugrouten)
- Fehlende Trittschalldämmung und Geräusche über Abwasserleitungen
- Starke Verschattung gerade im Winter
- Schadstoffhaltige Baumaterialien (z.B. Asbest)
- Feuchtigkeitsschäden im ganzen Gebäude oder in der Wohnung
- Mangelhafte Türen und Fenster (Undichtigkeit)
- Alter des Gebäudes und ggf. letzte umfangreiche Sanierung
- Wie alt ist die Heizung? Wann ist mit einer Erneuerung zu rechnen?

Wohnungen im Hinterhaus und im Erdgeschoss sind meist deutlich billiger als im Vorderhaus und in oberen Etagen, weil sie schwerer zu vermieten sind und weil sie beim Wiederverkauf meist einen niedrigeren Preis erzielen.

Die Wohnung hat keinen individuellen abschließbaren trockenen Kellerraum. Beachten Sie, dass die meisten Käufer hohe Deckenhöhen bevorzugen. Wenn die Decken sehr niedrig sind, ist ein Wiederverkauf schwieriger. Prüfen Sie, wie der Blick aus dem Fenster ist. Wenn Sie keinen weiten Blick haben, sondern gleich auf die nächste Fassade schauen, führt das beim Wiederverkauf meist zu einem Preisabschlag. Veranschlagen Sie solche Einflüsse allerdings nicht alle einfach doppelt bei der Wertermittlung Ihrer Wohnung. Wenn die Miete schon vergleichsweise niedrig ist, dann sind einige dieser Umstände mindestens zum Teil schon im Ertragswert berücksichtigt.

<u>6. Unvorhergesehene ungeplante Kosten</u>

In den ersten fünf Kapiteln haben wir Ihnen Hinweise gegeben, mit deren Hilfe Sie den fairen Kaufpreis für eine Altbauwohnung besser einschätzen können.

Nur ein Fachmann wird daneben mit weiteren Methoden (z.B. dem sog. Substanz- oder Sachwert) den Wert Ihrer Wohnung ermitteln können. Wertgutachten durch Sachverständige sind immer sinnvoll, aber auch nicht günstig. Sie reduzieren allerdings das Risiko vor Überraschungen und erleichtern die Finanzierung bei einer Bank. Allerdings erstellen auch die Banken Wertgutachten, die sie für die Risikoabschätzung der Finanzierung benötigen (s. auch Punkt Finanzierung und Eigenkapital). Dieses Wertgutachten sollten Sie sich zeigen lassen. Sie müssen selbst entscheiden, wie sicher Sie sich bei der Einschätzung fühlen.

Auch wenn Sie ein Sachverständigengutachten eingeholt haben sollten, sind Sie nicht vollständig vor Überraschungen gefeit. Denn versteckte Mängel wie Hausschwamm hinter Dachabdichtungen oder in Deckenbalken unter unfachmännisch abgedichteten Bädern sind vorher oft nicht zu erkennen, weil man dafür die Altbausubstanz hätte freilegen und prüfen müssen.

Deshalb ist wichtig, dass Sie für Ihre langfristige Planung Reserven für Überraschungen, für ungeplante und unvorhergesehene Kosten einrechnen. Das sind vor allem zeitweiliger Mietausfall (der Mieter kann nicht zahlen, mindert die Miete oder zieht überraschend aus), Leerstand bis zu einer Neuvermietung und Reparaturen/Modernisierungen (sowohl an der Wohnung selbst als auch am Gemeinschaftseigentum wie dem Dach des Hauses, an den Treppen etc.). Dieses Risiko ist besonders hoch, wenn die derzeitige Miete über dem Mietspiegel liegt.

Allerdings: Nahezu jede Kapitalanlage hat Risiken. Aktienkurse schwanken, Fonds bringen unterschiedliche, manchmal negative Renditen, selbst Staatsanleihen müssen nicht immer sicher sein. Auch der Wert von Immobilien unterliegt Schwankungen. Dafür müssen Sie finanzielle Vorsorge treffen.

7. Steuervorteile

Zwar können Immobilien Steuervorteile bringen, nur genügen sie in keinem Fall als Argument, um eine Immobilie zu kaufen. Denn Steuervorteile setzen Verluste voraus, das heißt, Sie haben höhere Kosten (inkl. Abschreibungen) als Einnahmen. Wenn Sie allerdings dauerhaft

Verluste machen, schmälert die Steuer Ihre Einbußen bestenfalls, aber es bleiben Ihnen eben Verluste.
Im Extremfall erkennt Ihnen das Finanzamt die Verluste nicht an, weil Ihnen die Gewinnerzielungsabsicht gefehlt hat. Dann haben Sie uneingeschränkt Verluste.

Sie können etwa bei anfänglichen hohen Instandhaltungskosten zeitweilig Verluste machen und damit einen Teil ihrer anfänglichen Kosten zurückbekommen, da Ihre Steuerlast sinkt. Das gilt jedoch nur für die erste Zeit. Danach müssen Sie Gewinn machen. Das heißt, Ihre dauerhaft erzielbare Nettokaltmiete (siehe oben) muss höher sein als Ihre Kosten. Bei Eigentumswohnungen sind das folgende Kosten:
Der Teil des Wohngelds, den Sie nicht auf den Mieter umlegen dürfen (Hausverwaltungskosten, Instandhaltung/Reparaturen, Rechtsberatungskosten, Bankspesen).
Die Kosten für Berater, Makler, Steuerberater, Rechtsanwälte, etc.
Sonstige nicht auf die Mieter umlegbare Nebenkosten
Die Zinsen.

Sie sollten daneben noch Spielraum für Tilgungen haben (meistens 2% pro Jahr vom Kreditbetrag im ersten Jahr. In späteren Jahren sinkt der Zinsanteil und es steigt der Tilgungsanteil. Näheres erklärt Ihnen Ihre Bank oder ihr Steuerberater) sowie Reserven für das oben genannte Unvorhergesehene besitzen.
Die zeitweiligen Erleichterungen über Steuervorteile werden häufig überschätzt, weil die eigene Steuerlast vor allem bei Geringverdienern falsch berechnet wird. Es sind keineswegs die oft angesetzten 45% vom angefallenen Verlust. Manchmal beträgt der relevante Steuervorteil nur 15% oder 25% vom Verlust. Sie müssen schließlich damit rechnen, dass Ihr Einkommen auch sinken kann. Damit wird auch Ihr Steuervorteil zwingend geringer.
Wenn Sie wirklich hohe Steuervorteile erwarten, zum Beispiel bei Wohnungen, die in einem denkmalgeschützten Gebäude oder in einem förmlich festgesetzten Sanierungsgebiet liegen, sollten Sie einen Steuerfachmann hinzuziehen, der Ihre persönliche Situation genau

einschätzen kann. Suchen Sie dafür einen vom Verkäufer oder Vermittler unabhängigen Experten auf.
Ist Ihnen das zu aufwendig, rechnen Sie Ihren Immobilienkauf einfach ohne Steuervorteile durch.

8. Finanzierung und Eigenkapital
Auch hier gibt es ein paar einfache Regeln, die Sie unbedingt beachten sollten:
Kaufen Sie keine Eigentumswohnung ohne Eigenkapital. Das Risiko, alles über Kredit zu finanzieren, ist einfach zu groß.
Das gilt auch für den guten Fall, bei dem die Mieteinnahmen von Anfang an höher sind als die gesamten Kosten.
Kalkulieren Sie vom Gesamtkaufpreis (siehe oben unter Punkt Kaufpreis) mit mindestens 30%, besser 40% eigenem Geld, das Sie oder Ihre Familie investieren müssen. Eine häufige Empfehlung lautet: vom Nettokaufpreis mindestens 20 % plus die Nebenkosten zu 100 %. Bezogen auf den Gesamtkaufpreis ergibt das etwa 30% bis 40%.
Sprechen Sie in jedem Fall mit Ihrer Hausbank (die Ihr Gehaltskonto führt) und fragen Sie auch die Hausbank nach einem weiteren Angebot zur Finanzierung. Erstens lohnt es sich zu vergleichen und zweitens kann Ihre Hausbank einschätzen, wie viel Belastungen Sie im Monat verkraften können, wenn zwischendurch einmal Extrakosten oder Mietausfälle auf Sie zukommen sollten. Manche Hausbank verlangt vergleichsweise hohe Zinsen für Wohnungsfinanzierungen. Lassen Sie sich deshalb mehrere Angebote machen, aber eben auch eines von Ihrer Hausbank.
Achten Sie darauf, dass alle Angaben in Ihrem Kreditantrag korrekt sind. Falsche Angaben gehen zu Ihren Lasten.
Prüfen Sie ganz genau, was Sie bei der ausgereichten Kreditsumme letztendlich nach einer Gesamtlaufzeit von mehr als 20 Jahren an tatsächlichen Kosten aus Tilgung, Zinszahlung und sonstigen Kosten an die Bank zurückzahlen müssen.
Überlegen Sie bei der Laufzeit auch, ob Sie dann noch im arbeitsfähigen Alter sind. Eine Altersvorsorge sollte unbedingt mit Eintritt in das Rentenalter bezahlt sein.

Bedenken Sie auch die persönlichen Risiken jedes Einzelnen, wenn ein langlaufender Kredit bedient werden soll (Krankheit, Arbeitslosigkeit, familiäre Veränderungen). Wenn Banken in Zusammenhang mit der Finanzierung der Immobilie ein Wertgutachten erstellen lassen (bei kleinen Wohnungen allerdings aus Kostengründen oft nicht der Fall), verlangen Sie Einsicht in diese Wertgutachten. So erhalten Sie einen Einblick, was die angebotene Immobilie "tatsächlich wert" ist.
Umgekehrt können Sie sagen: Ihre Eigentumswohnung scheint zu Ihnen zu passen, wenn:
Sie den Kaufpreis, die Mieteinnahmen und die möglichen Kosten und Risiken für Instandhaltung gut geprüft haben und auf dieser Basis mehrere Banken bereit sind, Ihren Kauf zu finanzieren und diese Finanzierungsangebote nicht über den Verkäufer, sondern von Banken kommen, die Sie selbst angesprochen haben.

9. Referenzen

Vertrauen ist gut, Kontrolle ist besser, holen Sie Referenzen ein. Leider gibt es immer einige schwarze Schafe. Erkundigen Sie sich nach dem Verkäufer, dem Makler oder Vermittler und auch nach der Hausverwaltung. Suchen Sie dafür nach:
Informationen im Internet über diese Personen / Unternehmen.
Fragen Sie Ihre Hausbank, Immobilienverbände (z.B. den IVD) und Verbraucherschutzzentralen nach diesen Personen bzw. Unternehmen. Bitten Sie Verkäufer, Vermittler und Hausverwaltung um mehrere Referenzen und telefonieren Sie mit den genannten Personen.
Lassen Sie sich von einem Vermittler, gerade wenn er als Finanzberater auftritt, schriftlich bestätigen, wie viel Honorar er bei Abschluß des Vertrages vom Verkäufer bzw. der finanzierenden Bank bekommt. Wenn er diese Auskunft verweigert, sollte Sie dies misstrauisch machen. Beträgt das Honorar zusammen mit dem Maklerhonorar 10% oder sogar noch mehr vom Kaufpreis, ist besondere Vorsicht geboten.

10. Kaufvertrag/Notar

Bestehen Sie darauf, dass Ihnen der Kaufvertragsentwurf mindestens 14 Tage vor dem Beurkundungstermin beim Notar zur Verfügung gestellt wird. Dies ist bei Verträgen zwischen einem Unternehmer und einem Verbraucher gesetzlich so vorgesehen.

Lassen Sie den Vertrag von einem fachkundigen Menschen Ihres Vertrauens prüfen (z.B. von einem auf Immobilienrecht spezialisierten Anwalt). Bestehen Sie darauf, dass dessen eventuelle Einwände berücksichtigt werden. Scheuen

Sie nicht die Kosten, die bei einer solchen Prüfung entstehen. Eine falsche Investition mit einem ungünstigen Kaufvertrag kostet Sie im Zweifel ein Vielfaches.

Bedenken Sie, dass Sie den Notar bezahlen und deshalb auch das Recht haben, diesen auszuwählen. Lassen Sie sich nicht gegen Ihren Willen einen Notar, den der Verkäufer oder der Vermittler bevorzugt, einreden. Insbesondere der Hinweis „der Notar kenne das Objekt / habe schon „mehrere Verträge in dem Objekt beurkundet“, ist nicht überzeugend: Jeder Notar kann – ohne dass Ihnen Mehrkosten entstehen – einen Wohnungskaufvertrag entwerfen und beurkunden.

Der Notar ist unparteiisch und dient insbesondere auch dem Schutz des Schwächeren. Der Notar muss Ihnen auch ungefragt alles Wichtige erklären. Wenn Sie Fragen haben, können und sollten Sie diese unbedingt stellen. Unterbrechen Sie ihn an allen Punkten, wo Ihnen etwas unklar ist und lassen es sich so lange erläutern, bis Sie es verstanden haben.

Der Notar kann und darf Sie jedoch nicht in wirtschaftlichen Dingen, beispielsweise zum baulichen Zustand der Immobilie, beraten. Dazu brauchen Sie einen eigenen Berater wie z. B. einen Baugutachter. Lassen Sie sich und Ihrem Berater jeden geänderten Entwurf (ggfl. mehrfach) erneut zur Prüfung vorlegen. Akzeptieren Sie als unerfahrener Käufer keine Aussage wie: „Das regeln wir bei Beurkundung“, sondern klären sie alles vorher, und zwar mit Ihrem fachkundigen Berater. Akzeptieren Sie keine überraschenden Änderungen des Vertrages während der Beurkundung. Im Zweifel unterbrechen Sie die Beurkundung um einige Stunden oder Tage.

Nehmen Sie eine Person Ihres Vertrauens zur Beurkundung mit. Manchmal hat man als Laie nicht die Kraft, gegen erfahrene und selbstbewusste Verkäufervertreter Bedenken anzumelden.[52]

52 Textende; © Senatsverwaltung für Justi und Verbraucherschutz
Kontakt:
Senatsverwaltung für Justiz und Verbraucherschutz
Verbraucherschutz
Salzburger Str. 21-25
10825 Berlin (Schöneberg
Telefon +49 30 9013 - 0

5. Musterverträge

1. Vertraulichkeitsvereinbarung

– nachstehend auch „Vertrag“ genannt –

zwischen der

Firma (Kaufinteressent)………………..
…………………………………………………….

und

Der Firma (Eigentümerin)……………………
…………………………………………………….

– nachstehend auch „Interessent“ genannt –

<u>Präampel</u>
Um dem Interessenten die Gelegenheit zu geben, einen möglichen Ankauf des Portfolios zu prüfen, stellt ihm die Eigentümerin, teilweise über den Makler, Informationen zur Verfügung wie folgt:

Objektangabe……………………..
Eckdaten……………………………
Siehe unser Angebot vom ……………………, welches Ihnen per Mail am ……………….zur Verfügung gestellt wurde.

Vor diesem Hintergrund vereinbaren die Eigentümerin und der Interessent Folgendes:

1. Handeln für sich selbst

Der Interessent versichert und verpflichtet sich gleichzeitig für die Zukunft, in vorbezeichneter Angelegenheit für sich selbst und nicht als Vertreter, Treuhänder oder in vergleichbarer Funktion für eine dritte Person zu handeln.

2. Verschwiegenheitspflicht

Der Interessent verpflichtet sich, sämtliche von der Eigentümerin oder von einem Vertreter der Eigentümerin oder von Dritten im Auftrag der Eigentümerin erhaltene Informationen unabhängig davon, auf welche Art und Weise und in welcher Form sie ihm zugehen, streng vertraulich und unter Beachtung der Grundsätze über den Datenschutz zu behandeln; hiervon ausgenommen sind öffentlich zugängliche Informationen.

3. Auskunftsrecht

Ungeachtet der vorstehenden Bestimmung hat der Interessent das Recht, die Informationen in folgenden Fällen preiszugeben: bei einer Verpflichtung aufgrund gesetzlicher Bestimmungen; bei einer Verpflichtung durch Gerichtsbeschluss; bei einer Verpflichtung wegen der Aufforderung durch eine Verwaltungsbehörde; zur Weitergabe an einen unabhängigen Wirtschaftsprüfer, der mit der Prüfung des Jahresabschlusses des Interessenten betraut ist. Der Interessent verpflichtet sich, die Eigentümerin im rechtlich zulässigen Umfang unverzüglich von einer der vorgenannten Verpflichtungen zur Preisgabe der Informationen gegenüber Dritten zu unterrichten.

4. Verwendung/Bieterkonsortium

Der Interessent wird die Informationen nur zu Zwecken der Prüfung eines möglichen Ankaufs des Portfolios verwenden. Der Interessent verpflichtet sich, den Arrangeur/Makler schriftlich über die geplante Bildung eines Bieterkonsortiums oder eines vergleichbaren Zusammenschlusses mit Dritten in Bezug auf die geplante Akquisition des Portfolios zu informieren. Der Interessent bestätigt hiermit, dass er hierbei nicht als Vermittler auftritt.

5. Weitergabe

Der Interessent wird die Informationen nur denjenigen Mitarbeitern oder unabhängigen Beratern zugänglich machen, die unmittelbar mit der Angelegenheit befasst sind und die Informationen hierfür benötigen. Der Interessent verpflichtet sich, der Eigentümerin auf Anfrage schriftlich mitzuteilen, an welche Personen er Informationen weitergegeben hat. Er stellt sicher, dass seine Mitarbeiter sich den Bestimmungen dieser Vertraulichkeitsvereinbarung unterwerfen und daß seine Berater sowie im Zusammenhang mit einem Bieterkonsortium oder sonstigem Zusammenschluss gemäß Pkt. 4 einzubeziehende Dritte, soweit diese nicht zur Berufsverschwiegenheit verpflichtet sind, vor Weitergabe der Informationen sich den Regelungen dieses Vertrages schriftlich unterworfen haben, als ob sie selbst Partei dieses Vertrages wären.

6. Rückgabe/Vernichtung

Der Interessent verpflichtet sich, innerhalb von zwei Bankarbeitstagen nach schriftlicher Anforderung durch die Eigentümerin sämtliche Informationen umgehend an die Eigentümerin zurückzusenden und jede weitere Nutzung der Informationen zu unterlassen; der Interessent verpflichtet sich weiter, Aufzeichnungen, die einer seiner Mitarbeiter oder unabhängigen Berater ganz oder teilweise auf Grundlage der Informationen erstellt hat bzw. erstellen ließ, zu zerstören und die Eigentümerin über die erfolgte Zerstörung schriftlich zu unterrichten. Das Gleiche gilt, unabhängig von einer explizierten Aufforderung, wenn die Verhandlungen abgebrochen werden.

7. Zeitliche Geltung

Die Verpflichtung zur Geheimhaltung der Informationen besteht auch nach Abschluss der Verhandlungen – unabhängig von deren Ausgang – fort, es sei denn, die Informationen werden allgemein veröffentlicht, ohne dass dies auf einer Verletzung dieser Vereinbarung oder auf der Verletzung von Verschwiegenheitspflichten durch Dritte beruht.

8. Sachliche Geltung

Weder die Eigentümerin noch der Interessent haben aufgrund der Unterzeichnung dieser Vertraulichkeitsvereinbarung eine Verpflichtung, die Gespräche über ein mögliches Engagement des Interessenten weiterzuführen, einen Vertrag abzuschließen oder sonstige Dinge zu tun oder zu unterlassen, die sich nicht direkt oder aus der in dieser Vereinbarung dokumentierten Verschwiegenheitspflicht ableiten.

9. Haftung

Im Rahmen der oben beschriebenen Unterstützung der Eigentümerin im Rahmen des Verkaufs seines Immobilienportfolios wird der Arrangeur/Makler dem Interessenten Informationen weiterleiten und insb. ein Informationsmemorandum zu Informationszwecken herausgeben. Dem Interessenten ist bekannt, dass in diesem Zusammenhang von dem Arrangeur/Makler lediglich Informationen, die ihm von der Eigentümerin mitgeteilt wurden, weitergegeben werden und dass das ihm zur Verfügung gestellte Informationsmemorandum ausschließlich auf Informationen und Angaben beruht, die dem Arrangeur von der Eigentümerin oder aus öffentlich zugänglichen Informationsquellen zur Verfügung gestellt wurden. Dem Interessenten ist weiterhin bekannt, daß diese Angaben von dem Arrangeur nicht überprüft wurden. Aus einer evtl. Unrichtigkeit oder Unvollständigkeit der im Informationsmemorandum enthaltenen oder auf sonstige Weise an den Interessenten weitergegebenen Informationen und Angaben kann dieser dem Arrangeur gegenüber keinerlei Rechte herleiten.

Der Interessent versichert mit Unterzeichnung dieser Vereinbarung daher ausdrücklich, dass er die von dem Arrangeur erhaltenen Informationen einschließlich der Informationen im Informationsmemorandum, nicht zur Grundlage seiner Geschäftsentscheidungen machen wird. Er wird seine Geschäftsbeziehung zu der Eigentümerin seine eigene unabhängige Überprüfung, Beurteilung und Bewertung der zu tätigenden Investition zugrunde legen. Auch bei künftigen

Entscheidungen wird er ausschließlich auf die Ergebnisse seiner eigenen Prüfung abstellen.

10. Sonstiges/Schlussbestimmungen

Es gilt das Recht der Bundesrepublik Deutschland. Gerichtsstand und Erfüllungsort ist……… (Geschäftssitz der Verkäuferin).

Mündliche Nebenabreden sind nicht getroffen. Änderungen dieses Vertrages bedürfen der Schriftform. Dies gilt auch für die Aufhebung der Schriftformvereinbarung.

Sollten eine oder mehrere Bestimmungen dieses Vertrages ganz oder teilweise unwirksam sein oder sich als undurchführbar erweisen, so wird die Wirksamkeit des Vertrages im Übrigen hiervon nicht berührt. Die Parteien werden die ganz oder teilweise unwirksamen oder undurchführbaren Bestimmungen durch eine wirksame Bestimmung ersetzen, die dem wirtschaftlich gewollten Zweck entspricht und dem Inhalt der zu ersetzenden Bestimmung möglichst nahe kommt. Dies gilt entsprechend, wenn sich herausstellt, dass der Vertrag Regelungslücken enthält.

Ort, Datum……………………………………

……………………………………………………

Unterschriften der Vertragspartner

2. Beispiel: Makler(allein)auftrag mit Innenprovision

Auftraggeber:……………………………………………
Verkäufer/Eigentümer: ……………………………
Maklerunternehmen:…………………………………….
Auftragsobjekt und Kaufpreis: ……………………….
Innenprovision: 3% zzgl. MwSt., zahlbar vom Verkäufer und fällig nach Beurkundung

1. Vollmachtserklärung:
Ist der Auftraggeber nicht der Eigentümer, erklärt dieser verbindlich, zur Erteilung dieses Makler-Alleinauftrages von sonstigen Miteigentümern und Verfügungsberechtigten bevollmächtigt zu sein.

2. Maklerauftrag:
Der Auftraggeber beauftragt den Makler zum Nachweis von Kaufinteressenten oder zur Vermittlung eines Kaufvertragsabschlusses.

3. Auftragsdauer:
Der Auftrag läuft von der Unterzeichnung für einen Zeitraum von 6 Monaten. Wird er nicht unter Einhaltung einer Monatsfrist schriftlich gekündigt, verlängert er sich stillschweigend jeweils um ein Vierteljahr. Nach Ablauf von 12 Monaten nach Auftragsbeginn bedarf der nichtgekündigte Auftrag einer ausdrücklichen Erneuerung. Der Vertrag ist beidseitig mit einer Frist von einem Monat kündbar. Der Anspruch auf Zahlung einer Maklergebühr gemäß nachfolgender Ziff. 6 wird hierdurch nicht berührt.

4. Alleinauftragspflichten des Maklers:
Der Makler verpflichtet sich,
a) diesen Makler Allein-Auftrag fachgerecht, nachhaltig und unter Ausnutzung aller sich ergebenden Abschlusschancen zu bearbeiten,
b) den Auftraggeber über die Durchsetzbarkeit seiner Preisforderungen und sonstigen Angebotsbedingungen nach bestem Wissen und Gewissen aufzuklären.

5. Alleinauftragspflichten des Auftraggebers:
Der Auftraggeber ist demgegenüber verpflichtet
a) während der Auftragsdauer keinen weiteren Makler zu beauftragen und jegliche Maklertätigkeit Dritter in Bezug auf das Auftragsobjekt zu untersagen,
b) dem Makler alle Angaben wahrheitsgemäß zu machen und Unterlagen auszuhändigen, die er nach den §§ 10 und 11 MaBV benötigt, um seiner Aufzeichnungs- und Informationspflicht zu genügen.

6. Maklergebühr:

a) Nach erfolgter notarieller Beurkundung bezahlt der Auftraggeber eine Maklergebühr in Höhe von 3% zzgl. MwSt. des beurkundeten Kaufpreises gem. Anlage.

b) Die Verkäuferprovision ist fällig nach notarieller Beurkundung und zahlbar nach Kaufpreisbelegung gegen Rechnungsstellung.

Alle Maklergebühren verstehen sich zzgl. MwSt. und fallen an, sofern der Vertrag mit einem Interessenten des Maklers oder mit einem Interessenten zustande kommt, der während der Laufzeit dieses Makler-Allein-Auftrages vom Makler und Vertragspartner nachgewiesen wurde – auch wenn der Makleralleinauftrag nicht mehr gültig ist.

c) Eine Maklergebühr ist auch zu bezahlen, wenn ein anderer als der angebotene Vertrag oder ein Vertrag über ein anderes dem Auftraggeber gehörendes Objekt mit dem vom Makler beigebrachtem Interessenten zustande kommt.

d) Transaktion: Die Maklerprovision ist zu zahlen bei einem Asset Deal oder Share Deal – immer gerechnet vom Kaufpreis.

e) Der Makler ist nicht berechtigt, Provisionen auch vom Käufer zu verlangen. Dies gilt jedoch nicht für den Fall, wenn für einen Käufer ein Hotelbetreibervertrag vermittelt wird. Für einen solchen Fall steht es dem Makler frei, vom (Hotel) Betreiber eine Vermittlungsgebühr zu vereinbaren. Dies ist allerdings nur dann zulässig, wenn der Betreiber nicht zugleich auch der Erwerber ist.

(Dies bitte nur einsetzen bei Hotelverkauf ohne Betreiber)

Wenn Sie aus bestimmten Gründen dem Verkäufer nicht trauen, dann können Sie noch den Zusatz wie folgt im Vertrag aufnehmen:

Herr xxx (Auftraggeber) weist seinen Notar unwiderruflich an, die Summe (Courtage) auf das Konto von xxx (Makler) anzuweisen, sofern das Geschäft über ein Notaranderkonto abgewickelt und notariell beurkundet wird und der Kaufpreis belegt ist und vorliegt.

Bei fahrlässigen Verstoß oder Zuwiderhandlung gegen diesen Vertrag betreffend der Provisionszahlung unterwirft sich der Vertragspartner und die haftende Person (Verkäufer) ausdrücklich und unwiderruflich der sofortigen Zwangsvollstre-

ckung in Ihr gesamtes Vermögen. Wird diese Vereinbarung im Auftrag eines Unternehmens getroffen, besteht die Durchgriffshaftung in das Privatvermögen der Handelnden bzw. haftenden Person.

Anmerkungen:
Dieser Absatz ist natürlich heftig und Wenige unterschreiben einen Vertrag mit dieser Klausel.
Sie können den Vertrag frei nach Ihren Bedürfnissen entsprechend selbst entwerfen – in Anlehnung Ihrer AGBs – mit oder ohne Innenfee. Bitte beachten: Bei Provisionsvereinbarungen mit einer Kapitalgesellschaft müssen immer ALLE Geschäftsführer unterschreiben oder der Prokurist (dies muss auch im Handelsregister eingetragen sein, bitte HR-Auszug vorlegen lassen), wenn nichts anderes im Gesellschaftervertrag vereinbart ist.[53]

53 Ausführung zur GmbHG:

§ 35 Vertretung der Gesellschaft

(1) Die Gesellschaft wird durch die Geschäftsführer gerichtlich und außergerichtlich vertreten. Hat eine Gesellschaft keinen Geschäftsführer (Führungslosigkeit), wird die Gesellschaft für den Fall, dass ihr gegenüber Willenserklärungen abgegeben oder Schriftstücke zugestellt werden, durch die Gesellschafter vertreten.

(2) Sind mehrere Geschäftsführer bestellt, sind sie alle nur gemeinschaftlich zur Vertretung der Gesellschaft befugt, es sei denn, dass der Gesellschaftsvertrag etwas anderes bestimmt. Ist der Gesellschaft gegenüber eine Willenserklärung abzugeben, genügt die Abgabe gegenüber einem Vertreter der Gesellschaft nach Absatz 1. An die Vertreter der Gesellschaft nach Absatz 1 können unter der im Handelsregister eingetragenen Geschäftsanschrift Willenserklärungen abgegeben und Schriftstücke für die Gesellschaft zugestellt werden. Unabhängig hiervon können die Abgabe und die Zustellung auch unter der eingetragenen Anschrift der empfangsberechtigten Person nach § 10 Abs. 2 Satz 2 erfolgen.

(3) Befinden sich alle Geschäftsanteile der Gesellschaft in der Hand eines Gesellschafters oder daneben in der Hand der Gesellschaft und ist er zugleich deren alleiniger Geschäftsführer, so ist auf seine Rechtsgeschäfte mit der Gesellschaft § 181 des Bürgerlichen Gesetzbuchs anzuwenden. Rechtsgeschäfte zwischen ihm und der von ihm vertretenen Gesellschaft sind, auch wenn er nicht alleiniger Geschäftsführer ist, unverzüglich nach ihrer Vornahme in eine Niederschrift aufzunehmen.

Quelle: Bundesministerium für Justiz/Juris

3. Beispiel Vertragsentwurf – Kooperationsvereinbarung für Gemeinschaftsgeschäfte

Kooperationsvereinbarung

zwischen Mustermann Immobilien
Adresse…………….

– nachstehend – *Mustermann* - genannt

und Musterfrau Immobilien
Adresse………

– nachstehend – Musterfrau - genannt

Präambel
Mustermann und Musterfrau beabsichtigen eine vertrauensvolle und partnerschaftliche Zusammenarbeit als Gemeinschaftsgeschäft zwischen Maklern beim Nachweis bzw. der Vermittlung von Gewerbe- und Wohnimmobilien und der Vermittlung von Kauf- bzw. Mietinteressenten.
Beide Parteien gehen davon aus, dass durch die Zusammenarbeit ein Geschäftsabschluss zustande kommt, der zu einer Provisionszahlung an eine/beide der Vertragsparteien führt.

§2
1. Mustermann und Musterfrau gewähren und garantieren sich gegenseitig für sämtliche gemeinsam bearbeitete Objekte/Kunden rechtsverbindlich und unwiderruflich für alle Geschäfte Kunden- und Quellenschutz.

2. Unter den Quellen- und Kundenschutz fallen alle sich gegenseitig bekannt gegebenen bzw. durch die Zusammenarbeit bekannt werdenden Geschäftsverbindungen wie z.B. Käufer, Verkäufer, Finanzierungskreise.

3. Wird von der jeweiligen Gegenpartei mit einer ihr in diesem Zusammenhang bekannt gegebenen bzw. bekannt werdenden Adresse nachweislich eine unmittelbare oder mittelbare Geschäftsverbindung bereits unterhalten, dann beschränkt sich der Schutz in solchen Fällen auf das jeweilige gemeinschaftliche Einzelgeschäft.

4. Die Kooperationsvereinbarung hat eine Laufzeit von ...... Jahren und gilt ab beiderseitiger Unterzeichnung. Sie verlängert sich stillschweigend jeweils um 3 Monate, wenn nicht eine der Parteien mit einer Frist von 4 Wochen vor Ablauf schriftlich kündigt.

§3

1. Die Vermittlungsprovision orientiert sich an der Höhe des Verkaufspreises und der vom Eigentümer bzw. vom Verkäufer für den Verkauf ausgereichten Courtage, die in der Regel höchstens 5% des Verkaufspreises zzgl. MwSt. beträgt.

2. Im Regelfall wird die Gesamtprovision (Innen- und Außenprovision) – unabhängig davon, wo sie eingeht – zwischen dem Objektführer und dem Kundenführer bei gleichem Leistungsanteil im Verhältnis 50% Objektführer und 50% Kundenführer aufgeteilt. Abweichungen vom Regelfall sind zulässig und gesondert zu vereinbaren, wenn der Gesamtaufwand der erbrachten Leistungen für den Verkaufsabschluss vom Normalfall abweicht. Für die Zuführung von Geschäftskontakten (Käufer und/oder Verkäufer) beträgt die Tippprovision 10 % der Gesamtprovision.

3. Die Teilungsprovision ist fällig bei erfolgreichem Abschluss eines notariellen Kaufvertrages und erfolgter Zahlung der Provision durch den Käufer bzw. Verkäufer nach Rechnungsstellung der jeweiligen Vertragspartei.

4. Sollte die Provision vom Verkäufer oder Käufer nicht gezahlt werden, so tritt der Rechnungssteller die Provision anteilig an seinen Ko-

operationspartner ab. Somit können beide Parteien auf eigene Rechnung die Forderung einklagen.

§4

1. Nebenabreden sind nicht getroffen worden.

2. Zusätzliche Vereinbarungen bedürfen zu ihrer Wirksamkeit der Schriftform.

3. Sollte eine der vorstehenden Bedingungen unwirksam sein oder werden, so wird der Inhalt der Vereinbarung im Übrigen nicht berührt. Anstelle der unwirksamen Bedingungen soll dann eine Regelung eintreten, die der wegfallenden wirtschaftlich und rechtlich in zulässiger Weise am nächsten kommt.

Ort, Datum und Unterschriften mit Stempel

HAFTUNGSAUSSCHLUSS:

Der Inhalt dieses Buches zum Maklerrecht und den Musterverträgen ersetzt keine rechtlichen verbindlichen Hinweise oder Beratung im Einzelfall. Der Inhalt dieses Buches über das Maklerrecht ist ohne vorherige Beratung nicht als Entscheidungsgrundlage für Streitigkeiten geeignet. Eine Haftung im Einzelfall übernehmen wir daher nicht.

Verantwortlich für den Inhalt: Doris Ostermeier-Schwaneberg